世界はあなたを待っている

社会に持続的な変化を生み出すモラル・リーダーシップ13の原則

Manifesto for a Moral Revolution
Practice to Build a Better World

Jacqueline Novogratz

ジャクリーン・ノヴォグラッツ 著
北村陽子 訳

英治出版

私に世界を愛することを教えてくれた
両親のボブとバーバラに
そして、世界からもらう以上に
与えようとするすべての人へ

MANIFESTO FOR A MORAL REVOLUTION

Practices to Build a Better World

by

Jacqueline Novogratz

世界はあなたを待っている　目次

プロローグ　7
第1章　とにかく始める　18
第2章　成功を再定義する　31
第3章　モラル・イマジネーションを育む　52
第4章　声なき声に耳を傾ける　70
第5章　一滴の中の大海　93
第6章　勇気ある行動を積み重ねる　114
第7章　緊張関係にある価値観を両立する　134

第8章　一般的慣行の落とし穴に陥らない　153
第9章　市場の力に惑わされず、それを活用する　174
第10章　謙虚さと大胆さを持ってパートナーシップを組む　194
第11章　ともに歩む　216
第12章　可能性を引き出す物語を語る　233
第13章　美しい闘いを引き受ける　252
第14章　マニフェスト　272
謝辞　294
参考文献　301

【編集部注】

- 原注は＊を振ってページ下に掲載、訳注は〔　〕に記した。
- 非営利団体アキュメンの設立時の名称はアキュメン・ファンドだったが、本書ではアキュメンで統一した。

プロローグ

一九八六年、ルワンダの首都キガリ。私は野原に立っている——青空の下、背の高い黄色いヒマワリに囲まれて。私は二五歳の元銀行員だ。ふわりと広がるフレアスカートに、ところどころ泥のついた白いローヒール、頭の中は世界を変えるという夢でいっぱいだ。傍らでは、茶色の修道服に真っ赤な頬をした丸眼鏡の尼僧が満面の笑みを浮かべている。彼女の名前はフェリキュラ。その庇護のもとに私を受け入れてくれた彼女を、私は慕っている。フェリキュラと私は数人のルワンダ人女性とともに、同国初のマイクロファイナンス銀行の設立を計画中だ。今日はヒマワリ油の生産事業者を訪ねている。私たちの銀行がいつの日か支援するかもしれない小規模ベンチャーだ。私たちはこのマイクロファイナンス銀行を「ドゥテリンベレ」——熱い心で前進する——と呼ぼうと考えている。

私の眼に映るすべてが上向いていた。

＊＊＊

二〇一六年、ルワンダの首都キガリ。私は屋外で行われているレセプションの場に立っている

――星空の下、ダークスーツの男女に囲まれて。私は五五歳のアキュメンCEOだ。アキュメンは世界が貧困と闘う方法に変革をもたらそうとするグローバルな非営利団体である。レセプションにはルワンダ大統領ポール・カガメと主要閣僚が列席している。東アフリカで一〇〇〇万人以上の低所得層にソーラー発電を提供しようとアキュメンが新たに設立する、七〇〇〇万ドルのインパクトファンドへの投資家候補たちに会うためだ。

壮大な約束をし、それを果たそうとすることにまつわるリスクを、私は身にしみて知るようになっていた。それでも私は、アキュメンとそのパートナーがこのファンドを立ち上げて実用化すること、そしてイノベーションの力でアフリカ大陸の最も根深い問題の一つを解決できると証明することは可能だと確信している。

列席者への正式なプレゼンテーションの直前、紺のスーツにローヒールの若いルワンダ人女性が歩み寄ってくる。

「ノヴォグラッツさんですね」と彼女は言う。「おばをご存じかと思います」

「そうですか?」と私は尋ねる。「おばさんのお名前は?」彼女が誰の話をしているのか見当もつかない。あまりにも多くの友人がルワンダ大虐殺で殺されてしまった。

「フェリキュラといいました」と彼女は明るく答える。

私の目に涙があふれてくる。「ごめんなさい」と私は口ごもる。「どなたとおっしゃいましたっけ?」

「私はモニクといいます」その若い女性は自信に満ちた柔らかな口調で答え、じっと私の眼を見つめている。「ルワンダ中央銀行の副総裁を務めています」

言葉はまったく耳に入ってこない。女性が自分の人生をもっと自分自身で選択できるような世界を、フェリキュラと私がともに夢見た日々に連れ戻されている。

私たちが手を付けたのは、当然ながら低いハードルからだった。一九八六年まで、ルワンダでは女性が夫の許可なしに銀行口座を開設するのは違法だった。フェリキュラも私も他の共同創設者たちも、変化を生み出すという大きな夢を当時から持っていた。しかし、若いルワンダ人女性が同国の金融制度を監督する姿を一世代のうちに目にするだろうと、もし一九八六年に言われたとしても信じたかどうかは心もとない。

フェリキュラ・ニラムタラムビルワは進取の気性に富んだ尼僧だった〔前著『ブルー・セーター』では「コンスタンス」という仮名で言及されている〕。そしてそれだけでなく、ドゥテリンベレのもう二人の共同創設者とともに、ルワンダ史上初の女性議員となった。国会議員になってまもなく、ドゥテリンベレが立ち上がったばかりの頃、三人の女性議員は婚資の問題に取り組む必要性を感じていた。婚資とは、男性が花嫁となる女性の父親に三頭の牛を贈る制度だ。フェリキュラは伝統の力をとりわけ尊重する人だったが、伝統が女性を家畜扱いする口実となるのは許しがたかった。

婚資の支払いを禁じる法律は簡単に成立したが、反発が噴出した。農村の女性たちは尊厳を傷つけられたと感じたのだ。女性たちの目から見れば、自分の経済的価値が一夜にして損なわれたことになった。男女問わず国中から抗議の声があがり、多くの議員はそうした怒りの声を新人議員のせいにした。三人の女性議員は祖国の文化的慣習の根深さを理解できていなかった。何が可能かだけに焦点を当て、政治における大きなリスクを含め、現実世界を正しく認識することを疎かにしていたのだ。一九八七年、婚資問題での行き詰まりのわずか数日後、フェリキュラは不審なひき逃げ事故で命を落とした。政府が仕組んだ殺人だと言う者もいた。犯人は捕まらずじまいだった。

　私はフェリキュラを悼み、悲しんだ。民族も宗教も人種も違う私に、所属意識を与えてくれた人だった。けれども、彼女の死によって私は純真さの一部を手放しただけではない。同時に、自分が役に立ちたいと思うコミュニティの現実を直視しない手放しの楽観主義には、危険と無謀さが潜んでいると学び、理解を深めたのだ。フェリキュラたちが基礎を築いてくれたおかげで、私たちのマイクロファイナンス銀行は拡張を続け、キガリだけでなくルワンダ各地の借り手に資金を提供するようになった。

　そして一九九四年、ルワンダ大虐殺が国を引き裂き、五〇万人以上の人々が殺害される結果となった。そのほとんどは、少数派のツチ族だった。衝撃的なことに、社会正義のために設立した、私たちが愛する組織の共同創設者の一人が、この身の毛のよだつ流血の指導者だったことがわかった。以後私は、女性のほうが男性よりも人を育て思いやる素質があるという、よく耳にする常套句に疑問を抱かずにはいられなくなった。そういう女性もいることはいるだろう。しかし、すべての女性がそうだというわけではない。

　それでもすぐに、堅い石の割れ目から華奢な花が顔を出すように、ルワンダ中から何人かの女性リーダーたちが、ドゥテリンベレをもう一度立ち上げ直そうと集まってきた。希望以外のすべてを失ったこの女性たちの、静かだが毅然とした行動は、立ち直る力がよみがえらせ、国民の傷ついた心を癒やした。

　三〇年が経ち、ドゥテリンベレは生き残っているだけでなく、大きな成果を上げ、ルワンダの驚異的な復興に貢献し続けている。最初の三人の女性議員の歴史は悲劇に終わったが、ルワンダは今や、地球上で最も女性議員の割合が高い国である。

二〇一六年のキガリでのあの晩、このフェリキュラの思い出がよみがえったのだった。彼女は、始めた仕事を生きている間にやり遂げることができなかった。あまりにも早く世を去ったが、フェリキュラが始めた仕事は受け継がれた。彼女は人を想い、自らの信念のために恐れず闘い、他の人にもその道をともに歩ませたのだ。私はあらためて思った。私たちはみな、先人の肩の上に立ち、素晴らしい人たちの集合知や彼らが達成したこと、彼らが大切にした原則を土台にして物事を築く機会を持っているのだと。あの晩に私が自分に言い聞かせたのは、世界の不公正と闘うための知識、つながり、ツール、スキル、リソースは、今日のほうがフェリキュラの時代よりも限りなく多いということだった。

あるいは、歴史上のどの時代よりも。

詩人のT・S・エリオットは次のように書いている。「私たちは探求を止めるべきではない。そして、探求しつくした果てに、探求を始めた場所にたどり着き、その場所を初めて知るだろう」〔「リトル・ギディング」〕。あの晩キガリで私は、自分が生きている間にはやり遂げられないかもしれない、大きな夢のために働く決意を新たにした。

そして、この根深い欠陥のある世界であえて行動を起こそうとする人に宛てて、ラブレターのようなものを書こうと思い立った。

私たちは過去に起きたことからできている。そして将来果たすべき約束を思い描くことで自分自身をつくり上げていく。私たちは常に、何者かになる途上にいる。

若い頃にルワンダに住んでいたときは、携帯電話もインターネットもソーシャルメディアもまだなかった。私は短波ラジオでＢＢＣニュースを毎日二回聞いていた。そこに流れていたのは、国、宗教、民族、部族、ジェンダーの違いで分断された世界だった。それは非常に不平等で不公正な世界だった――人類の四〇％近くが一日一ドル以下で暮らしていた――が、幸いにも私たちの大半は、自国の他の場所で何が起きているか、ましてや地球の裏側で何が起きているかには気づいていなかった。

過去三〇年の技術革新とグローバリゼーションで、何もかも変わった。極貧の割合は一〇％に下がり、携帯電話が地球上のほぼすべての人をつないでいる。私たちは互いの居間をのぞいて、互いの生活を目にすることができる。人権――そして人間以外のものの権利――は拡大しつつある。非常に多くの面で、世界はより良くなっているのだ。

とはいえ、この世界を形づくっているのと同じ力――テクノロジーと株主資本主義――は、私たちを破壊する力を潜在的にはらんでいる。私たちは分断され、不平等になり、危機に陥っている。集団として、気候非常事態の最後通牒に直面している。限られた人々ではなく多数の人々の生活を向上させることを標榜し、表面上は努力をしている機関の多くが崩壊している。それなのに、私たちはそれらの代わりとなるものをつくろうとは考えてこなかった。

私たちには新しいナラティブが必要だ。あまりにも複雑に関係し合っている私たちは、互いを切り離すような世界観を許容するわけにはいかない。テクノロジーや市場によるシンプルな解決策に期待することもできない。そのような物語は、もうその役割を終えているのだ。私たちは互いの一部であり、共通の人間性によって結びつけられているという理解を忘れずに、違いを大切にする――そうして、共存するだけではなく共栄することを学べば、私たちははるかに豊かで生産的になり、平和に暮らせるだろう。このような物語は、上からではなく、私たちみなの中から生まれるはずだ。

　私たちが必要としているのはモラル・レボリューション（倫理革命）にほかならない。この一大転換は、テクノロジーやビジネスや政治を想像し直し、改革するのに貢献し、それゆえ生活のすべての側面にかかわってくる。私が言う「倫理《モラル》」とは、結果を考えることなく、権威や慣習の固定したルールを厳密に守る、という意味ではない。私たち個人の、そして集団の尊厳を高めることに焦点を当てた一連の原則ということだ。それは、ただ自分自身の利益のためではなく、他者の役に立つことを、日々選択するということである。また、私たちが知るこの世界を築いたその大胆さと、私たちの相互依存性にいっそう敏感な新たな謙虚さを併せもつ、ということでもある。

　もちろん、モラル・レボリューションという概念自体、身の程知らずなものだ。ナイーブすぎるという人もいるかもしれない。しかし、単純な理想主義でこの本を書いているわけではない。私は三〇年以上、社会と経済の変化を求めてたくさん闘ってきた。その時間の多くをアキュメンの設立に費やし、貧困の中で暮らす人々に、適正な価格で基本的な製品・サービスを提供しようとする社会起業家に投資してきた。この仕事によって私は、地球上で最も大きな課題を抱えるいくつかの場所において持続的な変化が生まれる現実を、最前線で目の当たりにすることができた。こうした社会起業家から多くを学び、深く触発されてきたのだ。そして私は、これらの教訓を伝えたいと考えた。これらの教訓は広く当てはまるものだからだ。

　もちろん、どの取り組みも簡単なものではない。困難や、ときには決定的な失敗を潜り抜けた何百人もの変革者たちとともに、私は歩んできた。私の顔には、失敗、喪失、そしてあまりにも多くの眠れない夜の痕跡が刻まれている。

けれども、そこにあるのは厳しい闘いの跡ばかりではない。あらゆる困難に抗って、自由と機会と公正を求めて粘り強く努力した人たちと共有した、笑顔や笑い声によって刻まれたものもある。これまで私は、自分たちのコミュニティ、会社、国、そして究極的には自分たち自身を変えてきた優れた人々と一緒に仕事をしてきた。他の人の目から見ればどうしようもなく夢物語のような理想を、少数の人のためだけでなく、何百万（ときには何億）もの人のために実現させるのを見てきた。スローガンやきれいごとの言葉ではなく、こうした人たちの行動が、目的やインパクト、尊厳、愛という概念を私に根付かせてくれた。どれも、倫理指針の基準となってくれる概念だ。

今、新しい世代が台頭している。彼らは、どのように暮らし、何を買い、どこで働くか、いっそう意識的に選択する世代だ。持続可能性に積極的に取り組み、権力には説明責任が伴うべきだと認める会社でなければ、働きたくないと考える人も多い。同時に、そうした声に耳を傾ける企業も増えている。CEOのなかには、若手社員の進言に応えるために、またCEO自身が変化の必要性を感じているという理由から、シェアホルダー中心のモデルからすべてのステークホルダーを大切にするモデルへと移行する企業も増えていることを、私は心強く思っている。企業で働く人には、行動の機会がふんだんにあるということだ。

冷めた見方をする人たちは、政府、企業、テクノロジーのシステムがあまりにひどく崩壊しているため、周辺から変えようとしても無駄だと指摘するかもしれない。しかし、冷笑家は未来を築きはしない。その代わりに、しばしば自分たちのひがんだ物の見方を使って、行動しないことを正当化する。彼らとは正反対の人たち――思慮深く、共感的で粘り強く信じる人たちや、モラル・リーダーへの道の途上にいる楽観主義者が、今ほど必要とされているときはない。

本書は、大小問わずさまざまな問題の解決に力を貸し、世界を変える人材となることを願う人に向けて書いた。あなたは学校の教師やコミュニケーターかもしれないし、活動家や医師、法律家、投資家、あるいはポジティブな変化を求める新しいグループかもしれない。そうした人たちが、生徒やストリートチルドレン、難民、元収監者、あるいは忘れられたコミュニティに住む人々や、戦争、貧困、環境を汚染する企業によって破壊し尽くされた場所に住む人々の人生を変える様子を、私は目にしてきた。病人のために献身し、心傷ついた人を癒し、死にゆく人の傍らに座る仕事は、しばしば誰の目にも留まらないが、自分もまた愛される価値のある存在なのだと他者に思い出させるものだ。このような仕事を、ただこなすだけでなく、さらに進歩させる人々の姿も目撃してきた。

あるいは、あなたはフィランソロピストかもしれない。システムを変えるという困難な仕事には、財源が必要だ。複雑な問題の解決に取り組む新世代の起業家たちが登場しているのと同じように、フィランソロピストの新世代も登場している。彼らは、資金だけでなく、時間、積極的な関与、人とのつながり、そして心のかなりの部分を捧げることをいとわない人たちだ。

変化は、私たちみなの領域なのだ。

地球上のどの国にも、大惨事と冷笑に満ちた、精も根も尽き果てるようなニュースの連続を甘んじて受け入れることなく、いいニュースをつくり出そうとしている人たちがいる。彼らは共感の輪を意識的に広げ、私たちが共有するあらゆるものを静かなる強さに変え、違いを越えて手をたずさえ合う。私たちが抱える問題はとても似通っていて、解決可能だ。そして私たちは、自分が考えるよりも善い存在だ。

私が知っている、世界を大きく変えた人たちは、世界と他者に対して強烈な好奇心をいだき、自分とは違う人々の声に耳を傾け、共感しようとする姿勢を持っている。こうした人たちが特別なのは、学歴や銀行口座の額ではなく、その人間性や、たとえ味方がいなくても勇気を蓄え、自らの信念に従って生きる姿勢のためだ。

もちろん、こうした人間性は一夜にしてでき上がるものではない。自分自身より大きな何かに積極的に取り組み、モラル・リーダーの資質を追い求め、自分の努力が他者にどう役立ったかによって成功を定義し、日々の決断のなかに目的意識を取り入れるという、一生をかけたプロセスを通して磨かれるものなのだ。

変化は可能だ。大規模で持続的な変化は可能なのだから、自分にもその変化の一端を担う責任があると私は考えるようになった。

変化を生み出す人生に近道はない。困難な仕事だが、時間を費やすに値する。そして、見えにくくとも実感できる変化の向こう側に到達できたなら、それは世界の何ものにも代えがたいことだ。達成感だけではない、深く、持続する喜びを得るだろう。

私が本書を書いたのは、私たちが住む、不平等で分断された脆弱な世界、それでもやはり素晴らしい世界が、根本的な倫理の再生に値すると信じているからだ。この大転換で私たちはみな、自分の考え方を、消費主義より関係性へ、利益より目的へ、自己中心性より持続可能性へとシフトすることが求められるだろう。私たちは目を覚まして、労働者を材として見るのを止め、環境を自分の個人的領域として見るのを止め、株主を全能と見るのを止めなければならない。自分にとって適切なことをやれば、それが他の人にとっても適切なことになるだろうと仮定する、古臭いモデルから脱却する必要があるのだ。

もしあなたが、会社や非営利団体設立のための単なるハウツー本や手取り足取りのガイドブックを求めているなら、本書は期待に沿えない。本書は、何千もの変革者たちから私が学んだ原則を、何よりも人間の尊厳の価値に基づいて紹介し、共有しようとするものだ。彼らのそれぞれの物語を通して、やみくもな楽観主義ではなく、はっきりとした希望を持って未来を見据えるモラル・リーダーシップとはどういうものかが明らかになる。本書でその取り組みを紹介する人たちは、醜い真実に対処することを学ばなくてはならなかったさなかに、可能性の歌を口ずさんだ。どんな問題も私たちが行動を起こすきっかけになることを、彼らは理解しているのだ。

マニフェストとは、自分が何をするつもりかを公に宣言するものだ。本書のマニフェストは、モラル・リーダーを募る呼びかけに耳を傾けるすべての人たちのためにある。より良い世界を夢見て、それを築くための指針となる原則であり、この変化の旅をすでに先に歩んだ人たちが刻んだ、倫理指針の座標でもある。

どうか本書が、あなたを支えるものとなりますように。

第1章　とにかく始める

数年前、アメリカ南部の小さな女子大学で講演したときのことだ。講演の後、その大学の最も優秀な学生たちと話す機会に恵まれた。世界の何が間違っていて、私たち一人ひとりに何ができるのか、何時間も語り合った。「あなたの夢はどんなこと？」私は最後に、それまで一言も発さず熱心に聞いていた、眼鏡をかけたブロンドの学生に尋ねた。

「世界を変えたいんです」

「どうやって？」と私。

「それが問題なんです」と彼女は言った。「見当もつきません」

彼女の目に涙があふれてきた。一瞬私は、若かった頃の自分の姿を垣間見た気がした。変えたいと思う世界を前に、どうやったらいいのか見当もつかなかった頃の自分を思い出したのだ。その頃の私は、とてつもなく大胆だったが、同時に密かな恐れも抱いていた。まるで自分の中に、猛牛と小鳩が共存しているかのようだった。自分には、大きな夢を実現するスキルもノウハウもないのではと、心配でならなかった。そしてこの感覚は、前進すべき道がよりはっきりと見えてきてからも、完全には消えなかった。

その晩に学生たちから出た言葉や質問の多くは、実は私にとってなじみ深いものばかりだったのだ。自分はどうすれば役に立てるのだろう。どうすれば目的を見つけられるのだろう。自分の力を最大限に発揮できる場所はどこなのだろう。

人生を振り返るとき、私たちは自分が何者であり、どんな時間の使い方を選んできたか、意味ある物語をつくり上げようとする。一方で未来を見るときには、目の前にある道はあまりに捉えどころがないと感じる。不安でいっぱいの女子学生とその友人たちに答えを迫られた私にできたのは、いくつかの問いかけと、一つのアドバイスだけだった。身に付けるべきスキルや伸ばすべき人間性はいくつもあるにせよ、始める方法は一つしかないのだ。

とにかく始めよう――そうすれば仕事が教えてくれる。

変化を起こしたいと熱望する人の多くは、細部がわからないまま飛び込むのを恐れるあまり、身動きできなくなっている。けれど、決断を前にして私たちがすべきなのは、前進する道を完璧に思い描くことではない――ただ旅に出さえすればいいのだ。一歩前に踏み出す。そうすれば、二歩目、三歩目、そしてその先をどう進めるべきか、仕事が教えてくれるだろう。安全なスタート台にいつまでもとどまっている人に、目的は現れない。別の言い方をすれば、目的を探して道を計画するのではない。その道に飛び込むのだ。

子どもの頃の記憶や夢は、どれほど遠い過去のものであっても、心の奥底にある願いを知るヒントになる。幼かった頃、私は聖人たちの物語を読んだ。一年生のときに大好きだった担任のシスター・メアリー・セオフェインが、テストをがんばったご褒美にくれるカードに書かれていたものだ。女性の一生を描いた物語を私たち幼いカトリック少女が読んだのは、この聖人たちのカードが初めてだったのではないかと、友人の詩人マリー・ハウは何十年も前を振り返って言った。自分より大きな理念のために生き、しばしばそのために命を捧げることもいとわない――そういう人物との出会いも、この聖人たちが私にとって初めてだった。彼女らの決意と勇気に触れ、自分を役立てたいという願いが私にも芽生えるようになった。私も何とかして聖人たちのようになりたかった。

五年生になった一〇歳のとき、担任のハワートン先生は偉人の伝記が置いてある棚に連れて行ってくれた。学校の図書館の片隅に、小さな黄色の本がひっそりと並んでいた。私は床に座り込んで、奴隷解放運動家のハリエット・タブマンや、女性医師の草分けであるエリザベス・ブラックウェル、人権を訴えたエレノア・ルーズベルトなどの物語に没頭した。彼女らは、小さな夢に閉じ込められるのを拒んだ女性たちだ。彼女たちのように誰かのロールモデルとなることはまだ難しかったが、彼女たちは何が可能かを示す道しるべ、変化を起こすために生きる人生の道しるべとなってくれた。

しかし、愛と正義の戦士になるのを夢見ていたにしては、大学卒業後の最初の仕事はずいぶん方向が違っていた。私は三年以上も、チェース・マンハッタン銀行のアナリストとしてウォール街で働いた。それまで銀行員になるつもりはなかったが、金融についてのスキルを身に付け、経済システムの作用を学べるのは楽しかった――世界を旅行できるというおまけは言うまでもない。それまで私は、アメリカから出たことがなかった。銀行の仕事のおかげで、四〇カ国を訪れ、それまで本でしか勉強したことがなかった政治や経済における現実を目の当たりにできたのだ。

けれど、銀行の仕事には嫌いなところがあった。低所得層の人々が生活を向上させ、地元経済に貢献するための資金の借入を、金融システムは許していなかったのだ。銀行は借り手に融資額の倍の担保の用意を求めていた。これは、中流下層階級にとってさえ厳しい条件だ。民間企業は利益を上げるために存在するのであって、さまざまなステークホルダー、特に貧困層に手厚いサービスを提供するためにあるのではなかった。低所得層の人々の大半は、主流金融システムの中に入れる可能性はほとんどないとわかっており、大銀行の入り口をくぐることさえしようとしなかった。

チェース・マンハッタンで数カ月仕事をするうちに、低所得層の人々のために何かしたいという願いが、心の中に根を下ろしていった。この願いこそ、私がたどるべき道の糸口だった。不公正への違和感は強まっていき、貢献したいという思いに駆られた。一九八五年半ばのある週末のこと。リオデジャネイロのファベラ〔ブラジルの貧民街〕を歩き、そこで懸命に働く人たちと希望や現実について話し合った私は、前から真実だとわかってはいたことを、確信した。低所得層の市民が貯金し、融資を受けられない限り、国が公正に発展していくことはできない。

その頃、バングラデシュでグラミン銀行という小さな事業を始めたムハマド・ユヌスという無名の経済学者についての記事を、一人の友人が見せてくれた。グラミンは、マイクロファイナンスという生まれたばかりのセクターの一つだった。インドの女性自営者協会（SEWA）〔第一一章参照〕やバングラデシュ農村向上委員会（BRAC）、そしてアメリカの女性のための世界銀行（WWB）なども その先駆けとなった。こうした組織は、女性を中心とする何百万もの低所得層の人々に、少額（平均三〇〜一〇〇ドル）の融資をし、生活を支える小規模事業を立ち上げる支援をしていた。

当時はまだ取り組みが始まってから一〇年しか経っていなかったが、マイクロファイナンスの分野はすでに重要な成果を生み出していた。グラミン銀行は、貧しい女性のほうが富裕層の借り手よりも融資の返済率がはるかに高いというデータを積み上げていた。私はこれに注意を引かれた。ウォール街を離れて、マイクロファイナンスの仕事をすることを夢見るようになったのだ。

しかし、私にはまずすべきことがあった。収入が減るという不安と、両親を失望させるのではないかというさらに強い不安を、克服することだ。軍人家庭で七人兄弟の長女として育った私は、大学の学費を自分で工面しなくてはならず、卒業するために学生ローンを借りていた。チェース・マンハッタン銀行にいればお金に不自由しないのは間違いなく、銀行員としての将来の展望は魅力的だった。さらに上司からは、ファストトラック〔入社後早期にリーダー人材を選抜し、特別なキャリアパスにより育成すること〕の打診をもらったばかりで、金融業界で働く女性である私がガラスの天井を打ち破るチャンスになるはずだった。

父は、一生に一度のキャリア上のチャンスを、私が棒に振るのを望まなかった。母は、発展途上国で仕事をしたら何か良くないことが起こるのではないか——そして最悪なことに、私が一生結婚しないのではないかと心配した。当然のように二人とも、私が別の大陸で働くことなんて望んでいなかったのだ。親は子どもを翼の下で守りたいものだ。友人たちは交友関係が続くかどうか心配し、私の頭がどうかしてしまったと思う人たちもいた。

私の中の小さな声は、騒音にかき消されそうになっていた。私は生来、人を喜ばせたい性質《たち》で、他の人の考えを気にするほうだった。けれどこの性格は言うまでもなく、私のもう一つの側面と衝突していた——ときには周りが見えなくなるほど大胆で、公正を求め、世界を変えようと固く決心するような側面だ。

もしそのとき踏み出さなければ、今後リスクを冒すことは決してないだろうと、何となくわかっていた。私はまだ二五歳だった。けれど、学生ローンの返済や、結婚や、あるいはMBA取得を終えてから夢に従って生きる——そう心に決めながら当面の暮らしを続けている同い年の人たちが、すでに周りにいたのだ。彼らは時とともに、生活費が嵩むようになり、飛び出すのがいっそう難しくなっていた。ソローの言葉を借りれば、私は静かな絶望に支配された人生を送るのを恐れ、冒険に富んだ人生を切望していた。

金融業界に生きがいを感じる人たちもいたが、私はそうではなかった。別の人生に向かって踏み出してみる必要があったのだ。確かに、返済すべき多額の学生ローンはあったけれど、細かい計算は後回しにすることにした。

数カ月リサーチした後、素晴らしいチャンスだと思えるものが見つかった。ある大陸で各地に事業を広げている新興マイクロファイナンス団体で、その経営を支援しながら、変化を起こすために小規模事業を始めたいと考える女性たちの代理人として働く仕事だった。ただ、問題が一つあった。拠点は西アフリカのコートジボワールで、私が望んでいたブラジルではなかったのだ。キャリアと収入を犠牲にするのなら、と私は考えた。音楽と色彩が特別な魅力を持つ場所のためにその犠牲を捧げるべきではないか。コートジボワールのことは、ほとんど何も知らなかった。

残念ながら、ブラジルで働く機会は提供されておらず、私は選択を迫られた。低所得層の人々と金融界の架け橋になるという重厚な願いに焦点を当てるのか、それともブラジルに住むという夢にこだわるのか。両方は選べなかった。

イエズス会には力強い言葉がある。「あなたの心の奥底の望みと、世界が最も必要としているものが出会うところに行きなさい」。私は低所得層の経済発展に貢献し、世界について学び、新しい文化の中で生きることを望んでいた。なぜか世界は、ブラジルより西アフリカで私を必要としている、あるいは少なくとも私が来るのを待っているように思えた。

そうして私は、西アフリカで仕事をすることにしたのだった。「とにかく始めた」のだ。

「とにかく始める」と、気まぐれに軽々しく言っているつもりはない。私は幸いにも、最終的には私の決断を支持してくれる両親のもとで育った。しかしそうではなく、自分の家族、親戚、宗教指導者の意向に反すれば重大な影響を受けざるを得ない人も多い。それどころか、話を切り出すだけで一大決心が要るという人たちもいる。それに、私の両親の恐れにも一理あった。良くないことは確かに私の身に起こったし、結婚するまでに両親（そして私自身）が考えていたよりずっと時間がかかった。

しかし、苦悩したり傷ついたりする人生を免れることは誰にもできない。それに私にも、結婚するチャンスはアフリカにいた間も含めて何度もあった。長い年月を経て、人生の生き方はたくさんあるということがわかるようになった。私は自分の基準では十分充実していたのだ。夫のクリスに出会ったのは四〇歳になってからで、そのとき初めて、私は生涯愛する人をずっと待っていたのだとわかった。

若い人たちに時々尋ねられる。「でも、思い切ってやって失敗してしまったら？」私は数えきれないほど失敗してきた。コートジボワールに赴いて、役に立ちたかった相手から完全に拒否されたこともあった。それでも私は自分の失敗から学んだ。そして、失敗を排除することは成功をも排除してしまうに等しいのだとわかるようになった。

良い経験も悪い経験も、穴があったら入りたいと思うような経験さえもあった。しかしそれを乗り越えるたびに私のツールボックスには道具が増えていった。さらに重要なことに、私自身について、そして他者が私をどう見ているかについての理解が深まり、傾聴や学習や協働の心構えが整っていった。世界は新たなヒーローを必要としているのではない。持続的な変化は、コミュニティ内のあちこちで勇敢な行動を起こした多くの人たちがいた結果にほかならない――だから、他者を輝かせるのが自分の仕事なのだと私は理解し始めていた。

もちろん、何一つうまくいかないように思えるときもある。周りで何が起きているかわからず、信頼を得られていないために誰からもそれを教えてもらえないこともある。けれども、自分に心地いい取り組みでお茶を濁す人と、実際に世界を前進させるきっかけをつくる人の違いは、知性やコネや特別なスキルにあるのではない。行動や理念によってプラスの結果を生み出すのは、決してあきらめない人たちだ。

試みる。失敗する。もう一度やってみる。糸が続いていくのをたどっていけばいい。とにかく始めることだ。

＊＊＊

コートジボワールで不安なスタートを切った後、私はケニアに数カ月いたが、そこでも私の「善を為す」努力はつまずき続けた。そして一九八七年初め、まだ二五歳のときだった。私はルワンダの首都キガリで、低所得層の女性向けの融資の状況を調査する、三週間のコンサルタントの仕事を引き受けた。その結果、ルワンダ人女性の経済状況を変えるには、女性たちのニーズに合わせた機関を設立するしかないことが明らかになった。チェース・マンハッタン銀行の駆け出し銀行員として、融資業務に携わったのはたかだか三年、そんな私が金融機関をつくろうなんて、自分は何様か――などと、自問している暇はなかった。解決すべき問題が目の前にあった。銀行制度は、融資を受けて経済に貢献する公平なチャンスをひたすら求めている人たちを排除していた。それに私は、パートナーになってくれる素晴らしい地元の女性たちとすでに出会っていた。

これで踏み出さないなんて、それこそ私は何様なのだろう。

フェリキュラたちとともに私が設立した、ルワンダ初のマイクロファイナンス銀行ドゥテリンベレは、ルワンダの低所得層の女性たちに融資する道を切り開き、何千人もの生活を変えた。ドゥテリンベレはまた、私の人生をも決定的に変えた。低所得層の女性の視点から市場の力を直接経験したことで、資本主義を手段にして人々に自由をもたらすことができるという信念が強まったのだ。

この仕事のおかげで新しい知見とスキルをたくさん得ることができた。一九八七年、グローバル市場の変動によって地元コーヒーの価格が暴落するのを目の当たりにした。その影響で、八〇％にも及ぶルワンダ農民の生活が壊滅した。野放しの資本主義がもたらす危険に目を覚まさせてくれた出来事だった。もしウォール街を飛び出す最初の一歩を踏み出していなかったら、こうした学びを得ることはなかっただろう。そしてコートジボワールでの失敗の後に踏みとどまっていなかったら、自分自身の限界に直面することも、自分の一番の強みに気づくこともなく帰国していたかもしれない。人が成長するのは、精一杯がんばっているとき、嫌だと思うことをすすんで引き受けるときなのだ。

＊＊＊

「とにかく始める」という考え方は、若い人だけに向けられたものではない。生涯を通じて生産的で生き生きとして、意義のある存在でありたいと願う、すべての人のための言葉だ。「自己革新」という秘薬について、私の師である名高い政治家ジョン・W・ガードナーほど多くを教えてくれた人はいない。私がジョンに出会ったのは、アフリカでの最初の仕事の直後、ビジネススクールの一年目のときだった。彼は、まさに私がなりたいとあこがれていたリーダーだった。当時は完全には理解していなかったが、どこから始めたらいいかわからないときには、自分を啓発してくれるリーダーに従うことが強力な戦略になり得ると気づかせてくれた。

ジョンは生涯を通じて何度も新しいことを始め、その時代において最も重大な決定にかかわった。それでいながら、他者から押しつけられるジョン・ガードナー像という社会の圧力からは、自由であり続けた。リンドン・ジョンソン内閣で唯一の共和党員だったジョンは、アメリカの公民権運動の時代に保健教育福祉長官を務め、その間に、ホワイトハウス・フェロー・プログラムやメディケアをはじめとした、さまざまな取り組みを立ち上げた。一九六八年、ベトナム戦争に抗議して要職を辞任し、再出発を余儀なくされた。

二年後、五四歳にしてジョンは、政府に説明責任を求める草の根の市民運動、コモン・コーズを設立した。さらに一九八〇年には、非営利セクターを支援する、インディペンデント・セクターを共同設立した。私が出会ったときは七〇代だったが、非営利団体アンコールを共同設立しようとしているところだった。これはアメリカ中の奉仕団体への参加を通して、高齢者たちに再び「とにかく始める」ことを呼びかけるものだ。

ジョンは生ける実践知だった。彼は次のように書いている。「自己革新をする人は、自分の可能性と人生で求められるものとの間にある終わりのない、予測不能な対話を楽しみにしている——人生で求められるものには、自分が出会うものだけでなく、自ら生み出すものもある」。ジョンは私より半世紀分も年上だった。しかし、その飽くなき好奇心、可能性への感受性、挑戦をいとわない姿勢は、私の知っている誰よりも若々しく思えた。

だから、とにかく始めよう。学びを得られる師を見つけるのだ。実生活でも、オンラインでも、書物を通してでもいい。次に何をすべきかは、経験が教えてくれる。ツールボックスに新しい道具を増やし、銀行と事業開発支援と財団の仕事を通して世界への理解を広げた約二〇年間は、私にとっての見習い期間だったといえる。そうして培ったスキルと志とネットワークがようやく一つに結集し、二〇〇一年のアキュメンの創設に至ったのだ。

私は再び、「とにかく始める」スタート台に立った。どうすればフィランソロピーに革命をもたらし得るか、私には一つの理論があった。市場にも政府にも無視されている低所得層に対して、経済的に持続可能な解決策を構築しようとする果敢な起業家に、長期の忍耐強い投資をするのだ。けれども、その具体的な根拠はあまりなかった。「変化の青写真」をつくるためにまず三年間力を尽くし、アキュメンの理念がそれ以上挑戦し続ける価値のあるものかどうかは、その後に判断しようと密かに考えていた記憶がある。

幸いにも、私は周囲の人に恵まれた。大半の人が狂っていると考えるようなアイデアのために、リスクを伴う慈善活動を行い、時間を注ぎ込むのをいとわない先駆者たちに囲まれていたのだ。

一歩前進するたびに、この初期から支えてくれた仲間たちと喜びに沸いた。一歩進むごとに、仕事が、ときには世界が、私たちのやるべきことを教えてくれた。同時多発テロが世界の様相を一変させたとき、私たちのチームはイスラーム世界で仕事をする決断をした。私にとって未知の場所だったパキスタンで投資するよう導いたのは、私をマイクロファイナンスの世界に引き入れたのと同じ、人間の尊厳という糸だった。南アジアとアフリカで一〇年仕事をした後、不平等による貧困と闘うためにいっそう多くのことをしたいと考えて、中南米とアメリカにも手を広げた。新しい地域への進出はどれもリスクだったが、冒険でもあった。

新たな投資をするたびに、世界がどう動いているかについて理解が深まり、仕事の限界をさらに押し広げる自信が湧いた。投資先の組織が資金だけではなく人材も必要としていることがわかると、私たちは起業家のリーダーを支援するフェロープログラムを立ち上げた。フェローに応募する人数が直接支援できる限度を超えたときには、社会変化を目指すオンラインスクールを企画した。従来のインパクト評価に満足できず、本当に重要な事柄を測定する独自のアプローチを開発した。一つのことが次のことにつながり、また新しい一歩を踏み出せたのはなぜか――まず最初に始めたからだ。

アキュメンを始めてから二〇年近くが経った。始めたときは、今かかわっているような企業の設立を支援するなど夢にも考えられなかった。これらの企業は、ルールを打ち破って非常な成果を上げ、何百万もの低所得層の人々の可能性を解き放ってきた。不可欠なサービスを一部の人だけでなく全員に届けるにはどのようなパートナーシップが必要か、当時は理解していなかっただろう。いくつかの間違ったスタートを切ったこともあった。それでも、私たちや世界中の多くの人々の取り組みによって新たなセクターが生まれたのだ――インパクト投資と呼ばれるものである。若い世代は、インクルーシブかつ環境面で持続可能な資本主義のモデルを新たに想像して構築するための、より新しい優れたツールを手にしているのだ。

　こうした長い年月を経ても、私は相変わらず「とにかく始めて」いる。目的をさらに磨き、自分は何者でどうなりたいかを追求しているのだ。

　そして、人間の尊厳という理念の中に、そのためなら喜んで人生を捧げる――いざとなればそのために死ぬ――そういう目的を見出してきた。それこそがあらゆる変化を生み出してきたのだ。

　あなたはまだ、あなたの目的についてはっきりした感覚を持っていないかもしれない。それでもいい。目的はあなたとともに成長していくものだ。けれどもし、あなたの中に「自分より大きな何かにかかわる人生を送りたい」という予感があるなら、その声に耳を傾けよう。その糸をたどるのだ。世界はあなたを必要としている。

　とにかく始めよう。

REDEFINE SUCCESS

第2章　成功を再定義する

二〇一五年一二月、冬至の朝、インド。アンキット・アガルワルは、水面を漂う花々が自分の人生の軌跡を変えることになるとは想像もしていなかった。アンキットは故郷カンプールの風景を、チェコ共和国から来た友人のヤークブに見せていた。繊維や皮革の生産地として知られるこの工業都市は、ヒンドゥー教で最も神聖な大河ガンジスのほとりにあった。二人の若者はガンジス河に降りる石段に腰掛けて、人生の意味について語っていた。二人が語り合っている間に、信仰深く伝統を守る何千もの人々がガンジス河に入り、一年で最も昼の短い日を記念して祈り、沐浴し、そして花を捧げていた。アンキットにとっては生まれたときから見てきた光景であり、色彩豊かだが美しいとはいえない、人生の背景だった。

キャリアをスタートさせてすぐに成果を上げたばかりなのに、アンキットは大きな不安を抱えていた。本当の充実感と成功を見出すには何が必要なのだろう——めぐる思いを口にしていると、ヤークブが彼をさえぎり、まるで友人の話など一言も聞いていなかったかのように、ガンジス河を指さした。話の腰を折ったことがアンキットの運命の鍵になるなど、ヤークブには知る由もなかった。

「インドで最も神聖な河が、こんなに汚れているのはなぜなんだ――枯れた花が後から後から流れてきて」とヤークブは尋ねた。

　ガンジス河を漂う、マリーゴールド、バラ、ジャスミンといった花々――それはアンキットにとって見慣れた光景だった。毎日、インド各地から来た何百万もの人々が、神への捧げものとして花や食べ物をヒンドゥー教の寺院に持ってくる。こうした捧げものをゴミとして捨てるのをはばかって、聖職者たちは聖なる河に流すのだ。傷んだ花や食べ物が川面を漂うのは、当たり前のことだった。

「でも、水面に浮いた化学物質の泡をご覧よ」とヤークブはまた言い、服のまま河に入っていく人たちを見回した。「想像してみてよ。どんな殺虫剤や化学物質が花から流れ出ていて、あの信者たちがどういうことになるか――発ガン性物質を含んだ河の中に入っていくんだから」

　初め、アンキットは友人の指摘を受け流した。ガンジス河がどれだけ汚染されているかは知っていた。川沿いに建つ工場のいくつかを訪れたこともあった。しかし、傷んだ花々が流れる痛ましい光景をあらためて見たとき、それは彼の心に突き刺さった。これほど重要で心優しい伝統が、なぜこれほど醜悪な影響を及ぼすことになってしまったのだろう。そしてどれほど有害な影響を実際に及ぼしているのだろう。

　この瞬間、アンキットの好奇心が目を覚まし、たどるべき道の糸口が現れた。それは可能性に対する彼の意識を刺激し、イノベーションの力を解き放ったのだ。「花問題」の解決に深く没頭すればするほど、アンキットは成功のいっそう深い意味に目を開かれていった。タイミングもよかった。

四年半前、大学を卒業したアンキットは、エンジニアとして新卒で入社した仕事先に向かった。会社の受付で待っている間に、特許を取得した社員たちの写真が壁一面に掲げられているのに気づいた。「こうなりたい。ここに自分の写真をかけたい」と彼は自分に言い聞かせた。成功、あるいは少なくとも幸せは、自分の名が刻まれた金属板のついた写真という形をとるようになった。

こうして、アンキットはがむしゃらに働いた。仕事を終わらせるために遅くまで残業し、オフィスで寝ることもたびたびだった。わずか三年後、彼は会社史上最も若くして壁に写真のプレートが掲げられたエンジニアとなった。チーム全員が喝采を贈った。

すると、奇妙なことが起きた。「幸福で飛び上がることはなかったんです。何もかもが突然に意味を失ったかのようでした」と、アンキットはメールで私に説明してくれた。「人生で何をしたいのか、自問し始めました。がむしゃらに突っ走ってきたことが、すべて無意味に感じられました」

人生には、賞や肩書きや給料以上のものがある。「人々の生活や地球をより良くする挑戦、つまり本当に、真の意味で変化をもたらす何か」に取り組むことでしか、自分にとっての成功は訪れない——そのことを、アンキットは二五歳で理解した。

ガンジス河を流れていたあの花々は、アンキットにとっての恩寵へと変わった。重大な問題を解決するチャンスが訪れたのだ。花を河に流すという古くからの習慣を変えるには、何世代にもわたって習慣化された現状に立ち向かう必要があった。成功者とみなされるような立場から、頭がおかしいと思われることもある立場になることはわかっていた。従来の成功への道はすでに試したし、それでは決して充実感を覚えないことも知っていた。けれど、今が、自分にとっての成功を再定義するチャンスだった。クレイジーであることは、新しい成功への入場券に過ぎないのかもしれない。

「寺院の花問題」を調べていくうちに、インドでは毎年八〇〇万トン以上の花がガンジス河などの河川に流されていることがわかった。花には、ヒ素、鉛、カドミウムなどを含む殺虫剤が付着しており、これらに汚染された水は疾病の原因となった。問題の複雑さが明らかになるにつれ、アンキットは自分の成功よりも、システム全体を変えることに焦点を当てるようになっていった。

アンキットは、親友のカラン・ラストギをパートナーにしてフールという会社を設立し、複数の問題を同時に解決しようとした。フールはヒンディー語で「花」を意味する。この会社にとって成功とは、ガンジス河の健全性を高めることだった。それは、会社が何トンの花を寺院から回収できたかによって測られる。会社が創出する雇用の数や、特に社会的に不利な立場にある人たちにどのような仕事を提供できるかもまた、成功の測定基準だった。

こうした成功の要素を実現するには営利モデルが必要だと二人の起業家は考えた。財務的な持続可能性を確保し、解決しようとしている問題の規模に見合った資本を集められるモデルだ。利益は重要な指標だが、彼らの会社の成功を測る真の指標は、社員や地球まで含めたすべてのステークホルダーに対するインパクトだった。

そこにはもちろん顧客も含まれる。この目標のために、アンキットとカランには売れる製品が必要だった。循環型経済の原則に基づいた製品に関心を持つ消費者が増えていると二人は考えた。循環型経済とは、再利用や別用途での利用の方法を探ることで、生産サイクルから「廃棄物」をなくすシステムだ。アンキットとカランは自問した――廃棄された花から人が買いたいと思うような製品を何かつくれないだろうか、その製品で人々の生活を向上させることはできないだろうか、と。

二人は一年半かけて、潜在的な顧客の声を聞き、顧客に評価してもらえるものを知ろうとした。

そして、まさにぴったりの製品にたどり着いた。それは「香」だった。インドの多くの家庭では、文化的・宗教的慣習から日常的に香を焚く。ところが香の大半は炭でつくられている。これは呼吸器によくない。廃棄物扱いされていたものを利用して、もっと健康的で安価な、花の香をつくれるのではないかとアンキットとカランは考えたのだ。花の香を生産するには最低限のスキルしか必要とされず、花がもともと捧げられていた寺院の精神を体現するものにもなる。

今ではフールは、毎日カンプールの寺院から約四五〇〇キログラムの花を集めている。まず、各寺院に提供した大型の容器で定期的に回収し、倉庫兼乾燥場として機能する工場へと運ぶ。廃棄された花の有毒成分を取り除くために、有機堆肥化促進剤ビオカラムを撒く。その後、多くの女性が手作業で花弁を取り除き、乾燥させた有機廃棄物は香と堆肥へと変わるのだ。

持続可能なビジネスへの積極的な取り組みの一環として、フールの創業者たちは、マニュアル・スカベンジャー（手作業によるし尿の汲み取り人）カーストの女性たちを雇用することにした。彼女たちは、地球上で最も社会から疎外されてきた集団の一つだ。インドでは、カースト制度が形式上は非合法化された。しかし、七五万人以上の「し尿汲み取り人」が、いまだに未処理の排せつ物を（段ボールやブリキ板やバケツといったなけなしの道具を使って）トイレや落とし込み式の簡易便所から汲み取る仕事を請け負わされている。汲み取った排せつ物を、廃棄場まで何キロも運ばなければならないこともある。

「し尿汲み取り人」は厳しい差別にさらされ、しばしば集落のはずれに住み、貧困の重いくびきを背負っている。創業初期は特に、このカーストから女性を雇用するというフール創業者たちの方針が、事業構築の複雑さとコストを増やしていた。スカベンジャーのコミュニティは町はずれにあるため、会社は女性たちを仕事場に送り迎えするバスを用意しようとした。しかし、バス会社を説得して送迎させるまでに二カ月もかかったのだ。その後、フールが最初に借りた場所のオーナーは、社員のカーストを知ると、工場設備を破壊して即座に会社を追い出した。

経済的な損失は壊滅的だった。それでもアンキットとカランは歯を食いしばって踏みとどまり、事業を再開した。アンキットが夢見る成功は、名誉だけが意味を持っていた従来の成功の形から一変していた。創業者たちは、他人の偏狭な考え方に直面しても引き下がりはしなかった。困難になればなるほど、夢を実現しようとする姿勢を強くしたのだ。

二〇一八年一月、アキュメンのインド部長マヘシ・ヤグナラマンと私は、アキュメン・フェローとなったアンキットの工場を訪ねた。黒の革ジャケットにジーンズのアンキットは、敷地内にある天井が開けた中庭で私たちを迎えてくれた。そこには、小さなプラスチック椅子に腰かけた女性たちが列になっていた。濃いオレンジ色、明るい黄色、そして白――色とりどりの花を、彼女たちは一心により分けていた。倉庫の中に入ると、別の女性たちが長い列をつくり、棒状の香をすばやく正確に成形していた。私も真似てやってみてすぐさま、フールで働く女性たちに尊敬の念を抱いた。女性たちのほうは、私がつくった香がぐちゃぐちゃなのを見て笑いが止まらない様子だった。

私たちアキュメンのグループは、中庭に隣接する小部屋にしばらく腰を落ち着けた。そこで、アンキットと彼の妻リディマを交えて、フールのビジネスの要点について話し合った。アンキットの話し方には、力強さと穏やかさの両方が備わっていた。河川の水質改善と尊厳ある雇用の提供というフールの使命が、会社のあらゆる決定の動機になっていると、彼は明確に語った。そのうえで初めて、数字が問題になる。利益を生みつつ、すべての目標に忠実なビジネスを構築するには、長い時間がかかるかもしれないということを彼らは理解していた。

同社はまず、社員を第一に考えている。毎日の送迎に加えて、十分な給料を支払い、医療保険を提供し、日に二回女性たちにお茶を出す。また、毎日の終わりにきれいな水を瓶に入れて家族のために持って帰ることを奨励していた。なぜ水を家に持ち帰らせるのかと、私はアンキットに尋ねた。

「女性たちは社会によって、自分がアウトカーストであることを生活のあらゆる瞬間に思い知らされています。自分たちは不要な存在なのだ、と。でも、他の人と同じ水を飲めるようになったとき、ようやく平等だと感じられるんです」と彼は答えた。

やがて私たちは倉庫の外の庭に移った。そこには、鮮やかな色とりどりの花のじゅうたんが乾燥のために広げられていた。花の近くに座っていた女性たちが昼休みをとっていた。私も仲間に入れてもらい、アンキットとカランと一緒に働くようになってから生活がどう変わったかを尋ねた。

「ここに来るのが大好きです」と、髪を後ろで結び、そばかすのある女性が、目元にほほ笑みを浮かべて言った。「この会社に来る前は、家から家へ回って仕事をもらっていました。そこでは尊重されていると感じたことは一度もなかったんです。生活はとても厳しかった。ここでは新しいスキルを習えます。友だちも一緒ですし」

もう一人が話に入ってきた。「誰かが何か教えようとしてくれたのは初めて。覚えるのに時間がかかりすぎていないか、時々心配になります。でもここの人たちは、私ならできると信じてくれて、それが自信になるんです。家でも近所でも、前より物怖じしなくなりました。学費も初めて自分で払えるようになりました」

さらに別の女性が付け加えた。「家族に初めてテレビを買えました。今じゃ、近所の人たちも家に見に来るんです」

四人目も加わってこう言った。「ここの人は私たちを尊重してくれる。地面に座らなくていいんです」私はそれはどういうことかと彼女に聞いた。「この椅子は」と、彼女は腰かけている二ドルのプラスチック椅子を指さして言った。「私が初めて座らせてもらった椅子なんです」

話をしている間、女性たちはカーストの話題を避けていた。「不可触民」とされる集団に属することから生じた、今でもあまりに生々しい屈辱と心の傷――そこから距離を置こうとするのも無理はない。排せつ物を掃除するかつての仕事を、遠回しに「家の仕事」と言い、すぐに今の幸せな生活の話に戻った。不名誉や虐待につながらない、まともな仕事の機会に女性たちがどれほど感謝しているかに、私は心を動かされた。

それまで静かだった、黄色いゆったりとしたシャツの上にキャラメル色のセーターを着た女性が話に加わった。「ここは本当にいいです」と彼女は言った。「花の周りにいると明るい気持ちになります。香りが好き。それに私たちの仕事で、恵みを神に返せるのもうれしいです」

花が寺院から回収され、香に生まれ変わり、二度目の捧げものとして寺院に戻る――彼女が言っていたのは、こうした高潔な循環のことだ。香を買ったにもかかわらず、生産者の女性たちを家に入れようとしない家庭が多いことには、この女性は触れなかった。

「会社に何か変わってほしいと思うことはありますか」と私は尋ねた。

眼にほほ笑みを浮かべた女性はこう答えた。「ここがうまくいってほしいと願うばかりです。成長するように私たちもここで一生懸命働かなくては。それだけです。心配なのは、ある日会社がどこかへ行ってしまわないかということだけです」

アンキットも私たちの近くにやって来た。彼自身は、会社を存続させることと価値観を体現することを両立する難しさを抱えていた。憂いを帯びた表情とは裏腹に、女性たちに話しかけるアンキットの話し方は柔らかかった。「私たちはどこにも行きませんよ」と彼は優しく約束した。

誰を雇い、社員をどう扱うか。アンキットとカランの選択は、一見高潔だが、突き詰めれば見当違いなのではないかと思う人もいるかもしれない。どんな会社でも利益を上げるのは困難だし、もっと簡単な事業の興し方があったはずだからだ。けれどもアンキットとカランにとって成功とはお金だけで定義されるものではなかった。

想像してみてほしい。自分たちを送迎するためだけに走っているバスに乗って、女性たちが話に花を咲かせ、笑う姿を。考えてみてほしい。人生を通して他者より価値がないとみなされ続けてきた人が、お茶を入れてもらえたらどう感じるか。あるいは、自分が稼いだお金で、かつては不可能に近かった自立した生活を送れる喜びを。思い描いてみてほしい。女性たちの子どもが、今では毎晩きれいな水を飲むことができ、なかにはそれが生まれて初めてという子もいることを。笑い声、敬意、生産的な仕事による安定、所属意識、そして尊厳――これらは人間が経験するなかで最も重要なものだ。しかし、今の金融・経済システムは、「成功」を見積るときにこれらを考慮しないことが、あまりに多すぎる。

古くからの慣習を変えるには時間がかかるかもしれないが、フールは、倫理的な価値観に根差したうえで、現代市場のインセンティブを利用している。この二つの原則を組み合わせることは、フールの財務面での長期的な持続可能性だけでなく、成功の感覚をみなで共有するうえでも有望だ。寺院の聖職者たちは、神の名のもとに河を汚すことがなくなり、そのことを誇りに感じる。花を回収する人々は、まともで良い仕事を得る。河はきれいになり、ガンジス河などで沐浴する巡礼者たちが病気にかかりにくくなる。そして消費者は、持続可能な方法でつくられた高品質な商品を購入することで、インドで最も不利な立場に置かれた女性たちに職と尊厳を提供するのを支援できることを知る。彼らが目指す成功は、かかわりを持つ誰もが心地よくいられるものなのだ。

成功は、はるかかなたの地平線で私たちを待っているわけではない。私たちみなの中にあって、私たちが飛び込んでくるのを待っているのだ。成功は、私たちが生み出す美の中に、私たちが示す善意の中に、私たちが広げる理念の中に、私たちが支持する大義の中に、そして私たちがその変容に手を貸すさまざまな人生の中にある。子どもたちやコミュニティの健全性と幸福の中に、あるいは世界やお互いを愛する中に姿を現すのだ。たとえこの特筆すべき冒険が挫折しても、アンキットはすでに大きく成功した人物であり、彼の好奇心と他者の役に立ちたいという願いが今後の人生の選択を導いてくれるだろう。

もちろん、成功を再定義しようとすれば現状と摩擦を起こす。人間は地位を求める存在だ。認められ、尊重され、愛されたいと心から願っている。私たちの現在の経済・政治・社会システムは、金、権力、名声に基づいた「勝ち」の定義を強化している。何を与えるかによって報われるより、何を手にするかによって認められることがあまりに多い。

もし私たちの黄金律に「己の欲するところを人に施せ」だけではなく、「世界から与えてもらうよりも、多くのものを世界に与えよ」ともあったらどうだろうか。何もかもが変わるだろう。この道を進む人が十分に増えたら、不平等と搾取と不公正の世界は、ゆっくりと、包摂と公正と尊厳の世界へと変わっていくだろう。

重要なのは、私たちこそがシステムであるということだ。成功をどう定義するかを決めるのは私たちで、行き過ぎた個人主義的な発想を拒否できるのも私たちなのだ。経済の進歩より持続可能性を重視し、コミュニティをもっと平等に保つことに取り組む文化的なアプローチから、多くを学ぶことができる。インド北東部のナガランド州出身のアキュメン・フェロー、シロイ・リリ・シャイザは、彼女の祖先が「勲功祭宴」をどのように行ったかを教えてくれた。

「コミュニティの一員が大きな富を獲得すると、その人はコミュニティのために盛大な宴を設けなくてはなりません」と彼女は言った。「それを、その人は最高の名誉とみなします。高い社会的地位を表すために、特別な上着をまとい、家を飾る資格を持つのです。そして村人は、成功の頂点としてその人に敬意を払います――裕福な人が人生を終える前にすべてを手放すようなときには特にです」

現状の社会を定義づけている構造や価値観やシステムを一新し、もはや役に立たなくなったものをお払い箱にすべきときが、どの世代にも訪れる。最も永続的なシステムとは何か。それは、人類の繁栄を基盤とする根本的価値観に基づくものだろう。成功するために何が必要なのかをめぐっては、意見が分かれるかもしれない。しかし、世界のすべての住人が豊かな生活が送れるような、環境的に持続可能な世界を出発点とするならば、一つのモラル・フレームワーク（倫理的枠組み）の基盤がおのずと見えてくるだろう。不平等なシステムは根強いが、それに対して何かしようという意識と集合的な決意があれば、システムを想像し直し、変革することは可能だ。

言うまでもないが、システムは一夜にして変わりはしない。そこに至るには、企業や組織、学校、宗教組織、病院、刑務所、そして政府の新しいあり方を、環境危機に陥り、相互依存する世界のために創出してデザインする、果敢な人々が必要だ。最良の人たちは世界に心を開きながら力の限り働くが、同時に、現状を否定しようとすれば変化に抵抗する人々もいるものだということを理解している。後退はつきものだ。しかし、一度でも何かを変えようとしたことのある人なら、ほとんどがこう言うだろう。容易なことではなく、困難の上にこそ、持続する成功とはどういうものかを私たちの魂に浸透させてくれる達成があるのだと。

＊＊＊

内なる動機に駆り立てられて成果を追い求めていると、ときには進歩が耐えがたいほど遅く感じられることがある。そんなときには、すでに成功を再定義して自分らしい成果を思い描けている人でも、自分がすべきだと信じている仕事について再評価し、更新する必要がある。ベンジ・ウィリアムスは、スラム地区に飲料水を供給する会社の支援チームを構築すべく、アキュメン・フェローとしてパキスタンのラホールで二〇一一年を過ごした。パキスタンでは、高校より上の教育を受ける若者は全体の五パーセント以下だ。ベンジによれば、「技術的なスキルだけでなく、最低限の生活スキルさえ身に付いていない労働者を雇うのがどれほど困難か、覚悟ができていなかった」

パキスタンには、失業や不完全雇用の状態にある若者が何百万人もいる。これは、パキスタンや多くの途上国における「若者人口の急増《ユースバルジ》」が生み出した課題だ（パキスタンは人口の六四％が三〇歳未満で、世界で最も若者人口の割合が高い）。ベンジは、こういった若者たちを養成し、リーダーシップや労働者としての能力を育成する研修所の設立を構想し始めた。

「パキスタンの若い世代は国の財産です」と、あるとき私が訪問した際にベンジは説明してくれた。「でもそれは、若者が自らの選択肢を広げるのに必要なスキルを身に付けられればの話です。そうでなければ、何の技術も学べず、排除されて不満を抱えた若者たちは、パキスタンにとっても、それ以外の地域にとっても、深刻な問題を投げかけるでしょう」

アキュメン・フェローの経験から数年後、スタンフォードのビジネススクールで学位を取ったベンジはラホールに戻り、アマル・アカデミーを設立した。これは、二番手、三番手レベルの大学を卒業した第一世代大学生（両親が大学学位を持っていない学生）にリーダーシップ研修を行い、学生がいい仕事に就けるように支援する非営利団体だ。

この仕事はあらゆる面でベンジに課題を突き付けた。ベンジは外国人であり、自前の財源はない。パキスタンに同種の機関は一つもないし、彼がサービスを提供しようとしている人々にはほとんど、あるいはまったく収入がなかった。それでもベンジは、収益が得られるパートナーシップを築き、最初の数年で数百人の若者に研修を行った。成果の評判は広がり、仕事への献身ぶりは地元コミュニティで高く評価された。けれどもベンジは何か物足りないと感じていた。

意義ある進歩をしていても、チェンジメーカーなら誰でも、旅の途中で疑問や疑念が膨れ上がるときがある。それが雑草のようにはびこり、窒息してしまいそうになるのだ。アマル・アカデミー設立から三年が経った、二〇一六年一月。ベンジは、ニューヨークに立ち寄る際に会いに行ってもいいかと連絡をくれた。私は朝の六時にハドソン川沿いを一緒に走ろうと誘った。凍えるような風の強い朝で、ふだんは明るいベンジには沈鬱な様子が漂っていた。

「調子はどう？」と私。

「十分な仕事ができているかどうかわからなくて」と彼は言った。

その言葉に私は思わず立ち止まった。

「アマルを始めたのは教育システムを変えるためです。少数の若者の手助けをするだけのつもりはなかった」とベンジは説明した。

数百人は決して少数ではないと、私は彼に念を押して言った。私から見れば、ベンジは進むべき道にいた。わずか三年で、人々の生活に大きなインパクトを与え、かつコストをカバーできるビジネスモデルを構築している。ベンジはあらゆる点で非凡だと、私はいつも感じていた。徹底的に取り組み、愚痴をこぼさず、成果を上げ、いつも自分より他者を優先する。彼の魂を苛んでいるのは何なのだろう？

そして私は思い出した。ベンジがスタンフォードの学生だった頃、彼は高額な給料と誰もがうらやむ肩書といった、一般的に思い描かれるような成功の誘惑に直面していた。学生の中には、自分は「実力主義社会《メリトクラシー》」で競争し、得たものはどれも「勝ち取った」のだと思い込んでいる者もいた。けれどもベンジは別の信念を持って生きていた。人生のルーレットによって人は実にさまざまな出発点に立たされるのであり、運が実力より物を言うことがしばしばある――彼はそれをよく理解していた。ベンジは人の役に立ちたいと心から願ってもいた。正しいキャリアを選ぶためには、選択肢を狭めなければならなかった。

彼は一度、こんなふうに話してくれたことがある。「自分に忠実でいるために私がとった行動は、就職活動期間に目隠しをして、一つも応募しないことでした。ものすごく高給の職に誘惑されたくなかったんです。フェイスブックやインスタグラムの利用もやめました。他者との比較ゲームで身動きできなくなりそうだったからです」

私たちの多くは、金を稼ぐか変化を生み出すかの選択に、繰り返し直面することになる。両方を実現することも可能ではあるが、それでも、どちらの価値を優先するか決めなければならないときが必ずあるだろう。ベンジは、不利な立場にある人々の役に立ち、ポジティブな変化を生み出すためにすべてを賭けてきた。持続的で大きなインパクトを生み出すのにどれほどの時間がかかり得るか――それを考えれば、大きな夢を持つ人々が、自分の下した決断に強いストレスを感じることがあるのは当然だ。

「あなたはやろうと思っていたことをやれている」と、私は彼に言い聞かせた。「あなたがつくり上げてきたものに誇りを持って。変化について話すだけの人はたくさんいる。あなたはそれをやっている。まだ始めたばかりじゃない」

自分に対してこんなに厳しいベンジの姿は見たくなかった。私は彼の中に、若かった頃の自分の姿を垣間見た。私もまた、社会的インパクトを生み出す人生にすべてを懸けていた。そして、マーケティングの天才セス・ゴーディンが「ディップ」と呼んだ感覚をよく知っていた。それは、自分がやりたいと考えていたことがあまりに困難なことに思われ、いつかうまくいくのか、楽しい仕事になるのか、わからなくなってしまう時期のことだ（それが永遠に続くように感じられることもある）。

問題というのは、遠くから見たときのほうが簡単に解決できそうに思えるものだ。新しい仕事は簡単に獲得できそうだし、新しい組織でも簡単にやっていけそうに思える。でもほとんどの場合、そうはならない。現場の現実に直面すると、結果に関してだけでなく、心理的・経済的に報われるかどうかに関しても、私たちの期待はしぼんでいく。

私の人生にも、仕事が非常に困難に感じられる期間があまりにも長く、ディップが自分の中に永遠に居座りそうな時期があった。これは危機の時期とは違う。というのは、緊急事態は自分のエネルギーを集中させてくれるからだ。危機の時期には、多くの起業家と同じように、壁を打ち破る力を振り絞ることができる。しかし、ディップはそうではない。腫瘍がどんどん大きくなっていき、重苦しい憂鬱な時期を連れてきて、ちょっとしたタスクまで、まるでシーシュポスに課された苦役のようになってしまう。

私が憂鬱にいっそう苛まれたのは、周りの誰もが素晴らしくうまくやっているように見えたからだ。特に三〇代の頃――二人で朝のジョギングをしたときのベンジと同じくらいの年だ――、ビジネススクールの多くの友人が、大金を稼げそうなテクノロジー系のスタートアップ企業に就職したり、経済的に成功した相手と結婚したりするのを目の当たりにした。優れたキャリアがない人でも、美しい家を持ち、いい服を着た非の打ちどころのない子どもたちに囲まれていた。一方で私は、独身で子なし、経済的に苦しく、多くの人には自分の仕事を理解してもらえない――自分はこれでいいのかと自問しながら、幾夜となく寂しい夜を過ごした。

何か新しいことに踏み出して三年目というのは、まさにディップにぶつかることが多い時期だ。世界を変えるという大きな夢の高揚感は、日々の不満と忍び寄る不安という現実の中で、いつの間にか消えていく。スタッフが姿を現さない。資金提供者からは「コンセプトを実証するものをもっと示してほしい」と言われるが、実証するには資金が要る。親や友人は様子を窺い始め、心配で表情を曇らせる。自分がインパクトを与えた人を数えると、その数は少なくて意味がない気がしてくる。こういうときは何もかもだめだと感じられるものだ。でもこういう時期は、そもそも自分はなぜこの仕事をしているのかを思い出すべきときでもある。友人や師の存在も助けになるだろう。こうした人々は成功する人生には不可欠だ。

結局、セス・ゴーディンが書いているように、「粘り強い人々は、他の人には見えない、トンネルの先にある光のような理念を思い描くことができる」。ディップは変化をもたらす人が必ず通る道だ。大切なのは、そういう時期を、より良い未来を息づかせ、引き出すために活かすことだ。

「ねえ、ベンジ」と私は言った。「あなたは正しい。パキスタンの崩壊した教育システムにインパクトを与えるまでには、長い道のりがある。その仕事にはさまざまな力を持つ大勢の人々が必要で、あなたが生きている間には実現しないかもしれない。でも、システム全体のことを考えるあまり、身動きできなくなってはだめ。あなたがうまくやれることをやればいい。五〇〇〇人の若者が研修を受けたら、彼らはいい仕事に就くだけでなく、人間性を発揮し、生涯学び続け、自分は自身より大きな何かの一部なのだと感じてくれるはず。あなたは、一つの基盤となる環境をつくっているのよ。それがあれば、システムを変えられる。でもまずは、何か美しいものをつくらなきゃ」そう伝えた後、私たちはハグし合い、それぞれの朝へと急いだ。

二〇一八年に再び、今度はラホールでベンジと会った。そのとき彼は、アマルの活動の財政支援や助言をしてくれる、有力なパキスタン人たちの小さな支援者グループを得ていた。アマル・アカデミーは、若くてやる気にあふれた三〇人のメンバーからなるチームに成長していた。そのなかには、アマルのフェローシップの修了生も一〇人いた。アマル・アカデミーは何千人ものフェローに研修を行い、パキスタン各地の企業や大学とパートナーシップを築いた。ベンジはポッドキャストも始め、教育とは人間性と批判的思考の両方を伸ばすことだというメッセージを発信していた。ベンジとビジネスパートナーのアリは、労働者の人材育成の専門家として、引く手あまたになっていた。彼らが目指したのは、単に指示に従うだけの労働者ではなく、変化をもたらすリーダーとなれるような働き手を育てることだった。何万人もの人生が変わったのは、ベンジが自分なりの成功を再定義し、妥協なく自らの北極星に向かって進路を取ったからだ。

あの日ラホールで私は、ベンジがブログ記事でシェアしていた、共通の友人からもらったというアドバイスのことを考えていた。「問題は、どういう課題を解決したいかだけではない。自分の人生の次の四〇年を、どのように過ごしたいかだ」ベンジがディップを経験してから数年が経っていた。今この穏やかで優れた人物は、教育を受けたパキスタンの若者に囲まれている。彼ら一人ひとりが、二一世紀のスキルを手にし、みなベンジをロールモデルにしている。彼らは人の役に立ち、価値観を大切にしながら自分の国を築こうと尽力していた。

＊＊＊

アキュメンが当初から支援してきた会社の一つ、d.lightは、世界中で一億人以上にソーラー発電の電気と灯りを提供してきた。d.lightの創業者であるネッド・トーザンとサム・ゴールドマン（二人のことは第四章で詳しく取り上げる）はあらゆる意味で成功を収めている。二人の功績は、多くの人々の生活を変えただけにとどまらない。同社は、灯油に代わる手ごろな価格のクリーンエネルギーを提供するという、世界最大の課題の一つに取り組んだ。これにより、何百万トンもの温室効果ガス排出を抑え、国の発展に貢献する何千もの人々の雇用を創出し、そしてオフグリッド・エネルギーという新市場の基礎を築いたのだ。

d.light の営業部にエバリンという若い女性がいる。私は二〇一七年八月、アキュメンのエネルギー分野への投資に関する視察の一環として、ケニアのナクルという町で彼女に会った。黒いパンツとヒールに、d.light の黒とオレンジの襟付きシャツをびしっと着て、きっちりと編み込んだ髪をポニーテールにまとめたエバリンは、都会で見かける若い営業職の人のようだった。

エバリンは、郊外へ三〇分ほど車を走らせながら自信に満ちた顔で私たちを案内し、舗装されていない道路の脇に車を止めた。ヒールのままトウモロコシ畑のぬかるみの中を先導し、たどり着いたのは、彼女の故郷の村だった。夜になれば灯りをつけ、本を読み、家族で話す、つまり私たちの大半が当たり前だと思っていることができるようになって、生活がどれほど変わったか——家々の顧客がそれを話してくれる間、エバリンは誇らしそうにほほ笑んでいた。村を出る頃には、この若い女性が生まれながらのセールスパーソンで、やろうと心に決めたことは何でも達成できる人だと私は確信していた。

町に戻るジープに乗って初めて、エバリンは、ケニアで最も保守的な部族の中で育った自身の話をしてくれた。「私のコミュニティでは、女の子は学校に通うことを許されていなかったんです。でも父の考えは違っていて、私に勉強してほしいと思っていました。村には私の通える学校がなかったので、父は別の村に住む叔父の家族に私をあずけて、学校に通わせてくれました。あの頃は、何度も寂しい思いをしました。でも今は、私に教育を受けさせることが、父の人生にとっても難しいことだったのだとわかります。村の男性たちは父を、私を学校に通わせているという理由で非難したんです」

　お父さんの決断について、今、村の男性たちはどう思っているだろうかと私は尋ねた。

「彼らは今では自分の子どもたちに、エバリンのようになれと言っています」

　エバリンの父は、障害をものともせずに娘の成功を再定義し、村における成功の定義までも変えたのだ。

「あなた自身はどんな夢を持っているのですか」と私は尋ねた。

「まず、自分の村のどの家庭にも電気が届くようにしたいです。自分のコミュニティと国の役に立ちたい。それが済んだら、大学に行ってマーケティングの勉強をして、自分の会社をつくりたいんです」

　この大きな夢をもつアフリカ人女性は、自分のコミュニティの役に立つという自らの約束を果たすまで、個人的な目標に取りかかることは決してしないだろう。

　私の期待を膨らませるのは、地球上のどの町、どの村にも、エバリンのような人がいるという事実だ。

　あなたが誰であろうと、より深い成功を収める一〇〇〇の機会を、世界はあなたに提供してくれている。世界を変えられるかもしれないと目の前の人に伝える、敬意を示して相手の心を開いたうえで耳を傾ける、自身の力では困難を切り抜けられない人に手を差し伸べる、そういった瞬間に出会う可能性は、日常の中にあるのだ。あなたには思いやりがあった、全身全霊で事にあたった、これ以上ないほどがんばった——人生の終わりに、あなたが世界からそう声をかけられますように。

取り残されていた人たちに力を貸したと、好奇心と未知なるものへの感性を忘れず自己革新させながら生きたと、最後の息を引き取るまで学び、変わり、成長したと言われますように。

そのときまで、変えるべき世界は目の前にある。

第3章　モラル・イマジネーションを育む

バージニア大学の所在地であるシャーロッツビルは、ブルーリッジ山脈から三〇キロほど東にある。一九八〇年代初め、この町は分断されていた。地元の住民の多くは、大学から車で三〇分ほど離れた、経済的に厳しい地区に住んでおり、彼らから見れば学生たちは裕福で恵まれていた。大学で働く多くの地元住民は、学生にとって目に入らない存在か、嘲笑の的だった。洗練されたフェアアイル柄の編み込みセーターにカーキのパンツという学生たちとは違い、慎ましい服を着て南部山岳地帯の強い訛りで話す地元住民たちは、地味な存在だった。

大学二年生の秋、人気のある学生会が地元住民のような服を着るように参加者に呼びかけて、盛大なパーティーを開いた。その発想に胸が痛み、私は参加しなかった。しかし、抗議もしなかった。その後、感謝祭の頃のことだ。経済的な困難を抱える家族にクリスマスのディナーとおもちゃを寄付しようと、学生に呼びかけるチラシをたまたま目にした。これは少なくとも、何かポジティブなことをする機会だった。これに触発されたルームメイトと私はホリデイパーティーを開くことにして、みんなに食べ物とおもちゃを持ってくるように頼んだのだった。

私と友人たちは夜遅くまで踊り明かして楽しんだ。酒が進むとともに、私たちの不格好なクリスマスツリーの根元にはおもちゃと食べ物の山ができていった。私は大満足でベッドに入り、数時間もしないうちに起き出した。そして私たちの「家族」のために、正真正銘のクリスマスのごちそう――飾り付けした七面鳥もあって完璧だった――とおもちゃの詰まった、サンタクロースさながらの大袋をルームメイトの赤い車に押し込んだ。それから町はずれに向けて出発した。少し疲れていたが、クリスマスの精神と奉仕へのやる気でいっぱいだった。

一時間足らず走ると、そこは別世界だった。舗装されていない道路やトレーラー駐車場、数軒のガソリンスタンド、看板が消えかかったコンビニエンスストア。私たちは一軒のガソリンスタンドに入って、目指す家までの行き方を尋ねた。店の人の強い訛りを理解するのに苦労し、もう一度言ってほしいと頼むのは恥ずかしかったが、向こうも私の話を理解するのに苦労しているようだった。

地図がなく、ルームメイトと私はまた道に迷った。道路脇に車を止め、頭を垂れてポケットに手を突っ込みながら歩いてきたオーバーオール姿の男性を呼び止めた。道を教えてほしいと頼むと、その人はけげんそうな顔をして、「この道を行けるところまで行けばいい」と答えた。彼が指していたのは、どこにもたどり着かなそうな未舗装の道路だった。「二つ目の角を左に曲がってずっと行くと、アールの薪小屋って看板が見える。家はそのすぐ後ろだ」

その後も何度か曲がるところを間違え、野良犬と廃車の横を通り過ぎ、ようやく白地に赤で「アール」と書かれた大きな看板を見つけた。はたして、そのすぐ後ろには、正面に小さな窓とポーチがある、薄い板で建てられた慎ましい小屋が建っていた。その家をじっと見ていると突然、どうか留守であってほしいという思いに駆られた。

そのときになって初めて、自分たちの存在を家族がどう感じるかを想像した。このコミュニティに何の関係もない、二人の二日酔いの学生がどこからともなくやってくる。袋の中にクリスマス――少なくとも私たちが考えるクリスマスを詰めて。おそらく家族の誰かがこの「サービス」に登録したのだろうが、私たちは訪問しようとしている家族の生活についてほとんど何も知らなかった。

それに、この家族のほうも私たちについて何も知らないのではないだろうか。

私は恥ずかしさでいっぱいになった。そして「家族の人たちに会いたくない」と言った。ルームメイトは私を見て少し考え、同意した。停車しないまま、私は深く息を吸うとドアを開け、全速力で走って袋をポーチに置き、一目散に車へ逃げ帰った。それからスピードを上げ、今起きたばかりのことを話せる食事どころを見つけるまで、黙ったまま車を走らせた。

私たちは自分たちの無知について話し、それを重苦しく受け止め、苦い思いで笑いあった。彼らがずっと住んできた町に、私たちはたった一年あまりしか住んでいない。それなのに、隣人のために何かポジティブなことをしようという善良な思いつきで、夢遊病者のように迷い込んだのだ。新鮮な食べ物やおもちゃは、私たちが持って行かなければ、家族には用意できなかっただろう。それを届けられたことはうれしかったけれど、車で通り過ぎるだけのこういうチャリティーは、両者どちらにとってもどこか間違っていると感じた。

何年か経って、この遠い昔の若かった自分に向かってどんな助言ができるか考えてみた。どれほど小さいことであっても、貢献したいという直感的な思いは称賛に値するだろう。しかし、親切な行動をしようという善意だけでは足りないのだ。「不利な立場にある人たちの役に立ちたい」という大雑把な言葉を脱却して、役に立ちたいと思う相手の立場に立った自分の姿を思い描いてみなさい——今の私ならそう言うだろう。

モラル・イマジネーション（倫理的想像力）が始まるのはここからだ。けれどもそこで終わってもいけない。

モラル・イマジネーションとは、他者の問題を自分自身の問題であるかのように捉え、その問題にどう取り組むべきかを見きわめることだ。そして、それに従って行動する。現状を理解し、それを超越して、自分自身と他者のためのより良い未来を思い描くことが求められる。

モラル・イマジネーションは共感とともに始まるが、他者の苦しみを感じ取るだけで事足りるわけではない。行動を伴わない共感は、現状を強化しかねない。モラル・イマジネーションは強力なものであり、ボトムアップで育まれ、他者の生活に深く入り込むことを通して根を張る。人間同士で結びつき、絡み合う問題を体系的に分析する。そうして初めて、どうすれば応急措置にとどまらない長期的な変化を生み出せるかを考えられるようになるのだ。

私たちに共通する人間性を認め、すべての人のために機会と選択と尊厳を求める——モラル・イマジネーションは、そんな世界のためのモラル・フレームワークの基盤にほかならない。クリスマスの食べ物とおもちゃを車で届ける活動に、もしモラル・イマジネーションを持ってアプローチしていたとしたら、何をしただろう。対象のコミュニティや、そこで暮らす人々が直面する現実について学ぶことから始めたかもしれない。役に立ちたい相手家族と一緒に時間を過ごすことはできなくても、少なくとも子どもたちの性別と年齢——提供されていたデータはこれだけだった——以上の情報を求めることができたはずだ。あるいは、クリスマスより前に家族とつながろうとしたかもしれない。そうしていれば、ほんの少しでも人間関係が築けただろう。サンタが届けてくれた魔法のクリスマスという子どもの夢を台無しにしないように、親だけに会いたいと頼むことだってできたかもしれない。

声なき声に耳を傾けることは、次章で取り上げるが、モラル・イマジネーションには欠かせない基本だ。自分が役に立とうとしている相手について知識を集めることもそうだ。ルームメイトや私がそういう知識を得ようとしないのなら、コミュニティと長期的にかかわっている組織を探して、私たちよりも優れた活動をしている彼らを支援するほうがよかった。

ブルーリッジ・マウンテンでのあの冬の日から三〇年。世界は劇的に変わった。第一に、技術の進歩によりGPSが生まれ、誰かに道を聞くことは稀になった。一方、階級間の分断はより深まっている。特権ある人々にとっては、ありとあらゆることが可能に見える。宇宙船を送って火星に住んだり、ロボットと接続して人間の能力を高めたり、永遠に生きられたりする世界が来ると信じている。けれども、あらゆる可能性や宇宙旅行が実現していく世界は、自分を存在価値のない弱者だと感じる人や貧しさからどうやっても抜け出せないと感じる人たちにとっては、あり得ないほど遠いものに思えるだろう。簡単に自動化できる単調な仕事をなくせば、クリエイティブな仕事が増えると高い教育を受けた人たちは夢見る。しかし、大学の学位を持たない人たちは、安定した雇用がなくなるという不安しか感じないだろう。

仕事をする場がハイテク企業であれ低所得層のコミュニティであれ、あなたが持つべきものはモラル・イマジネーションなのだ。それが未来の解決策と組織をインクルーシブで持続可能なものにしてくれる。これには、共感、現場に深く入り込むこと、人間関係の構築、そしてすすんで現状に挑む姿勢から生まれる、特別な能力が求められる。

私が人生でとても恵まれていると感じるのは、モラル・イマジネーションに根差すリーダーシップを持った素晴らしい人々と一緒に仕事ができるときだ。インドのバンガロールにいるガヤトリ・ヴァスデヴァンもその一人だが、最初に彼女の会社レイバーネットの話を聞いたときには、それに気づくはずもなかった。

二〇一二年、アキュメンは教育分野への投資を決めたが、財務的に成立し得る投資候補がなかなか見つからなかった。そんななか、ある同僚が推薦したのがレイバーネットだった。レイバーネットはすでに一〇万人以上に研修を行っていた。しかし、私は懐疑的だった。何億ドルもの援助資金が、いわゆる職業訓練や「技術支援」（たいていはコンサルタントが提供する収入につながるかわからないような訓練）に費やされ、その大半が無駄に終わるのを目にしてきたからだ。こうしたプログラムは運営が雑で、会社が実際に従業員に求めるスキルを訓練することに焦点を当てていなかった。とはいえ、私はまだガヤトリ・ヴァスデヴァンに会ったことがなかった。後に私は、彼女が予算の規模ではなく、サービスを提供した人たちの生活の変化によって自分の成功を定義する人だと知ることになった。

ガヤトリに会ったのは二〇一四年一一月、バンガロールからすぐ近くの建設現場だった。レイバーネットはその現場の従業員を訓練する契約を結んでおり、ガヤトリが訓練生の何人かを紹介してくれることになっていた。黒と金の絹のサリーを着て、扱いやすい実用的なボブカットで白髪交じりの髪を、明るいオレンジのヘルメットの下に押し込んだ彼女の姿は忘れられない。

私は笑い声を上げた。「どの建設現場にもきれいなサリーを着ていくんですか」

「もちろん」と彼女は、控えめでありながらいたずらっぽいほほ笑みで答えた。「毎日サリーを着ています。サリーは私の一部なんです」

ガヤトリが自分以外の誰かにならなくては、と感じていないのがうれしかった。「それなら、あなたみたいな素敵な女性がどうしてこんなところにいるの？」と私は笑いながら応じた。中立的であることをやめ、私も自分自身でいていいのだとすでに感じ取っていた。「あなたの話をぜひ聞かせて」

「キャリアの最初の三年間は、辺鄙な農村に住んでいました」と彼女は話し始めた。「インドの政策改革にはいつも関心を持っていたけれど、オフィスという安全な場所から政策に影響を及ぼそうという考え方には賛成できませんでした。現場の現実を理解する必要があると思ったんです」

我が意を得たりだった。第一歩――現場に深く入り込む。

「あのね、ジャクリーン」と彼女は言った。「村に住んでいたとき、私も傲慢な思い込みをしていたんです。貧しい人たちにも起業家精神さえあれば彼ら自身で問題を解決できると思っていました。でも、そういう人たちの住む環境のなかで一緒に時間を過ごしたら、別の現実が見えてきたんです。一番弱い立場にある人たちはリスク回避をする傾向にあります。生死の瀬戸際で生きていたら、生活そのものがリスクの大きいものになり得る。貧しい人たちにとっては、仕事の安定性や見通しの立てやすさが大切なのです。金持ちだろうが貧乏だろうが、大半の人は起業に伴う予測しにくい儲けや打撃になる損失を歓迎しない」

ガヤトリは続けた。「その後の数十年間、高い教育を受けたインド人はハイテク企業の高収入の仕事を得る一方で、訓練や教育を受けられず、スキルを持たない三億もの人々が、目を向けられることなく置き去りにされるのを目の当たりにしました」現状への理解を深めたガヤトリは、より良いシステムを構想し直すことに取りかかった。彼女と共同創業者のラジェシュ・ARはレイバーネットを立ち上げ、インドにおける労働者の九〇％がスキルを持たないがために仕事を得られないという大問題に取り組んだのだ。労働力の自動化が進んでいるなど、数多くの課題を彼女は現実的に捉えていたが、雇用者が非熟練労働者を単なる取り換え可能な資材扱いすることに心を痛めていた。

多くの国と同様インドにも、規制や課税が届かないインフォーマルセクターが存在する。そこで働いているのは、自営の露天商、美容師、家事労働者、個人のサービス業者、修理工、レンガ職人、仕立て職人などだ。ますます複雑になるグローバル経済のネットワークが生み出した、下請け会社で働く者も含まれる。長時間休みなく布を縫う人たち、皮なめし業でアルカリ溶液の大きな桶に張り付き、手袋もマスクもなしに有害な煙を吸い込みながら仕事をする人たち、あるいは、危険な建設現場で身の安全を二の次にしながら、鉄筋加工や鉄骨組み立て、セメント混合などの作業をしている人たちもいる。

より早くより安い商品を求めるグローバル市場の地下に、こうした人たちが隠されているのだ。彼らは目に見えず、注目されない存在で、その数はかつてなく増えている。インドの労働経済には、年に二〇〇〇万人近くが常に流入している。そのため、地位も給料も低く、健康を損なうリスクのある、ときには命の危険にさらされるような仕事を受け入れざるを得ない人々にとって、不安定さは悪化の一途をたどっている。

この状況を受けてガヤトリは、インフォーマルセクターの労働者が自分の未来に何らかの上昇機会を見込み、それを実現できるような機会を提供しようと取り組んできた。そのためには、構造化されていない不安定なインフォーマルセクターの労働市場で仕事をしていくためのスキルを身に付けられるように、彼らを訓練して支援する必要があった。これを成し遂げるためにガヤトリは、ほとんど構造がなかったところにそれをつくり上げたのだ。

「上に行きましょうか」とガヤトリは言い、近くにあった壊れそうな竹のはしごを指さした。それを登ると、コンクリートの巨大な建物の二階は吹きさらしになっていた。開けた場所を歩いて、柱やコンクリートブロックの山を通り過ぎると、レイバーネットのロゴが書かれた木製のドアが見えた。

中に入ると、小さな部屋に四〇人ほどの若者がいて、ジーンズ、蛍光オレンジのベスト、青か黄色のヘルメットという職業特有の服装を除けば、その大半は学生のように見えた。彼らは、細長いテーブルの前の長椅子に五人ずつ座っていた。建設労働者たちはガヤトリに視線を向けた。彼女がほほ笑んで挨拶すると、彼らは立ち上がって彼女を迎えた。ガヤトリはインド各地から来た若者たちに、彼らの第二言語であるヒンディー語で激励の言葉をかけた。彼女は彼らに、自分の人生にもっと自由をもたらすスキルを身に付けられるかどうかはあなたたち次第だ、と話した。彼らは故郷からはるか遠く離れた場所で、本当にわずかな収入で働いている。そして彼らが汗水垂らして建設したビルが、やがて一〇〇〇万ドルのマンションになるのだ――私はその事実を思わずにはいられなかった。

「この訓練は労働者たちの生活を変えるのに本当に十分だと思いますか?」と、彼女の説明の後に私は尋ねた。それから次のように付け加えた――なるべくさらりと。というのは、この勇ましい女性にも、毎月押し寄せる失業した若者たちの大波にひるむ日々があるに違いないと思ったからだ。

「あるいは、システムが彼らを押しつぶすのは避けられないのでしょうか」

答える代わりにガヤトリは、若者たちと直接話してはどうかと言った。ダークブラウンの瞳を持ち、青いヘルメットから黒髪がはみ出ている一九歳の若者が、スマホを片手に、自分の学んだことを自信に満ちた様子で話してくれた。「訓練は重要な出発点です」と彼は言った。「家にいても、農場の収入では家族の面倒を見られません。今は、子どもたちが学校に行けるだけのお金を送れています。子どもたちには私よりいい人生を送ってほしい。誇りを持ってほしいんです」

「家族からどのくらい離れて住んでいるんですか」と私は尋ねた。

「たぶん二〇〇〇キロ」と彼は答えた。最短でも片道四日はかかる距離だ。

この勤勉な労働者は私の祖父を思い出させた。祖父は若いとき、オーストリアからペンシルベニアに移住した。二〇歳で結婚して、毎日重さ四〇キロのセメント袋を担ぎ、残念ながら自分は送れなかった人生のチャンスを六人の子どもたちに与えたのだ。私はまた、適切な訓練と、それが引き出す自信との相関関係についても考えた。レイバーネットの精神が目指しているのは、一人ひとりの労働者が、自分には誰かに投資してもらうだけの価値があると信じられるようにすることだ。未来は変わり得ると思い切って信じることで、初めて違う未来をつくるチャンスを持てるのだ。

私はこの若者の成功を願った。

本書執筆の時点で、レイバーネットは七〇万人以上の労働者を養成してきた。その分野は、建設業から自動車修理業、仕立て業にわたる。しかしガヤトリは、労働者の養成だけでは十分でないと考えている。ガヤトリのチームは、レイバーネットが養成した労働者の中から起業に関心のある者を探して、その人たちがアイデアを展開する手助けをしている。これによって、すでに七〇〇〇人以上の人が自分の会社を設立することができた。私は起業家の何人かに会ったが、それぞれが少なくとも一〇人を雇用していた。レイバーネットはこうした起業家たちを支援し、学校の制服の縫製や美容製品の流通といった、彼らの会社のサービスを必要とする大企業と結びつけることで、起業に伴うリスクを軽減している。つまり、レイバーネットは自分たちが持つ「社会資本」、すなわち人脈のネットワークを、少ないリソースながらも十分なトレーニングを受けた起業家たちにまで拡大したわけだ。そうして彼らは、重要なサービスを提供し、最終的には、その努力が報われるレベルの収入を得られるようになっている。

ガヤトリは、低所得層の労働者たちが生きる現実のなかに身を置き、自らのモラル・イマジネーションを発揮させることで、労働者の人材育成にかかわるシステムへの理解を深めた。理解が深まって成果が上がるとともに、労働者に配慮した政策を提唱できる正当性と声を得ていった。そうしてレイバーネットは、自動車、皮革、インフラなど数々の分野で、技能認定やパフォーマンス基準に影響を与えてきたのだ。また、職業訓練をインドの公教育カリキュラムの一部に組み込むよう、インド政府に促す役割も果たしている。時とともにガヤトリは、耳を傾けられない人たちのために声を上げる、国民的な存在になった。彼女の仕事は、モラル・イマジネーションを実践した好例だ。

＊＊＊

インドの都市部でも紛争後のコロンビアでも、弱い立場に置かれている人たちの存在を認識し、天然資源を大切にする革新的な解決策を生み出すきっかけとなったのは、モラル・イマジネーションだった。変化をもたらす人たち——成果を上げる、実践的かつ理想主義的な人々——が、共感から行動へと踏み出すステップは、それぞれの物語がどこでどのように始まるかにかかわらず、よく似ている。

二〇〇九年、カルロス・イグナシオ・ベラスコ——穏やかな口調の、非常に頭の切れるコロンビアの若者で、コロンビアのコーヒー産業を広めるべく東京で仕事をしていた——は、小方真弓に出会った。彼女は熱烈なチョコレート研究家で、四年かけて世界で最も洗練されたカカオの品種を探し出したところだった。

日本の有名なチョコレート原料メーカーに数年勤務した真弓は、チョコレート産業が農家と地球に及ぼす悪影響を懸念するようになっていた。世界のチョコレートの九〇%以上が約五〇〇万世帯の小農によって生産され、その九〇%は収入が一日に二ドルに満たない。カカオの七〇%はアフリカ西部で栽培されており、土壌を疲弊させるような持続不可能な農法が用いられていることがほとんどだ。こうした懸念すべき統計の数字を前にして、真弓は、農民がきちんと利益を得ることができ、地球に悪影響を及ぼさない方法で高品質なカカオを栽培できる地域を新たに探した。

インドネシアからボリビアまで多くの場所を訪れ、最終的に真弓の心をつかんだのはコロンビアだった。コロンビアの多くの地域で、さまざまな形質の品種が見つかった。けれどもこうした地域は、半世紀にわたる内戦に苦しんだ歴史を持ち、麻薬王とコロンビア革命軍（FARC）のゲリラや民兵の暴力による傷がまだ癒されていなかった。多彩なカカオが育つ土地は、コロンビアの主要都市から地理的に隔絶しており、教育やスキルのレベルもかなり低い。そうしたリスクがあったにもかかわらず、真弓はこの土地がカカオ生産において素晴らしい可能性を秘めていると判断した。彼女はチャレンジすることが好きだったのだ。

カルロスは、以前から祖国に貢献するために自分ができることは何だろうかと考えていた。東京で真弓と出会ったことをきっかけに、彼の想像力に灯がついた。コロンビアは地球上で有数の良質なコーヒー豆で知られている、と彼は考えた。ならば、世界的なチョコレート産業を構築できないはずがないではないか。コーヒーはしょせん一九世紀にエチオピアから導入されたものだ。一方カカオは、南米で脈々と受け継がれてきた自然産物の一つなのだ。

そのうえ、紛争後の地域に平和が根を下ろすには、土地と人々への慎重な投資が必要だった。地元コミュニティとパートナーシップを組んで、世界最高のカカオを生産する会社を設立することにまさる方策があろうか。これこそ、ビジネスの威力を発揮するチャンスだとカルロスは考えた。モラル・イマジネーションがあれば、限られた人々だけのために利益を生むのではない、長く見捨てられてきたと感じているコミュニティに繁栄と平和をもたらすようなビジネスができるはずだと信じたのだ。

カルロスと真弓は、同じ二〇〇九年のうちにカカオ・デ・コロンビアを共同設立し、四つの紛争後地域で農民たちと信頼関係を築こうと試みた。このプロセスは何年もかかることになるが、かけた時間とモラル・イマジネーションを持った真摯な努力によって道が開かれた。

二〇一七年、アキュメンがカカオ・デ・コロンビアに投資するようになって二年後、私はコロンビア最北部、地球上で最も標高の高い海岸山脈の一つであるシエラネバダ・デ・サンタマルタの農業コミュニティを訪れる機会に恵まれた。そこは、宇宙との調和を大切にして生きる文化で知られる先住民、アルアコ族の先祖伝来の土地だ。この山中で、真弓は洗練された希少な白カカオと出会い、世界最高のチョコレートがつくれると確信したのだった。真弓とカルロスは、アルアコ族とパートナーシップを築いて世界に誇るチョコレートを生産し、単に製品だけでなく一つの哲学を世界に輸出することを構想していた。

アルアコ族が関心を持ってくれる保証はなかった。彼らは、植民者や麻薬業者や兵士からの暴虐にさらされながらも、アルアコ族の伝統を無傷で守ってきた。そして、白カカオは神聖な果実とみなされており、栽培や商品化をしようとは考えていなかった。強欲資本主義は新たな脅威とみなされていた。そのため真弓とカルロスは、変革をもたらすパートナーシップを慎重に構築して、アルアコ族の信頼を得なくてはならなかった。それには時間がかかった。アルアコ族の歴史、習慣、価値観を理解することから始める必要があった。そうして初めて互いに敬意を抱くことができるようになる。

アキュメンの南米支部長ヴィルジリオ・バルコと私は、真弓とともにコロンビアの海岸を車で走り、アルアコ族と会う場所へと向かった。どうやってパートナーシップを築いたのかと私は真弓に尋ねた。パートナーとなって希少なカカオを栽培し商品化することで、何が得られ、何が失われるか、彼女とカルロス、そしてアルアコ族はどう判断したのだろうか。

真弓は、あらゆる生き物の相互の結びつきを信じるアルアコ族のスピリチュアリティについて話してくれた。「この考え方に共鳴します」と彼女は言った。「私は日本で神道とともに育ちました。日本でも私たち人間は自然界と分かちがたく結びついていると考えます。私とアルアコ族が信じる世界を合わせると、水や風や土に関連する神は八〇〇以上にもなります。アルアコ族のスピリチュアリティにピンときたんです。その世界観にも。お互いの理解が信頼を築くのに役立ちました。アルアコ族の人たちに私の彼らに対する敬意、彼らとの結びつきを感じてもらえたんです」

精神的な結びつきは、違いを乗り越えて共通性を見出す一つの道だ。真弓とカルロスは、アイデンティティの別の部分（自然を愛すること、常に学ぶ姿勢）をもとに結びつくこともできたが、特に真弓にとっては、スピリチュアルな絆が深い好奇心と敬意の基盤をつくった。

私たちは、淡い青色の海とそそり立つ緑豊かな山に囲まれた小さな村に着いた。私は納得した――アルアコ族がこの場所を宇宙の中心と考えるのも道理だ、と。

精神的指導者マモ・カミージョとその側近の数名が私たちを温かく迎え、木の根元に一緒に座るよう案内してくれた。シンプルな、手織りの白いチュニックにゆったりしたパンツ。雪に覆われた聖なる山の頂を表す白い織物の帽子の下に、長い黒髪が垂れていた。マモ・カミージョは威厳のある落ち着いた物腰の持ち主で、服装は他のアルアコ族と同じだったが、見るからに周りからの尊敬を得ており、彼が歩くときはみな道を開け、話をするときはみな言葉を待った。

「マモ（賢明なる指導者）」たちは、アルアコ族のコミュニティで強い影響力を持っていた。彼らは子どものときに選ばれ、一〇年間指導を受けてアルアコ族の哲学と伝統的医薬法、そして人々の意見に耳を傾けて間を取り持つ技術を学ぶ。真弓やカルロスと一緒に初めてアルアコ族を訪ねたとき、マモたちはアルアコの宇宙観について三時間かけて丁寧に説明してくれた。アルアコ族は、宇宙の単一かつ不変的な法則のもとに自然と社会が結びついていると考えている。その法則はどの時代にも常に存在していたものであり、今後も、人間が地球を去った後も変わらない。

「私たちは、あなた方の文化を我が世界の弟だと捉えています」と、マモ・カミージョはまったく咎める様子なく言った。「あなた方は、土地が自分の楽しみだけのためにあると考えている。私たちの哲学では、成長とともに成熟していくことが求められる。私たちアルアコ族は兄です。地球上の生きとし生けるものすべてを尊重しなければならないという認識とともに生きている。調和を求めているのです。今、最も貴重なカカオを大地が私たちに与えてくれた。それを確実に守り育てていくことは私たちみなにかかっています」

アルアコ族の宇宙観を解説しながらマモ・カミージョは別のことも示してくれた——自分の力をどう手に入れるかについてだ。マモ・カミージョの自信と世界観が、彼の交渉の本質的な要素だった。経済的には「より貧しい」けれども、彼のコミュニティには間違いなくより豊かな精神と幸福があった。アルアコ族には与えられるものがある、ということを彼は理解していたのだ——単に物質的なものだけでなく、彼らの哲学という面でも。真弓とカルロスがどれほどの敬意を持って交渉に臨んだかを認め、肯定した後、マモ・カミージョは現在の資本主義システムで生きる人々とパートナーシップを組むことへの懸念を話してくれた。地球を資源として見るばかりで、自らをその責任を持つ者と捉えなければ、地球はどうなるだろうか。

村の中心部に歩いて戻る途中で、私は数人の若者が携帯電話を持っているのに気づいた。アルアコ族はどうやって必要なものと欲の間に一線を引くのか、カカオ・デ・コロンビアとの契約によって誘惑のパンドラの箱を開けてしまうことはないだろうかと、私は聞いた。

「過去を生きることはできないのだと私たちもわかっています」とマモ・カミージョは言った。「生き延びるには、より広い世界とかかわらなければならない。今日、部族以外の人と交流しようとするなら電話が必要です。電池やソーラー電灯なども必要不可欠なものです。一方で、地球に対する自分たちの責任を絶えず自分に思い出させなければなりません」

それから、互いに深い敬意を育むことができたカカオ・デ・コロンビア以外とは、誰とも取引をしないと付け加えたが、ただし、と言った。「このプロジェクトが、アルアコ族と自然のバランスを乱さない限りはパートナーシップを続けるでしょう。もしバランスが失われたら、パートナーシップは解消します。おわかりですか」

「はい」と私は言った。彼らを理解できたと感じた。

これは搾取や利益だけに基づいた交渉ではなかった。アルアコ族とカカオ・デ・コロンビアの合意は、契約というより誓約であり、互いに誠実にかかわり合い、自らをさらけ出し、耳を傾けるという倫理的な約束にほかならなかった。意義深い時間をともに過ごしたことで、どちらの側も、より良い関係性のために相手がどんなことを求めているかを理解することができた。アルアコ族にとってカカオ・デ・コロンビアにかかわることは、コミュニティを維持し、その先祖伝来の知恵を伝えて人類に貢献し続けるための、一つの手段だった。カカオ・デ・コロンビアにとっては、経済的な成功だけでなく、人的資源と天然資源を尊重するビジネスを実現させるチャンスだった。アルアコ族もカカオ・デ・コロンビアも、このパートナーシップによって変化していくだろう。対等な者同士の関係はいつも、時とともに双方を変えるものだ。

カカオ・デ・コロンビアが成長し、アルアコ族が豊かになるにつれて、「従来のビジネス」のように手っ取り早い方法でもっと成長することを求めるプレッシャーが増すことは避けられない。自分たちの価値観を共有でき、モラル・イマジネーションにあふれた投資家を見つけることが鍵となるだろう。だが、可能性に満ちた未来を二人の設立者が最初に思い切って想像していなかったら、カカオ・デ・コロンビアはスタートせずじまいだったことだろう。

二〇一八年、世界最高のチョコレートを称えるインターナショナル・チョコレート・アワード世界大会。アルアコのチョコレートは、マイクロバッチ部門で銀賞を獲得した（二〇一九年の世界大会でもマイクロバッチ部門で銀賞と、特別賞として金賞を受賞）。この成果を可能にしたのは、神道を受け継ぐ日本のカカオハンターと、カトリックで育ち、神道にあこがれるコロンビアの起業家、そして宇宙との結びつきに基づく哲学を信奉する先住民のコミュニティだった。それぞれが、モラル・イマジネーションを持って、自分と異なる人々に手を差し伸べ、相手と自分を結びつけるものを探し、目的によって結びついたのだ。

モラル・イマジネーションは、世界の可能性を見出し、差異を認識し、それらに取り組むための強力なレンズとなってくれる。広く活用し、賢く実践してみてほしい。

第4章　声なき声に耳を傾ける

二〇一五年、ある日曜日の午後、私は同僚のバヴィドラ・モハンとともに、インドに数千軒ある、赤と白がシンボルカラーのコーヒーショップ「コーヒー・デイ」に陣取っていた。場所はムンバイ西部のトレンディな郊外バンドラのカーター通りの角。新たにインドのアキュメン・フェローに選ばれたヴィマル・クマルと会う予定だった。しかし、約束の時刻を一五分過ぎても、ヴィマルは姿を見せない。ふだんならムンバイの渋滞のせいだろうと考えるところだったが、その日は日曜日だった。

当時私はヴィマルについて、スカベンジャーと呼ばれる低いカースト――寺院の花を香に加工するアンキットが雇用していた女性たちと同じ――の出身という以外にはほとんど知らなかった。けれど、アンキットで働く女性たちがそれ以前は声を持たなかったと感じていたのとは違い、ヴィマルはすでにコミュニティ・リーダーとして、声を大にして発信する術を持っていた。彼はスカベンジャーの現状を改善し、すべての人の権利を主張することに取り組むインドの草の根NGO「スカベンジャー・コミュニティ運動」の設立者で活動家だった。博士号も取得予定で、私には超人的な偉業に思えた。ヴィマルがどんな障害を乗り越えたのか、彼が自分のさまざまな側面をどのようにつなぎ合わせているのかを知りたかった。彼のような人から世界が学べることはたくさんあった――彼が自分自身について理解を深めていればなおさらだ。

コーヒーショップで待つ時間が長引くにつれて、ヴィマルが外で私たちを待っているのではないかという気がしてきた。店に入るとき、見逃したのだろうか。恵まれた人間は、デパートや銀行、一流大学、高級レストランといった場所に自由に出入りできること、あるいは入国審査カウンターに並べることでさえ、当然の権利だと思いがちだ。しかし、繰り返し排除されたり、「ふさわしくない」と「丁重に」告げられたことがある人たちにとっては何一つ当たり前ではない。すでに多くの成果を上げていても、人の目に入らない、人の耳に声が届かない存在であることに慣れているヴィマルは、私とは違う形で「ルール」を経験しているだろう。

店を出てみると、黄色のシャツに長ズボンをはいて額に汗を浮かべた彼が、やはり外に立っていた。横長の顔や鋭い目、きちんと分けた黒い髪という、写真で確認しておいた特徴からも彼を見分けることはできたが、何よりも彼のほほ笑みが決定的だった。

「こんにちは、ヴィマル！」と私は勢い込んで言った。彼は手を伸ばした。その柔らかな優しいしぐさはまったく予想外だった。思わず彼をハグしたが、気まずそうな様子にまたもやハッとした。「暑いところにいないで中に入りましょう」と私が言うと、彼は同意するようにほほ笑んだ。カフェの中に入りながら、何か飲みたいものや食べたいものはあるかと私は尋ね、クロワッサンやマフィンやサンドイッチが並んだケースを指さした。ヴィマルは水だけでいいと言った。

テーブルに戻ると、ヴィマルは長い時間をかけて私たちに彼の子どもの頃の話をしてくれた。自分は恵まれていたほうだとヴィマルは言った。彼のカーストの少年少女は学校から排除され、教育を受けさせてもらえないのがふつうだった。親が排除や失敗をとても恐れているがために、子どもを学校へやらない場合もあった。

ヴィマルは自分がとても幸運だったと話した――彼の母親は自分の学べなかったことを息子にはなんとかして学ばせたいと考えていたからだ。母親は私立の名門学校でトイレ清掃をしており、ヴィマルが授業に出ることを校長が認めてくれた。ただし教室の一番後ろに座ることが条件だった。ヴィマルは勉強が大好きだったが、クラスメイトの仲間に入れない寂しさに耐えなければならなかった。ヴィマルが「不可触民」であることを誰もが知っていた。他の生徒が制服を着ているのとは対照的に、彼がいつも継ぎの当たったぼろの服を着ていたのを見れば、それは一目瞭然だった。

成長するにつれて、他の誰もが当たり前に享受している機会を自分のカーストの人々は与えられていないという、システムが生み出した不公正に対する怒りが募った。ヴィマルの住む地域にケーブルテレビ会社が参入すると、彼のカーストに属する人以外は誰でも衛星テレビが見られるようになった。ヴィマルは地元の少年たちとグループを結成し、設置された衛星放送アンテナを片端から打ち壊した。会社がアンテナを再設置すると、今やストリートファイターとなったヴィマルらは再びそれを打ち壊し、スカベンジャーの人たちにもサービスを提供することに同意するまでやり続けると宣言した。

「特別扱いを求めたわけではないのです」と彼は言った。「ただ、他の誰もがしているように、料金を払う機会がほしかっただけです」

会社側が誰でも衛星放送アンテナをつけられるようにすると同意したとき、ヴィマルは自分の正当性が認められたと感じた。人の所有物を破壊するというやり方はほめられたものではないとわかっていたが、力を持たない者が力を持つ者に果敢に挑んで「勝てる」場合があるということを頭に刻んだ。

アキュメン・フェローシップは、非暴力で変化をもたらすアプローチに絞っていると私は話した。しかしその一方で歴史は、将来に希望の持てない、不満や恨みを抱いた若者が暴力と戦闘を通して闘った出来事に満ちていることも事実だ。ヴィマルは依然として怒りに突き動かされている部分が自分の中にあると言った。

「システム全体に対する怒りですか」と私は尋ねた。「それとも、特定の集団に対して?」

「カースト制度が廃止になったときにインドの問題は解決した、と信じている人があまりに多いことに憤っているんです。私のコミュニティが、能力とは何の関係もなく、ただ単に私たちの生まれを理由にして機会を奪われていることに怒りを感じます」

話しながらヴィマルの中で怒りがふつふつと沸いているのが感じ取れた。一方で彼の優しさも同時に感じられた。彼自身の中の相反する部分を私は想像した——猛牛と鳩、世界を敵に回すことをいとわない部分と重くのしかかるトラウマや烙印に今も苦しんでいる部分。どこで自分を思いとどまらせるのだろう。彼は自分の人生経験からどのような美しい部分を取り出して世界に提供できるだろうか。私たちのコミュニティはどうやって彼の可能性を最大限に引き出す手助けができるだろう。

「その怒りをもって何をするのですか」

「変化を求めて闘うつもりです」

別れ際、ヴィマルは最初に会ったとき私が彼をハグしたことに礼を言った。「生まれて初めてです」と彼は言った。「初めて会った人に、不審者として尋問されるのではなく、友人として迎えられたのは」そして続けて言った――彼が今まで出会ってきた組織の人たちの中で、彼を実際に身体的に触れたのもアキュメンが初めてだ、と。

ヴィマルのような人たちを周縁化する社会構造と伝統が根強く残るなか、彼に話を聞く機会を得られたことは私にとって大きな刺激となった。ヴィマルの謙虚さに私も身が引き締まる思いだったし、彼が今や私たちのコミュニティの一員であることがうれしかった。しかし、私は自分が良い聞き手であると自認していたが、後になってそんなことはなかったのだと思い知ることになった。この日、私はヴィマルの心情的な飢えに耳を傾けることはできたかもしれないが、彼が口に出せなかった身体的な飢えには気づけなかったのだ。待ち合わせ場所はカジュアルなコーヒーショップで、ヴィマルは公式なアキュメン・フェローだった。だから私は飲み物や食べ物をすすめたとき、その支払いが私もちでそれほど多額にならないことを彼ももちろんわかっていて、遠慮せずに答えてくれると疑わなかった。詩人のシェイマス・ヒーニーの言葉を借りれば、私の「忍び寄る特権*」が、ヴィマルを取り巻く権利の欠落と真っ向からぶつかったのだ。

最初の訪問から数年経った後でヴィマルは、外で待っていたのは金を持っていなかったからだと教えてくれた。「コーヒーか菓子を買うようウェイターに言われたらどうしよう。金もないのにうろついていると思われるのではないか。そう考えるとパニックになるのです。その後、何か食べ物か飲み物はどうかと尋ねられて、後で割り勘にするように言われはしないかと心配しました。食事

＊ヒーニーの詩「良心の共和国から」より

をとってから何時間も経っていましたが、プライドと恥ずかしさが空腹感に勝りました」

特権ゆえに、自分に価値がないと感じている人たちの声が耳に入らないことがある。システムが自分にとって「うまく機能している」場合、歓迎のカーペットを敷いてくれる世界にいともたやすく慣れ、あらゆる場所が自分たちだけの領域であるかのように振る舞うことを学んでしまう。

一方、アウトサイダー、すなわち「よそ者」とみなされる人々は、「あなたには価値がない」「あなたはここに属さない」と繰り返し言われてきた。他人から押し付けられたネガティブな考え方を内面化して縮こまり、自分の本当の思いや意見や願いを声に出せずにいることが多い。誰かのことを深く理解してその人への敬意を示したいなら、私たちは耳だけでなく、全身全霊で聞くことを学ばなければならない。目でしっかり見て、相手の心の中の感情を感じ取り、彼らの歴史やアイデンティティそのものについての知識を持つのだ。注意深く耳を傾け、彼らが口に出さないあらゆることを聞き取る姿勢は、自分自身と他者についての気づきを得るうえで非常に大切だ。

ヴィマルと再び直接話す機会が訪れたのは一年後だった。その間に彼は変わったように見えた。控えめなほほ笑みは相変わらずだが、怒りは消えていた。ヴィマルは、これまで参加したさまざまなセミナーのことや、アキュメン・フェローになりたての頃はセッションで自分がいかにすべての会話を、相手にいわばパンチを食らわせることで始めていたかを話してくれた。

「闘いの姿勢を崩そうとしなかったんです」と彼は言った。「他のやり方を知らなかった。でも反撃してきたフェローは一人もいませんでした。しまいには私も、他のフェローは私が言おうとしていることに本当に関心があるのだと気づかないわけにはいかなかった。私のことを知りたかったんですね。ようやく他のフェローの関心を受け入れ、自分自身も受け入れることができたとき、今度は他の人たちの話をもっと聞きたくなりました」

特権は注意深く耳を傾けるのを妨げる障害になり得るが、アウトサイダーのアイデンティティにしがみつくこともまた障害になる可能性がある。誰からも求められず、過小評価されているという、かつての物語にとらわれるあまり、対等な参加者としてテーブルにつくよう直接招かれていることを聞き入れられないのだ。ヴィマルは、他のフェローが彼のことを自分たちの仲間だと思っていると考えるようになって初めて、他のフェローを自分の仲間だと思うことができた。耳を傾けることが集団の文化の中にしっかり根付いたとき、コミュニティ全体がいっそう輝く可能性が高くなる。

自分がここに所属し受け入れられているという感覚に力を得て、ヴィマルはフェロー以外の人へも信頼を広げ始めた。そして、徐々にいっそう大きなリスクを冒すことができるようになった。スカベンジャーのコミュニティのための組織を運営し、博士号の勉強をする傍ら、マイクロソフトなどの企業でダイバーシティの問題についてコンサルタンティングを始めた。世界に対する視野を広げ、自分のカーストだけでなく他の虐げられている集団にもかかわる問題のために働いた。

数カ月後の二〇一六年、ヴィマルと私は再びムンバイで会った――今回は、寄付者（アキュメンではパートナーと呼ぶ）たちとともにインド全土を回る一週間の旅行の締めくくりとしてだった。私のチームはパートナーたちに、アキュメンが投資している会社を見るだけでなく、アキュメン・フェローにも会ってほしいと考えた。これほど多様なリーダーたちを支援する目的を理解してもらうとともに、価値観を共有することによって一つのコミュニティとして結びつくことができるのだと伝え、新たな友情を築いてもらいたいと願ったからだ。

金曜日の午後の太陽が輝くなか、一〇人のパートナーと一〇人のフェローは、バンドラの大通りに面した明るいアキュメンのオフィスに集まった。アキュメンのシンボルカラー（明るい紫紅色、ライムグリーン、紫、ロイヤルブルー）のジェードに覆われたオフィスの窓からは、数本の木が見えるだけだったが、下の道にひしめく三輪タクシーや車の音が聞こえてきた。パートナーとフェローは、注意深く耳を傾けることを実践するためにそこにいた。

オーラルヒストリーを残すプロジェクトをしている非営利団体ストーリー・コーにヒントを得た演習を行った。パートナーとフェローのペアをつくってもらい、アラビア海に面したカーター通りを散歩してもらう。肩を並べて景色を見ながら歩けば緊張が和らぎ、いっそう親密なやり取りができるのではないかと期待していた。

片方が相手の話を聞きながら三〇分歩き（二〇分話して一〇分質問をもらう）、帰りは役割を交代する。スウェーデン人の映画製作者はインド人の女性エンジニアとペアを組んだ。アメリカ人のビジネスリーダーはインド人の教師と一緒に歩いた。目標は、二人の違いを生んでいるものではなく、二人が共有しているものを見出すことだった。

オフィスに戻って、もう一度みんなで集まった。その場は熱気に包まれていた。誰かが自分だけに注意を向けてくれたことは貴重な贈り物だったと語る出席者が大勢いた――アクティブ・リスニングは、相手に敬意を示す素晴らしい方法の一つなのだ。

特に発見した共通点に触れながら、自分のパートナーを紹介してほしいと参加者それぞれに頼んだ。ヴィマルの相手は、人々のコミュニケーションについて研究しているアメリカ人の社会心理学者ジョナサン・ハイトだった。二人をペアにした一つの理由は、二人とも社会における文化の役割に関心を持っていたからだった。グループに戻ってきたときに話が弾んでいたので、ディスカッションをスタートさせるのにぴったりのペアだろうと私は踏んだ。

自分から始めようとジョナサンが申し出た。ヴィマルに会えたのは幸運だったと話しているときはほほ笑んでいたが、話が進むにつれて彼の声は深刻さを帯びていった。「ヴィマルと私が共有しているものの話をすることになっているのはわかっていますが」と彼は言った。「でも本当を言えば、私たちの人生には共通するものがほとんどありません。私は恵まれた環境で育ち、高い教育を受けたアメリカ人です。両親にはありとあらゆるチャンス、ありとあらゆる好条件を与えてもらった。私の子どもたちはさらなる特権に恵まれています」

「ヴィマルは」と彼は続けた。「生まれてからずっと不利な条件と闘わなければならなかった。彼のお母さんは、村と学校を清掃して、排せつ物を入れた籠を頭に載せて運んだ。ヴィマルは授業への出席を認められたけれど、お母さんは彼がどれほど学校で孤立しているかを知らなかった。ヴィマルが八歳のとき、お母さんはヴィマルの誕生日を祝うために同級生全員を家に招待した。掃除をして、丸二日間料理して、友だちに祝ってもらって喜ぶ息子の姿を想像していた。でも、ヴィマルとお母さんが一日中待っても、同級生は誰一人として来なかった」

ジョナサンの目に涙があふれてきた。「私にも八歳の息子がいます。同じような状況になったら息子がどう思うか考えたらたまらない。そうですよ、ヴィマルと私は似ていない。私の人生は比べものにならないほど簡単だった」

ヴィマルは手を伸ばして、ジョナサンの肩に腕を回した。

「違うよ、ジョン」とヴィマルは優しく諭した。「共有しているものはたくさんある。君はインドを愛している。僕も愛している。二人とも、虐げられた人たちについて研究してきた。二人とも子どもが二人いる。それに、君はユダヤ人だ。自分の生まれ以外に何のいわれもなく迫害されるということが何を意味するかを知っている。それがどれほど不公正で非生産的かを知っている」

ヴィマルは言葉を切って、ほほ笑んだ。

「それに、二人とも博士号を持っている」

他者を友人として迎え入れ、つらく耳の痛い真実を聞くのをいとわなければ、相手と自分のアイデンティティに共通する部分を発見できる。相手が——そして自分自身が——認識してもらえる存在でいたいとどれほど願っているかを知ることができる。本当に耳を傾けるということは、他の人の言葉を単に聞くことにとどまらない。私たちが共有する人間性を暗黙のうちに認めることなのだ。

今日、歴史上のどの時代よりも多くの言葉が交わされている。しかし、本当に耳を傾けている人がどれほどいるだろう。さまざまなコミュニケーションのツールに気を取られ、耳を傾けることだけは決してしないリーダーがどこにでもいて、ますます声高に過激な論を張る。反対の意見を持つ人々に対して、私たちは彼らが「自分とは関係のないよそ者」であるかのように振る舞う。異なる言語を話す人たちも、自分たちの言語をたやすく理解できるはずだと思い込んでしまう。私たちの心と頭は、連携を最も必要とするときにばらばらになっている。

権力を持つ人——口にした言葉が他の人より影響力を持つ可能性のある人々——は、いっそうよく耳を傾ける必要がある。ルールが自分たちにとってうまくいっているからといって、みなにとって何が最善なのかをわかっていると思い込んではならない。しかし、非営利団体のリーダーや起業家の中には、自分の狭い前提にとらわれ、寄付者と投資家の経験や知識を軽んじる人もいるのを私は見てきた。

きちんと耳を傾ければ、他者をどう捉えるかは、あらゆる方面で変わるだろう。貧しいという情報だけではその人の人間性が何一つわからないのと同じように、金持ちであることを示す銀行口座でその人のことはわからない。資金調達の世界にいると、支援金や投資を求める側が、彼らの要請を認めなかった人を断定的に排除し、その人からの建設的なフィードバックに耳を傾けないのを目にすることがある。私の友人でアキュメンの設立時からの理事であるスチュアート・デイビッドソンが効果的な戦略を教えてくれた。「アドバイスがほしいなら、金を出してくれと頼むこと。金を集めたいなら、アドバイスをしてくれと頼むこと」。私たちはみな認められたいのだ。

市場も強力な「耳を傾ける」装置になる可能性がある。市場は、顧客が「これがほしい」と最も明確に言っているところに効率的にリソースを配分する。こう考えてみてほしい。贈り物をするとき、それがニーズにぴったりのものでなかったとしても、相手はあまり断ったりしないかもしれない。だが、もし相手が顧客だったらどうだろう。値段交渉をするかもしれないが、売り手となれば、相手がただ単に善意の受け手である場合よりも、相手の好みやどこにリソースを使いたがっているかをはるかによく把握しようとするだろう。

しかし市場は、貧困層、特に十分な収入がなく、基本的ニーズを満たすことさえできない人たちを切り捨てる。医療や教育、飲料水、住宅など生活に最低限必要なものを得るために、低所得層の人たちは金貸しやマフィアを頼って、しばしば法外な金利で融資を受けるしか選択肢がないことがある。貧しい人々は、中流階級や富裕層が一度も支払いを求められたことがない、何倍も高い金利を受け入れざるを得ない。そして、貧しい人々の苦しい現状を救おうと善意のチャリティー団体が介入したとしても、こうした非営利団体が提供するのは、低所得層の人々が必要としていると彼らが考えるサービスであって、貧しい人たちが本当に必要としているサービスではないことが多い。貧しい人々が実際に何を求めているか、立ち止まって耳を傾ける非営利団体はほとんどなく、困窮した人たちは、あくどいやり口をする者とチャリティー団体の間で板挟みになって、結果的に問題がいっそう大きくなることがしばしばある。

このような現状は変えられるはずだ。資本主義の従来モデルを覆し、富裕層の視点からだけでなく、特に弱い立場に置かれた人たちの視点からビジネスを想像し直す社会起業家が増えている。こうした起業家は貧しい人々の話に耳を傾けることから出発する。彼らは、低所得層の人たちを善意活動の単なる受け手としてではなく、自分で自分のことを決め、自らの人生の道筋を能動的に切り開くことを望み、そうする権利を持つ顧客として扱うことからスタートすれば、問題を解決できると信じている。

電気の問題を考えてみよう。トーマス・エジソンは一八七九年に白熱電球を開発し、翌年、その製造を商業化した。以来一四〇年以上経つのに、いまだに地球上で一〇億人近くが電気にアクセスできていない。アフリカ大陸だけで六億人以上が日没後は闇の中で生活し、生産性も安全も、私たちが当然視している他の多くのことも手に入らない。

国際的な電気の格差、すなわちエネルギー貧困は、市場の失態というだけにとどまらない。倫理的な失態にほかならない。世界には、電気をあまねく普及させるという課題を解決するための技術、ノウハウ、そして財源もある。私たち個人の、そして集団としての意志が、世界に灯りを行き渡らせるのを阻む最も大きな障害なのだ。けれどもそれは徐々に変わりつつある。社会起業家たちが、革新的なクリーンエネルギー技術と財政的に持続可能なビジネスモデルを組み合わせて、貧しい人々の家に電気を送り、また長期的な気候危機を避けるのに貢献する道を切り開いている。こうした最良のモデルは、低所得層の人たちの言葉と行動に耳を傾け、注意を払うべきだという価値観に根差している。

すべての人が少なくともある程度の灯りを求め、調理のための熱源を必要としている。アフリカの低所得層の人々の多くが、依然として灯油を燃料とするハリケーンランプに頼っている。欧米が一世紀前にお払い箱にした技術だ。灯油は一〇〇億ドルの市場があるが、エネルギー源の中では危険で高くつき、環境を汚染する。しかし貧しい人々でも手に入る、手ごろな価格の良質な代替品がないために、その市場が力を持ち続けているのだ。

灯油が広く使われ続けているのには、構造的な理由と実用的な理由がある。第一に、各家庭が少量ずつ手に入れることができる。例えばケニアでは、平均的な低所得層世帯は、夜、ハリケーンランプを一つ灯すために、一日約四〇セント使っている。生活が苦しくなったら一晩か二晩は灯りなしで過ごし、状況が改善すれば買う量を増やす。第二に、一度に売る量が少ないため、商人は非常に高い利益マージンを取っている。マフィアやハゲタカビジネスが灯油の流通を支配し、地元の当局者と強いコネを持っていることも多い。当局者は、税収を使って、低所得層の人たちのために灯油価格に補助金を出し、票と引き換えにする。そのため灯油は広く手に入り、しばしば貧しい世帯にとって唯一の選択肢となっているのだ。灯りのエネルギー源とはなるが、収入や健康、生活の質という点でコストは高い。

しかし、たとえ高い壁があったとしても、問題に深く取り組めばどんなシステムも変わり得るものだ。起業家であるサム・ゴールドマンとネッド・トーザンは、一五億人以上が灯油に依存している現状を何としても改善しようとしている。二人は耳を傾ける術を知っている。

支援関係者の家庭で育ったサムは、幼少期のほとんどを途上国で過ごし、地元の子どもたちと遊んだ。そうした子どもたちがサムと同じような人生を願いながら、残念なことにそうした機会に恵まれていないことを、サムは感じながら育った。サムは大学を出ると、ピース・コーのボランティアとして、アフリカ西部ベナンの電気の通っていない村に住んだ。近所の人たちは、煙くて高くつく灯油を使っていた。サムは、小型のLEDヘッドランプをつけて屋外のトイレに行ったり本を読んだりすることで、お金を節約した。

「長年、暗闇は村の生活と切り離せないものと受け入れていたんです」と彼は言った。それが変わったのはある晩、近所で灯油ランプが倒れて家が焼け落ち、長男が大けがをしたときだった。

サムは何かしようと心に決めた。いくつもの懐中電灯の販売会社に手紙を書くことから始めた——配ってくれるかもしれないと期待して。しかし、どこからも返事はなかった。次にしたのは、スタンフォードのビジネススクールに応募することだった——自分が見つけられなかった会社を自分で始めるにはどうすればよいのかを学ぼうとしたのだ。そこでエンジニアであるネッドに出会った。ネッドは、少し前にマラウイで働き、エイズ患者の物語を録音したところだった。ネッドもまた、貧しい人たちに力を与えるようなビジネスを始めたいと思っていた。二人とも、人々が貧困から抜け出すのを阻むシステムが存在することを理解したうえで、それを変えるために何ができるかに焦点を当てたのだ。

低所得層市場の複雑なダイナミクスに圧倒されてしまう若い起業家は大勢いるかもしれない。経済的に最も恵まれない人々が住んでいるのは、貧困「産業」に既得権益を持つ人々が支配する世界だ。地元マフィアだけでない。多くの地元政治家は、コミュニティや地域の配分資金を支配し、個人的な利害関係を優先させる。宗教指導者もそうだ。さらに義理の母親たちも、ほとんどの人にとっては機能しないが自分にとっては都合のよい社会システムを維持し、特権的な立場を得ようとする。このような腐敗した複雑なシステムの中では、電気へのアクセスといった問題を解決するトップダウンの方法はほぼないと言っていい。

ネッドとサムの起業家としての強みは、アフリカでの経験と、貧しい人たちを顧客として尊重することにあった。二人は自分たちが生み出そうとしている世界に思いをめぐらせながら、小規模にスタートし、地元の人々の話にしっかり耳を傾けた。そしてスタンフォード在学中に、ソーラー発電の電灯の試作品を開発した。

二〇〇七年、サムとネッドが初めてアキュメンにアイデアを持ちこんできたとき、私たちにはあまりやることがなかった。二人が立ち上げたd.lightという会社のプランは、ランプを三〇ドルで販売できるという想定に基づいていた。平均的な世帯の灯油代が一日約四〇セントなら、三カ月足らずでソーラー電灯を購入するためのお金が貯まると二人は考えた。二人とは関係性をいくらか構築していったが、最終的にアキュメンが投資することにしたのは、二人の人間性によるところが大きかった。彼らは私たちと同じ探求者であり、正義に基づいた理想に突き動かされ、理想の実現に向けて努力する用意ができていると私たちは直感した。

d.lightの二人の創業者は、当初から人々の意見に耳を傾けることを大切にし、製品を改善するために顧客に意見を求めた。ただ、初めは有益な情報を得ることが難しかった。一回限りではなく、辛抱強く耳を傾ける必要があるのだ。これまで声を上げることができなかった人々のために、問題を解決したいなら、継続的に耳を傾ける用意をしておくことだ。人々の本心を聞くことができるまでには、特にその人たちに信頼してもらえる理由がさしてないときには、思ったより時間がかかる場合がある。

もちろん、ネッドとサムは失敗もして、袋小路に陥った――それも何年もの間だ。それは、まったく新しい市場を構築するためには払わなければならない代償である。低所得層の人たちは、理論的には三カ月で三〇ドルのランプを買えるはずだが、生活の不安定さから、月々の支払いに足りるほど貯金ができなかった。それに、製品を気に入ったとしても、この新しい方法で本当に家を明るくすることができるのかと疑いを持つ人がほとんどだった。苦労して稼いだお金を一カ月で壊れるかもしれない製品に注ぎこむような危ない橋をどうして渡る必要があるだろう。市場《いちば》でこういう製品を見たことがある人はほとんどいなかった。見知らぬ仏よりなじみの鬼、というわけだった。

サムとネッドは、失敗を乗り越え、成功するためのヒントを探した。信頼を得るにはいっそうの努力が要ることがわかっていた。用心深くなってしまうことへの対抗手段として創業者たちが取った方策は、会社の目的意識を高めることだった。日給を稼ぐために単に売れるものをつくることにとどまらない成功の定義を、社員一人ひとりに伝えていく必要があった――当社の使命は世界を明るく灯すことだ、と。

社員一人ひとりがこのビジョンを信じて自分のものにする必要があった。顧客となり得る相手一人ひとりに深い敬意を持って接し、何度も姿を見せ、質問し、そして耳を傾けなくてはならなかった――たとえ人々の言うことが社員にとって耳の痛いことでも。やがてd.lightは顧客を得て、堅い信頼関係を構築していった。

何年も経ってd.lightが安定した会社になった後、ケニア中央部の農村の小屋で、思いがけない組み合わせの三人で話をしたのが忘れられない。一人は小柄な女性テレジア。一歳になるかわいい孫息子を膝に抱いていた。もう一人はがっしりした体躯に白髪のオーストラリア人で、d.lightのアフリカ支部長のデイヴィッド。テレジアとその娘が数カ月前にd.lightの電灯を購入していたので、感想を聞きにいったのだ。

しわが刻まれた、角ばった顔に穏やかな表情を浮かべたテレジアは、私の祖母を思わせた。祖母もオーストリアの田舎の農場育ちで、労働の汗を知っていた。テレジアの小さな家は昼間でも中は真夜中のようだったが、ソーラー電灯をつけると、彼女の顔がほころぶのが見えた。そして電灯を購入してから生活がどんなに変わったか、送電が止まって毎日村が停電する間も物がどんなによく見えるかを話してくれた。

「では、会社に改良してほしいところは何かありますか」と私は尋ねた。

テレジアは一瞬ためらい、それから手を腰に当てて首を傾け、デイヴィッドに向かって言った。

「ランプを充電するときに携帯電話も一緒に充電できたらいいんだけどね」テレジアの目の輝き、その真剣な眼差しに私は嬉しくなった。善意のチャリティー団体が届けたサービスに満足しているかと人々に尋ねると、サービスを受けた人たちがためらいなくうなずいて、まったく問題ないと言うのを私は数多く見てきたのだ。

ところがこのとき、テレジアは私たちにアドバイスをしてくれた。私たちは彼女の言葉を聞くことができたのだ——彼女が私たちに従ったのではなかった。

私は大切なコメントをしてくれたことに感謝した。

テレジアは片方の眉を上げ、自分の提案が終わっていないことを示す視線を送ってきた。

本当にありがたいことだった。

「二つ目は」と彼女は続けた。「ラジオのバッテリーが高すぎてね。大統領の討論を最近、聞くことができなかったの。だから、ラジオも充電できたらなおいいんだけど」

調子が出てきたテレジアは腕を大きく動かしながら、電灯の改良案を他に二つ、続けざまに出した。

私はデイヴィッドの顔を見た。彼は質問を一つひとつよく聞き、敬意を持って答えた。テレジアから刺激を受けてデイヴィッドもまた、本当のことを話した。会社が改善を試みることができるのはどんなところか、高くつきすぎて改善が難しいのはどんなところかをわかりやすい言葉で説明した。テレジアからすればすべての答えに納得できたわけではなかったかもしれないが、彼女はデイヴィッドの率直さに敬意を払った。

このシンプルな光景は、会社と顧客の関係性において当たり前にあるべきものだが、二人がお互いにとって何が一番いいのかを考え、注意深く耳を傾け合っているのを目の当たりにして、私は深く心を動かされた。人が互いに本当のことを言うのを避ける光景に私は慣れきっていたのだ。自分の特権に無自覚なサービスの提供者が傲慢な確信を持って話をし、多くの低所得層の「サービスの受け手」がそれに迎合するのを見てきた。

このときの光景は違っていた。まったく別々の世界から来た、見上げるような大男と小柄な女性は、互いに耳を傾け合っていたばかりか、互いに相手を見ていた。二人はまったく対等な存在として対話していたのだ。二人の間には――愛とか聖なるものと呼んでもいいだろうが――互いへの尊敬の萌芽があり、それは二人がそれぞれ変貌するきっかけとなった。

サムとネッドは耳を傾けることを通じてあることを発見した。顧客は、灯油からソーラーへ乗り替える最初の一歩をひとたび踏み出せば、すぐにもっといろいろなものが欲しくなる。d.lightは、最も貧しい人々のための五ドルのシンプルな電灯だけでなく、いくつかの異なるモデルの電灯、携帯電話の充電器、ラジオ、さらに余裕がある人にはフラットスクリーンのテレビなど、家庭に必要な一連の製品の設計に乗り出した。投資家であるアキュメンも、「エネルギーの梯子」があることを理解するようになった。クリーンエネルギーをひとたび経験すれば、もっと欲しくなるのだ。

欲しくなるのも道理だろう。住む場所がどこであれ、日が沈んだら真っ暗になる家の中で生活するのを想像してほしい。農村地帯の暮らしを思い浮かべてほしい。寝るのは堅い地面の上のマットで、動物の声や風のうなる音が聞こえ、どんな生き物が家の周りや屋根の上をうろついているかわからない。夫が日々の糧を稼ぐために出稼ぎに行っている間、幼い子どもたちと残される女性の身になってみてほしい。近所の家からも離れていて、家の外に夜の闇に紛れて侵入者が潜んでいるかもしれないと恐れる日々を想像してほしい。こうした困難や恐怖が、重くのしかかる貧困に加わるのだ。

それから、スイッチを入れて部屋を明るくできることの貴重さを想像してみてほしい。電気なしで暮らしている人には、奇跡的に感じられるだろう。d.lightに投資している間に出会った多くの顧客は、電気の力に対する私の理解を改めてくれた。ラジオは寂しさを和らげ、狭すぎる部屋に外の世界を持ち込んでくれる。灯りは暗い夜の不安や恐怖を追い払ってくれる。充電された携帯電話のおかげで、愛され守られていると実感できる。

自分たちが答えを持っていると思い込むことで、私たちは多くのチャンスを逃している。ネッドとサムは、他の多くの取り組みが失敗してきた領域で成果を上げることができた。彼らがエネルギーへのアクセスという問題を解決するにあたって、貧しい人たちを協働する仲間だと捉えて接したからだ。繰り返し話を聞くことを通して、会社が金を儲けるためだけではなく、役に立つためにそこにいるということを、顧客にわかってもらうことができた。

そしてd.lightのチームが耳を傾け、その意見を懸命に改善に結びつけたおかげで、今や一億人以上の人々にクリーンな電灯が届けられ、電気の通った家も増えている。これは、アメリカの全人口の約三分の一にあたる。

サムとネッド、そしてd.lightのチームはまた、クリーンエネルギー革命に火をつけるのにも貢献した。このクリーンエネルギー革命は、アフリカが長期的な気候変動への影響を回避しながらすべての人に電気を届けることを可能にするかもしれない。ソーラー発電によって解き放たれるかもしれない人間の可能性、人間のエネルギーを想像してほしい。

耳を傾けるというのは一生続くプロセスだ。継続的な実践が求められる――特に、自分の思い込みが正しいと信じ切ってしまったときには。私がこの真実を、もう何度目かわからないが学んだのは、パキスタン有数の肥沃な地域で農業が盛んなバハワルプール――過激主義のマドラサでも知られる地域だ――へ、信じられないほど暑い日に訪れたときだった。機織り職人の女性たちに会うためだった。女性たちは、日よけの草ふき屋根のついた屋外の機織り機の横に座っていた。彼女たちはアキュメンが投資をしている農業銀行から融資を受けた農民の妻たちだったので、家族に貯金があるのを私は知っていた。

　私がバハワルプールを訪ねた頃、d.lightは主にアフリカ東部で七ドルのソーラー電灯を販売し、大きな成功を収めていた。d.lightがパキスタンにも参入できたらいいと私は思っていた。パキスタンでは、配電網が届いているのは人口二億人のうち約六五%にとどまっており、しかも電気が届いている場合でも、一日に二、三時間しか電力が来ない地域もあった。私は熱を込めて、女性たちにソーラー電灯の話をし、その素晴らしい特徴を伝えて、もしパキスタンで販売が始まったら買う気があるかと尋ねてみた。

　二〇組の疲れた目が私をじっと見ていた。答えはなかった。

　私はもう一度尋ねた。今度は、ヘナで染めた髪を茶のベールでゆるやかに覆い、顔を汗で光らせた、一番恰幅のいい低い声の女性が前に出てきた。「ランプは要りません」と彼女はにべもなく言った。「扇風機を持ってきてほしい」

　一瞬私は言葉につまって相手を見返した。「扇風機ですか。扇風機はないんです。あるのはランプです」

「ランプはほしくない。扇風機がほしいんです」

「でもとてもいいランプなんです。夜遅くまで起きていられるし、子どもたちも勉強できます。夜も仕事ができるようになるのですよ」

　彼女は私の言葉をさえぎった。「仕事はもうたくさん。ここは暑いの。扇風機を持ってきてほしい」

　この瞬間まで私は、電灯と比べて扇風機がどれほど重要か、一度も考えたことがなかった。牛も寝そべるほど暑いとき、扇風機は電灯より大事かもしれない。それに、臭いがきつくて高くつく危険な灯油とはいえ、それがあれば灯りはつくのだ。夜は涼しくなるアフリカ東部では、扇風機を持ってきてほしいとは言われない。しかし顧客のニーズはどの市場でも同じというわけではない。役に立ちたいなら、思い込むのではなく話を聞くことから始めなければならないということを、私はまたもや思い知らされた。

その晩ゲストハウスに戻って、冷たいシャワーを浴び、天井で回る扇風機の下で横になった。扇風機をこれほどありがたいと思ったことはかつてなかった。

数年後、アキュメンはパキスタンでソーラー発電企業に投資することになった。私は一六世紀以来変わっていないように見える、パンジャブ地域の集合住宅を訪ねた。男性はターバン、女性はベールをつけ、農民たちが見渡す限りのカラシ畑やヒマワリ畑で手動の農具とクワを使って働いていた。話をした家族は最近、地元の会社から、複数の電灯と携帯電話の充電器、ラジオ、そして扇風機を含めたソーラー電池で動く家電を購入していた。その家の女性は、扇風機が電灯以上に子どもたちの勉強の助けになったと話してくれた。「扇風機があれば夜ずっと空気が動くから、虫を寄せ付けない。子どもたちはよく眠れて、学校の成績も良くなったんです」私はバハワルプールを訪ねたときに学んだことを思い出しながら、うなずいた。

自分たちが答えを持っていると思い込めば、あまりに多くのことを見逃してしまう。そうではなく、全身全霊で話に耳を傾けるのを学ぶこと。耳も目も、すべての感覚を総動員して聞く。相手を説得したり意見を変えさせるために聞くのではなく、自分自身を変え、自分のモラル・イマジネーションを発動させ、凝り固まった発想をほぐし、自分を世界に対してオープンにする。世界から排除されている人々の話に耳を傾けることができなければ、私たちみなにとって最も重要な問題は解決されないだろう。しかし、注意力と共感を総動員して耳を傾けることができれば、他の人も自分も自由になるチャンスが得られるのだ。

YOU ARE THE OCEAN IN A DROP

第5章　一滴の中の大海

注意深く耳を傾けることで相手の言葉の向こう側を見ることができるとすれば、アイデンティティを理解することは、エンパワーメントと団結の強力なツールとなり得る。一方でアイデンティティは落とし穴でもあり、私たちを分断して、有害な、ときには致命的な影響を及ぼす。自分自身の重層的なアイデンティティをたどりつつ、他者のアイデンティティの複数の層にも意識を広げられるようになることは、二一世紀の基本的スキルだ。一生かかって身に付けるものかもしれない。自分の物語かもしれない多くの物語を発見することで、成熟への道を歩み出す。

私は、愛国的な米軍人の移民家庭の長女として生まれた。子ども時代の記憶には、私のアイデンティティと結びつく瞬間が詰まっている。カトリックの学校と日曜のミサ。「いい子になる」(そしていい成績をとる)ように言われていた。温かく陽気な家族の行事が折々にあり、たいていはポルカとフォークダンスがあった。学校のある日は毎日、アメリカ国旗に忠誠を誓った。毎週ガールスカウトで、「神と祖国に仕え、常に人を助け、ガールスカウトの法則に従って生きます」と宣誓した。父が数回ベトナムに派遣されたことで、自己犠牲と献身の精神が自意識の核部分に育まれた。

日曜は教会で母の隣に座った――母はいつもよそいきの服を着て黒いレースのスカーフで髪を覆い、美しい顔に穏やかな表情を浮かべていた。私が普段見慣れている小言の多い平日の姿を、教会にいる間は見せなかった。「おなかをすかせた中国の子どもたち」に寄付するよう司祭や修道女に促され、私はまだ五、六歳だったが、五〇セントのお小遣いの半分を教会の後ろに置いてある募金箱によく入れていた。共感的な子どもだったためか、周りにある格差にも次第に気づくようになった。とはいえ、まだ世界は善と悪に分けられると考えており、自分は善の側だと考えて疑わなかった。

成長するにつれ、人生の選択を通じて、自分が何者かを浮かび上がらせる輪郭線が増え、自分が信じていたことや自分の所属について理解していたことを揺るがした。二〇代半ばには、アジア、アフリカ、南米各地の多くの国で仕事をした経験から、世界をその多様な層を通して知りたいと強く願うようになった。自分もその世界の一部になりたいと思った。

人と出会えば出会うほど、疑問を抱き、そして驚くにはあたらないが、自分自身が変わっていった。変わるたびに、本当の自分に近づいた。自分が選び取った世界やアイデンティティに対する理解は広がりつつあり、もう自分には役に立たなくなった考え方や習慣はお払い箱にする必要があった。

二六歳のとき、私は最愛の父に伝えた――カトリックと名乗り続けることができるかどうか疑問に思っている、と。私の言葉を聞いて父が浮かべた失望と混乱の表情は、今でも忘れられない。私は聖書の物語や福音書、儀式や音楽が大好きだった――いろいろな面で信仰心が厚かっ**た**のだ――が、教会がいかに人を排除するかという点では嫌いだった。教会が実際に行っていることは、私の信念にしばしば反していた。教会のコミュニティに迎えられる人と迎えられない人がいることを、私は受け入れられなかった。教会の序列の中で女性があまりに過小評価されていることも受け入れ難かった。

私は父に尋ねた。「私はイスラームやヒンドゥーといった宗教コミュニティの人たちと一緒に働いてきて、その人たちのことをもっと理解したいと思っている。彼らの『本質的真理』は私たちのと同じではないの？」真の精神性とは、他者一人ひとりの中に自分自身を見出し、そして自分の中に他者を見出す、ということではないのか。

賢者や聖人が何世紀にもわたって書いてきたことを、私は人生を通じて教わった。アメリカの詩人ウォルト・ホイットマンが一八五五年、「私自身の歌」に書いたとおり、「私は大きい。私の中には多くのものがある」。ホイットマンがこの詩で歌っている広大なアイデンティティは、一三世紀のスーフィーの詩人ルーミーの言葉をほうふつとさせる。ルーミーは言う。「あなたは大海の中の一滴ではない。一滴の中の大海なのだ」

この頃の私は、自分の真実が他の宗教を信仰する人たちのものより上だとも、別のものだとさえも考えなくなっていた。自分が受けた宗教的な教育には感謝していたが、その強固に定められた境界を越えて探求することを心から望んでいた。自分が他の人や宗教とわかちがたく絡み合っていることにも気づいていた。一滴の中の大海という考えが自分の中に芽生えていたのだ。

父を傷つけるのは本当につらかった。父にこの話をしたときの動揺は、ウォール街を去ってアフリカで働くと両親に告げたときよりもはるかに大きかった。宗教をめぐる父との議論は、私たち家族のアイデンティティを根底から脅かし、私にとって最も親密なコミュニティの中心に突き刺さる可能性があった。誰よりも父と母にわかってほしかったから、心が痛んだ。
「もう教会へは行かないのか」と父は尋ねた。怒りはなく、静かな口調だった。
「この家に帰ってきたときは行くことにする」と私は答えた。自分に与えられてきたものをあきらめたり完全に捨てたりしたくはなかったが、新しいものも受け入れる必要があるとわかっていた。私の行動を両親が誇りに思えるようにすると約束した。今日に至るまで、彼らがそう思っていることを願っている。

さらに多くの人や場所に出会うにつれて、私のアイデンティティのさまざまな部分にさらなるニュアンスが加わった。ことわざのとおり、西に移るまでは決して東のことはわからない。他国に住んで仕事をすることで、私は自分の生まれた土地、アメリカのことを、いっそう複雑な思いで見るようになった。私は祖国の理想を愛し、アメリカ人女性であることに日々感謝の念を持っている。ここは、地球のありとあらゆる場所から来た移民が「やればできる」国であり、可能性への期待に満ちあふれ、生まれにかかわらず誰でも偉大なことを成し遂げられる国であり、そのことを誇りに思う。今日でもハドソン川沿いを走っているとき、私は心の中で自由の女神に挨拶する。この地で生計を立て、アメリカという壮大な実験に貢献しようとするすべての人に、自由の女神が歓迎を約束したことに感謝するのだ。

一方で、カトリック教に対して違和感を抱き始めたのと同じように、アメリカ人の恥ずべき部分を意識するようにもなった。そうした部分は、アメリカの可能性が十分発揮されるのを阻み続けているのだ。アメリカは先住民を苦しめた帝国主義の負の遺産、いまだに癒えない奴隷制度による大きな傷口、有色人種の若者の収監数が不当に多い事実を抱えている。私たち一人ひとりに、そしてどんな社会にも、光と影が入り混じっているということを私は認めるようになった。そのうえで私は、成長すること、関係を構築して自己を発見することへの素晴らしい可能性を見出してきたし、これからも見出し続けるだろう。そして、日々私たちが働きかけなければならない、ざらざらした、ときには知りたくもない現実に根差した新しい理想主義への可能性を見出していくだろう。

父との対話から三〇年経って、私は自分の多様なアイデンティティ——受け継いだもの、そして自ら選んだもの——に深く感謝している。私の中にある一つひとつが、他者とつながる可能性だ。移民の大家族の中で育ったおかげで、コミュニティを大切にするアフリカやアジアや南アメリカの人たちを身近に感じ、難なく関係性を築くことができた。カトリックの薫陶は、他の伝統的な宗教コミュニティとの結びつきの助けになった——家族や日々の儀式や祈りを大切にし、聖典を解釈する宗教指導者を尊重するのがどういうことかわかったからだ。陸軍大佐の娘として、自分を民間人の戦士だと捉えることに抵抗がないし、軍が育んだ規律や多様性、リーダーシップに敬意を払っている。ニューヨーカーとしては、ムンバイやカラチ、ナイロビ、ラゴスといった大都市の住民に親近感を感じる。親譲りの文学好きのおかげで、見知らぬ人とも会話を始めやすく、それによって新しい場所との結びつきが生まれやすいうえ、彼らの社会について古臭い思い込みより好奇心を伝える手段にもなった。

私たち一人ひとりの中には多くのものがある。自分の中に多くのアイデンティティを持てば持つほど、自分が独自の存在であると同時に、共通性によって他者と結ばれていることを発見する機会が増える。では、ナイジェリアの作家チママンダ・ンゴズィ・アディーチェが問うたように、私たちはなぜ個人を一つの物語に、単一のアイデンティティに矮小化して互いへの過大な不安へとたやすく結びつけてしまうのだろう。

ルワンダ大虐殺の後、アイデンティティの矮小化がもたらす破壊力と致命的な危険性を、私は直接目の当たりにした。胸の悪くなるような監獄で、かつて友人だと思っていた女性たちがツチ族の邪悪さをわめき散らすのを耳にした。彼女たちは、もしフツ族が先にツチ族を殺さなければ、ツチ族がフツ族を殺したはずだと信じて疑わなかった。こうした会話から私は、私たち一人ひとりの中に怪物と天使が存在していることを教わった。

私たちの中の怪物とは、自分自身の壊れた部分、しばしば世代から世代へと受け継いだ恥や痛み、苦しみにほかならない。そうした壊れた部分と平和的に、しかし直接向き合わない限り、私たちは、自分の痛みを、怒りや暴力、死をもたらす苦しみを通して外部へ表出するほうへといともたやすく流される。不安定な時代には、分断を導くような言葉や政策が私たちの弱みを翻弄し、私たちが抱える問題を「他者」のせいにするよう煽るのだ。こうした言葉によって、しばしば人間は互いに恐ろしい行為をするに至ってしまう。

アイデンティティの名のもとにあまりに多くの友人を私は失った。だからこそ、アイデンティティが私たち一人ひとりの中でどう作用しているかをめぐって、アミン・マアルーフが『アイデンティティが人を殺す』(ちくま学芸文庫)の中で述べた説明を強く信じている。マアルーフによれば、私たちはそれぞれ、「アイデンティティの序列」を持っている。この序列は、あるアイデンティティが脅かされているかどうかによって入れ替わる。アイデンティティの一つが攻撃されると、自分にはそのアイデンティティしかないと認識しやすくなる。他の人からどう見られるかは、自分が自分自身をどう見るかに大きな影響を及ぼす可能性があるのだ。

自分自身の多様なアイデンティティについて考えてみてほしい——ジェンダー、宗教、人種、民族、部族、セクシュアル・アイデンティティ、学歴、市民権があるか難民か。どの部分を誇りに思っていて、どの部分を恥だと思っているか。誇りと恥のどちらもほとんど感じないと言われたら、私は驚いてしまう。菜食主義者かもしれないし、肉を食する人かもしれない。社交的だろうか、内向的だろうか。運動は得意だろうか。クラシックとヒップホップ、小説とノンフィクション、自然と都市、どちらを好むだろうか。組み合わさったアイデンティティには少なくともいくつか矛盾がある可能性が高い。自分が個人的に取り組もうとしているものもまた、アイデンティティを形成する。では、自分の中の一つの部分が脅かされ、他者あるいは自分自身によって自分が一つのアイデンティティに矮小化されたときについて考えてみてほしい。そういうときには、世界がそちらに流され、自分自身についての私たちの意識を、戯画的にまで平板化してしまう。

私自身のアイデンティティも、周りの世界と対峙すると形を変える。カラチのディナーパーティーでアメリカのドローン政策について質問されると、アメリカ人であることをいっそう強く感じる。パスポートにパキスタン入出国のスタンプがたくさんあるためにアメリカの入国審査で引き留められて質問を受ければ、地球市民になると同時に、祖国にはもっと移民に敬意を持って接してほしいと思うアメリカ人になる。しかし一方で、自分の中にある多くのアイデンティティを理解するところから出発し、他者にレッテルを貼ったり他者を悪魔扱いしたりするのを避け、一見違うように見える人たちの中に共通点を探し当てることだってできるはずだ。

自分が多くのアイデンティティを保持し、すべての人が数々のアイデンティティを持っていると認識することは、相互依存する世界の中で違いに対処していくための一つの重要なステップだ。

そして二つ目の基本的なスキルは、他者が自分をどう見ているか――特に権力と特権という点で――を理解することだ。私は二〇代を通じて、他の文化と相互交流することで最初のスキルを磨いてきた。二つ目のスキルを十分に学ぶには、三〇代初め、自分のアイデンティティの恵まれた部分と苦しみながら向き合う経験が必要だった。

一九九六年、ニューヨークのロックフェラー財団代表ピーター・ゴールドマークと副代表アンジェラ・ブラックウェルは、「アメリカの人種、階級、イデオロギーの断層」と対峙するためのリーダー養成プログラムを設立することにした。その四年前、ロサンゼルスで暴動が発生した――車を運転していたアフリカ系アメリカ人のロドニー・キングに集団暴行した警官が無罪になったことへの抗議だった。一九九一年の集団暴行はビデオに捉えられて、何億回も見られた（スマートフォンやフェイスブックはまだなかった時代だ）。暴行事件後の暴動で、二三〇〇人以上が負傷し、六二人が死亡し、ロサンゼルス市は一〇億ドル以上の損失をこうむった。その後四年間、アメリカ各地でアイデンティティ・ポリティクスはいっそう対立を深めた。

ロックフェラー財団の最上層部は、荒廃するアメリカの市民たちの対話に対して何かしたいと考えた。財団のトップ二人は、この新しいプログラムの創設と指揮を私に任せたいと声をかけてくれた。私はルワンダで働いていた間に、違いを乗り越えることについて少しは学んでいたし、敬意を払う聞き手になりたいとも考えていた。多様な若いリーダーに投資することを通じてアメリカの民主主義の亀裂に立ち向かうという考え方に大いに賛同し、若いリーダーの能力開発を支援するプログラムの設立に期待を持った。一方で、自分はそのプログラムのリーダーとしてはまったくふさわしくないとも感じた。私は白人で、自国より世界に目を向けていた。関心があったのは、貧しい人の役に立つビジネスへの投資であり、個人のリーダー養成の支援ではなかった。

しかし、そこには必要性とチャンスがあり、そういうプログラムの設立に乗り出した人は他に誰もいなかった。第一章で紹介した私の師ジョン・ガードナーは、重要なのは関心を持たれることより関心を持つことだ、とあらためて思い出させてくれた。「自分の国を知る仕事をすれば、世界への理解が深まるような学びを得られる」と彼は言った。「自国が直面する課題に取り組んだ経験があれば、いっそうの謙虚さを持って発言できるだろう」

考えに考えた末、私は人生の新しい章をスタートさせ、新しい仕事に学ぶことにした。少人数ながら多様性に富んだ、強力なチームと一緒に、「次世代リーダー」プログラムの設立を手伝った。その視野の広い志に期待が膨らんだ。しかしプログラムを開始したときには、成功へと少しでも近づけるために、自分にはどれほど学ぶべきことがあるか思ってもみなかった。

「次世代リーダー」フェローが集まった最初の晩、みなが夕食の席に着くと、私はあらためて自己紹介をした。二四人のフェローは、馬蹄形のテーブルを囲んで座っていた。ニューヨーク市の地域団体で活動する韓国系アメリカ人や、死刑廃止を求めて闘っているアフリカ系アメリカ人、海兵隊の戦闘機パイロット、移民の権利を求めるゲイのヒスパニック系活動家など、ほんの一部を挙げるだけでもアメリカの多様性が感じられた。歓迎の言葉を述べた後、私はこう切り出した。「このグループを通じてお互いの違いを探究するだけでなく、お互いを理解し合う機会となることを期待しています。そうすれば、今度は自分自身をより良く理解するようになるでしょう」

みなうなずいてくれた。私は緊張していたが、ひとまず順調な滑り出しだと考えた。

これほど多様な人が集まっているのですから、と私は続けた。何かみんなで儀式を決めて、それを通して共通の経験をつくり、結びつきを生み出したい、と。毎晩、一緒に夕食を取る前に、毎回違うフェローが詩や祈りや引用を披露したり、あるいは沈黙の時間をとったりしてから食事を始めてはどうかと提案した。自分の伝統的な習慣に従ってもよいし、宗教的なことでもそうでなくても、他の伝統に敬意を表するようなことでも、フェロー一人ひとりが選択すればよい。大切なのは、フェローが自分の考えをシェアすること、そして残りの人たちがオープンにそれを受け止めることだった。

その最初の晩は、シカゴから参加したアフリカ系アメリカ人牧師が立ち上がって、食事のために伝統的な神への感謝の言葉を選び、静かな「アーメン」で締めくくった。多くの人がアーメンと唱和したが、一人の若いアフリカ系アメリカ人の活動家が立ち上がって、「この場をキリスト教のものにしてしまった」と私を非難した。私たちを分け隔てるものではなく、私たちが共有するもののための空間をつくりたいと思っていると、私はもう一度言った。夕食前の祈りを聞くのを押し付けるべきではないと彼は言い返した。同意してうなずく人たちもいた。

初日の夜が始まったばかりなのに、私はグループの信頼を失ってしまった。

続く数カ月間、フェローたちはどうすれば実際に問題を解決できるかに取り組むより、事あるごとにアイデンティティをめぐる議論に陥った。「良い社会」を考えるセッションには、二人の年配の白人学者が招かれていた。このセッションは、アスペン・インスティテュートにならった効果的な演習で、参加者はプラトンからホッブス、ルソー、キング、マンデラまで、哲学者や活動家の文章をグループで読みながら、自分自身の価値観を考える。テキストの大半が「白人男性の故人」のものであることに反発して、参加を拒むフェローもいた。

私はどう対処していいかわからず、二人の学者は結局セッションを去った。牧師が祈りを捧げたことを問題にした若者は、特権的な白人女性である私にはアメリカの多様な若いリーダーたちのために設立されたプログラムを運営する資格がないと、当初から明言していた。

私の中に彼が正しいと認める部分があった。自分自身の不安のために、自分を包み隠さず見せることができなくなっていた――それこそ私がフェローたちに求めていたことだったのに。結局フェローたちは、どうすれば社会が多様性を受け入れられるかをめぐる厳密な議論を避けた。理性ではなく意見が幅を利かせた。自分のアイデンティティに固執するフェローたちがいて、私たちはみな、他者のアイデンティティと十分向き合うことができていなかった。

最も状況が悪化したのは、あるセミナーの最後にそれぞれのフェローがその週の活動から得た知見や疑問を話していたときだった。アフリカ系アメリカ人の活動家の番になったとき、彼は、私が辞めるべきときが来ているのではないかと言った。私はコメントに感謝したが、答えることができなかった――部屋の中で渦巻いていた口に出されなかった疑問にも、自分が自分に問うた問いに対してさえも。

部屋の沈黙と私を見つめるフェローたちの視線が胸に重くのしかかり、羞恥心と罪悪感を強く覚えた。プログラムの設立や資金準備にチームと一緒に全力を尽くし、アメリカの多様性を反映するフェローたちを迎えるという約束をせっかく果たしたのに、私は困難を乗り越えて建設的な対話をするよう促すことに失敗したのだ。丸一年近く経ってもグループに全体性の感覚は生まれず、自ら学ぶことができる、結びつきのあるグループを形成できなかった。そのうえ、失敗の重荷をフェローたちとわかち合うのではなく、プログラムの欠陥は私と私のチームにあるという誤った考えに陥っていた。

夜も更け、さんざん涙を流した後で、私はようやく自分自身と向き合った。あの若い活動家は、私のアイデンティティの中で最も未解決な部分をピンポイントで指摘したのだ――私の特権だ。自分が自分をどう見ているかは関係なかった。このとき重要だったのは、他の人たちが私をどう見ているかだった。この経験をするまで私は、自分のことを中流階級の大家族出身の勤勉な女性で、大学とビジネススクールの学費を自分で出し、月々の学費ローンの返済にあと一〇年間追われることになる人間だと考えていた。若かった私は、白人のアメリカ人がはるかに多くのチャンスに恵まれていることを理解していたが、自分のアイデンティティの中で、汗とハードワークをいとわない「根性と自立心のある女性」という部分を強調したいと思っていた。

しかし、いくら自分で自分を特権のある女性と見ていなくても、私のアイデンティティには、使い込まれたパスポートとスタンフォードのＭＢＡを手にしてロックフェラー財団で仕事をしている一面も含んでいたのだ。生まれつきのエリートでなかったとしても、今の自分は確かにエリートだと言えるだろう――自分が自分をどう見ていたかは関係なかった。今の自分がどういう人間であるかを、かつての自分と結びつけることができて初めて、意味のある形で人の役に立つことができるようになるのだ。

ようやく私は理解した。自分のアイデンティティの一部を隠すことで、私は自分自身と他の人に対して、自分が提供できたはずのものを否定していた。私自身が自分を知って、このプログラムを運営する正統性を主張するための土台づくりをしていなかったために、フェローたちをアイデンティティ・ポリティクスに閉じ込めて両極化に陥らせた問題に対処できず、一人ひとりが今そこにある他の問題に取り組むのを困難にしてしまった。自分自身と他の人のアイデンティティが、常にグループの中にあるということを認識できていなかった。

こうしたことすべてを踏まえたうえで、私は辞任すべきだろうか。決意はゆっくりだが明確にやってきた。ノー。絶対に辞任すべきではない。何が正しく何が公正か、あの若い活動家だけが決めるわけではない。フェローたちの中には、新しい知見とスキルが得られたと個人的に繰り返し伝えてくれた人も大勢おり、彼らはこのまま続けるよう求めていた。だから私はこれを自分自身が成長し、アイデンティティがもたらす課題と可能性の両方について理解を深める機会だと捉えることにした。また、そうした内省の日々を通して、違いの境界線を越えて働く多様なリーダーの集団を形成して成功させるためには、自分自身を変えることをいとわない人たちを集める必要があるのだということを悟った。個人が変わらなければ、モラル・レボリューションは不可能だ。

二年目には、自分に対する認識と自信を深めてプログラムをリードできるようになった。自分の特権を「抑制」したり敬遠したりするのではなく、権威となるその特権を財産としていつどのように活かして、他者の声に耳を傾け合える空間をつくればいいか、わかってきた。フェローの誰かが、政治的な対立において極端なイデオロギー的立場を譲らず、建設的な対話を不可能にしていれば、察知して止められるようになった。最初の年、ロックフェラー財団は帝国主義者の資本主義エリートの代表だと一人のフェローが反発したとき、私はただじっと見ていただけで、答えるのをほとんど恐れていた。しかし二年目には、フェローシップへの参加は自分のアイデンティティに新しい要素が加わることを意味するのだ、とはっきり伝えることができた。彼らはフェローとして、より多くの手段と特権を持ち、それによっていっそうの責任を求められるのだ。

自分の仕事は、会話を安心感の持てるものにし、あらゆる立場の人がときには非常に耳の痛い思いをしたとしても、そこから成長できるようにすることだったのだと悟った。安易な思い込みを振りまく人には異議を申し立て、代わりに自分の信念に立ち返って物事を見るよう求めた。一人ひとりがすすんで自分を変える姿勢を持たない限り、世界を変えることは決してできないと、私自身とフェロー一人ひとりにあらためて思い起こさせた。

　ロックフェラー財団での手痛い失態を通じて、私はアイデンティティを扱うための強力なスキルを手にした。第一に自分を知ること。第二に相手が持つ多様なアイデンティティをオープンに受け入れること。第三に、大きな力を持っている人や組織は、力を持たない人や組織に対する理解を広げる架け橋となること。こうした架け橋がなければ、真の対話は生まれない。

　特権というのは、文脈によって絶えず変化することを心に留めておこう。誰にでも力があると感じられるときもあれば、力がないと感じられるときもある。自分が自分をどう見ているか、他の人が自分についてどういう考えを押しつけてくるかによって変わるだろう。いずれの状況でも、自分が持つ力を自覚すればするほど、他者に対する真の理解を得られる可能性は高くなる。

　当時はわかるはずもなかったが、コンフォートゾーンのはるか外に押し出されたことで、ロックフェラー財団の「次世代リーダー」プログラムでの苦しい一年の間に私は殻を破り、枠を広げて自分自身の新しい部分を見つけることができた。軽々しくこう言っているのではない。自分のあらゆる部分を知り、他の人からどう見られているかを知ることが人によってはよりいっそう苦痛を伴うこと、そして、そうするのがとても難しい時期が誰にでもあることは、私にもわかっている。それに、命を脅かしかねない形で単一のアイデンティティを押し付けられてきた人たちもいる。だからこそ、アイデンティティを理解すること――アイデンティティ・ポリティクスをもてあそべるようになるのとはまったく別のことだ――は、学び、教えるべき重要なスキルなのだ。私たちは、楽なときではなく、困難なときにこそ成長する。分断と不安が極まった今の時代に、私たちは少し居心地の悪い思いをして、自分自身のアイデンティティについてより細やかなところまで理解すべきではないだろうか。それによって、自分をオープンにして他者のアイデンティティを探求できるようになるだろう。

二〇一五年、私はパキスタンのバハワルプールを訪れ、パキスタン各地から集まった若いアキュメン・フェローたちと一緒に、モラル・リーダーシップの価値観と原則について議論した。ジーンズにポロシャツという若者もいたし、パキスタンの伝統的なサルワール・カミーズ――長いチュニックとゆったりした綿のパンツ――を着た人もいた。グループの四割ほどは女性で、やはり現代的な服と伝統的な服を着た人の両方がいた。このフェローたちと会うのは初めてだったが、同じグローバルなコミュニティに属していると感じ、私は親近感を覚えた。

私は、現代のでモラル・リーダーといえば誰かと尋ねた後、歴史上最も若くしてノーベル平和賞を受賞したパキスタン人女性マララ・ユスフザイは現代のアンティゴネーだと思うと付け足した――気高く勇敢で、不公正を追及する力を持っている、と。

部屋の半分は同意見で、国の誇りだと感じているようだった。半分は不快そうに頭を振った。

「彼女はＣＩＡの回し者です」と一人の若者が言った。

別の一人も加わった。「ヨーロッパの手先にすぎません。金持ちのアメリカ人は、自分たちの物語にぴったりだから彼女が好きなんですよ」

私がさらに説明を求めようとすると、フェローたちは互いに議論を始め、彼らの言葉が私の前を行き交った。一人の髭をはやした若者は、顔をしかめながら黙って座っていた。私はグループに静かにするように言い、彼のほうへ向き直った。「どうして会話に加わらないのですか」

「マララは、私にとってヒーローでも何でもない」と彼は説明した。「彼女の物語は、ヨーロッパが自己満足するために操作されているんです」

テーブルの周りの人たちが、抗議と同意と両方のためにすぐに割り込んできた。私はそれを制して、若者が言葉を継げるようにした。

彼は続けた。「私はマララの村のすぐ近くのスワット出身です。パキスタンで最も進歩的な地域の一つでした。私たちの住む谷では、娘にも息子にも教育を受けさせていました。でも二〇〇四年の地震の後、タリバンが山を下りてきた。彼らは、アッラーが私たちの邪なやり方を罰していると言って、その地域を支配し始めた。それ以来私たちは、暴力や恐怖とともに生きてきました。学校は閉鎖された。生活はいっそう困難になった。それなのに世界はマララを見て、私たちのことをヨーロッパが助けなければならない野蛮人だと考える。それは正しくないのです。彼女を愛し、私たちを軽蔑する人たちは、アメリカがアフガニスタンでロシアと闘うためにタリバンをつくり出したことを認めたがらない。今ではアメリカは、どんな暴力もタリバンのせいにし、パキスタン北部で民間人にドローン攻撃していることを正当化する。アメリカのドローン攻撃を危うく逃れた少女たちの話を耳にしないのはなぜですか。そういう少女たちを決してヒーローにしないのはなぜですか」

彼はそこで話を終わらせず、同じパキスタン人に自分のアイデンティティを傷つけられたと語った。「マララは天使だというパキスタン人でさえ」と彼は言った。「彼女があれほど高い教育を受けていることに驚く。彼らは、私たちの地域は遅れていて、私たちを二流市民だと考えているのです。だから分断されていると感じ、なんというか、侮辱されていると感じます」

私たちはそこで中断し、意見が合わないという点で合意し、彼の反応に対して、傷つけられたコミュニティの一員なのだから正当化され得ると敬意を払うこともできただろう。けれどももしそうしていたら、パキスタンの多くの人にとってマララがどんな存在なのか、その重層性に飛び込むチャンスを失ってしまっただろう。「ヨーロッパはマララを愛し、パキスタン北部の人々を軽蔑している」という発言について、みなでその「中身を開けて」みる機会を失ったことだろう。それに、もし中断していたら、その若者はその後、スワット出身のムスリムという単一の物語を通してしか知られなかったかもしれない。しかし彼にはその他の面がたくさんある。誇り高いパキスタン人。文学とダンスとスポーツの愛好者。大卒。父親であり、息子であり、兄弟でもある。そして重要なことに、彼は故郷の町で少年少女のための学校を運営する教師であり、少女が教育を受ける権利を守るために苦労を惜しまない人だった。

マララについての会話は、パシュトゥーンとしての彼のアイデンティティを脅かした。アミン・マアルーフが予期したように、このときこのパシュトゥーンの若者は、個人的に傷つけられたと感じたことに基づいてしか自分を話さなかった――「パシュトゥーン」が彼の「アイデンティティの序列」の最上段に上げられ、彼の話を単一のナラティブに矮小化した。この若者の人生の経験とマララ自身の物語の複雑性をグループでもっと考える時間を持たなかったら、私たちはさらに分断されてしまう可能性もあった。そのかわりに私たちは、居心地の悪い対話をするための時間と空間を意図的につくり出した――そこにいた人たちは、耳を傾けることとモラル・イマジネーションを、何にもまして大切にしていたのだから。

その後何が起きたのか、どちらかがもう一方によって説得されたのだろうかと考えるかもしれない。マララが天使なのか欧米の回し者なのかについてグループで合意に至ることは決してなかった。しかしフェローのほとんどが後になって、この居心地の悪い会話の間に、自分個人の中にもグループ全体にも、変化があったと認めた。少なくとも、このグループはパシュトゥーンの痛みをいっそう個人的な形で理解するようになった。そしてこの時間の最後に、グループの中では恵まれた立場にあるメンバーの一人が、以前友人がパシュトゥーンの人たちを侮辱したときに黙ったままでいたことを恥じていると話してくれた。

この未解決な会話はまた、私たちがグループとして自分たち自身をどう見ているかについての理解を深めてくれた。マララについてのやり取りの本質にあったのは、人間の尊厳とアイデンティティの相互作用だった。認知され、認められたいという願い。口に出されることのない約束――あなたが私を単一のアイデンティティに矮小化しようとしないなら、私もあなたの全体性を見るようにしよう。マララがヒーローかどうかははっきりと決着がつかなかったかもしれない。しかし私たちに必要な決意とは、互いのことをただこの部屋の限られた中だけでなく、世界というオープンな空間で認め合い、そういう姿勢を崩さないということなのだ。

数週間後、私はドバイでの貴重な交流の機会を予定していた――マララについての会話のおかげで準備は整っていた。私はドバイの堂々たる摩天楼の最上階にある近代的なレストランで、専門職に就く二〇人の女性たちに向けて講演をしてほしいと招かれていた。パキスタン南部の農業地域にある私たちの簡素な隠れ家からこれほどかけ離れた光景はなかった。中年の女性たちは伝統的なアバヤ（流れるような黒い長衣）とヒジャブ（ヘッドスカーフ）を身に着け、見るからに裕福そうで、政治的にも専門的にも大きく成功していることから来る自信にあふれていた。

私は自分の仕事や、中東で新たな形のフィランソロピーに貢献したいと考えていることを話した。話し終えると、年配の女性政治家が感謝の言葉を述べてくれ、それから、予期せぬ質問をされた。「マララについてどうお思いですか」彼女は両手を握り合わせ、自分の前のテーブルにそっと置いた。

今回は覚悟ができていた。私はアイデンティティという切り口で話を始め、マララはまだ若い女性だが、少なくとも一部の人にとっては欧米とイスラーム世界の間の緊張を象徴する存在になっていると言った。タリバンとアメリカのドローンによって若い人たちが命を奪われている。そしてこうした暴力の中で最も多くを失うのは、子どもたちと貧しい人たちだと言った。

それから、マララを一〇代にして有名人にしたのがどんな状況かに関係なく、彼女は自分の特権を世界中の若い人たちを代表するためのプラットフォームとして活かし、自分の宗教や両親、祖国への敬意を持ってそうしている、という私自身の考えを話した。スワット出身のパシュトゥーンの少女として生まれたかもしれないが、今や彼女は、私たちみなとのつながりを生み出し、それによって世界はより良くなっている。そして、招いてくれた人たちにもう一つ伝えて話を終えた。「私はこの地域を愛していますし、パキスタンとアメリカの両方が都合のいいときだけの友人関係をつくって手を結んでいることを知っています。どちらの側も手が汚れている。暴力と絶望の影響を最もひどく受けるのは、私たちの子どもたちです。女性として市民として、母、姉妹、おばとして、政治を越えた平和の構築のために立ち上がらなければなりません――すべての子どもたちが成長して、なるべき自分になれるように」

年配の女性はほほ笑んで言った。「そのとおりです」それから一瞬口をつぐんだ。次に何が出てくるのだろうと私は思った。

ようやく彼女は言った。「ありがとうございました。それでは話し合いに移りましょう」

他の人が持っているアイデンティティを意識し、認識することは、複雑な対話を導く鍵となるスキルだ。集まっていた二〇人の女性たちがひとたびほんの少しでも信頼し合うようになると、政治やフィランソロピーについて、中東で女性が置かれている状況について、そして国際開発の問題について、いっそう自由な対話ができるようになった。

究極的には私たち人類の未来は、一人ひとりが自分以上の何かに取り組むモラル・レボリューションに、みなが参加するかどうかにかかっている。私たちは、他の人が世界をどう見ているかに対して自分をオープンにすることなく、自分が真実だと信じることに焦点を当てすぎている。平和で持続可能な地球のためには、私たちが個人個人の多様なアイデンティティを受け入れると同時に、みなに共通する一つのこと――みな人間だということ――を理解する必要がある。私たちは、尊い、祝福された、大胆な人間性という点で、平等に生まれついている。そして互いを結びつけるにはそれだけで十分だ。私たち一人ひとりは一滴の中の大海なのだから。

私たちが共有する人間性は、私たちの素晴らしい多様性を包括できるほどに強く広大だ。自分のことを、他の人が渡れるように掛けた橋だと考えてほしい。自分の居心地のよい領域を越えて手足をいっぱいに広げ、自分とは違う現実を生きる人たちと出会うよう常に努めること。向こう側で見つかるものにきっと驚かされるだろう。

第6章　勇気ある行動を積み重ねる

私は一九六〇年代に幼少期を過ごした――大きな変化の時代で、古い制度の亀裂が表面化し、緊密に織り合わさっていた社会の横糸縦糸が緩み始めていた。小学四年生のとき、公立学校の女子は金曜日に「かっこいいパンツ」をはいて行くことが許され、私の通っていたカトリックの小学校でも制服の強制をやめた。教皇ヨハネス二三世は、第二バチカン公会議でカトリック教会と現代社会との関係を改革した。避妊薬が導入され、市民権と人間の自由を求める運動が地球上の各地で起きた。そういう時代でも、女の子の大半はスポーツをあまりせず、家庭科を選択して料理や裁縫を習い、常に礼儀正しくするよう教えられていた。

幸いなことに私の両親は、育ち盛りの息子も、そして娘もやれば何でもできると考えていた。私が九歳のとき、父はカンザス州のフォート・リーブンウォースで中学校のフットボールチームの監督をしていた。ある日、練習に私を連れて行くと、男子数人にからかわれた。「監督」と彼らは言った。「娘がいるなんて言ってなかったじゃないですか」

「そうだな」と父は言った。「でもこの子は君たちに負けないくらいタフだよ」それから二人の少年に、娘と懸垂で勝負してみないかと言った。私は恥ずかしさで死にそうになった――実際に勝負が始まるまでは。始まったら勝ちたくなった。そして少なくとも父の記憶の中では私が勝った。恥ずかしさは、自分が体力的に強いという密かな誇りに代わった。その自己認識は大きな力となって作用した。ほとんどの女子がスポーツをする少年たちをフィールドの外から応援していた時代に、私はひたすらフィールドの中にいたいと思っていた。

両親が子どもたちに根性のある進取の気性を吹き込んだのは、必要に迫られてのことだ。軍人の給料で七人の子どもを育てるのは容易ではなかった。兄弟や私が、「よそのお母さんはみんな」リーバイスのジーンズやコンバースのスニーカーを買ってくれるのに、と不満を言うと、母は他人のようになりたいなどと言い出した私たちをにらんだ。「ブランドなんか着る必要はないでしょう」と母はがっかりした様子で言った。「あなたたちはノヴォグラッツ家の一員です。でも他の人みたいになりたいと本気で思っているなら、こうしましょう。アーミー・ポスト・エクスチェンジにあるふつうのジーンズやスニーカーを買う分のお金は出してあげるから、ブランドものとの差額は自分で出しなさい」

両親は、私たち一人ひとりがこうと心に決めたことはやり遂げられると信じていた。励ましてくれる人がいるというのは、誰にとっても最大の贈り物となる。自分は価値がある、自分には何かできることがあると考えることで湧きだす勇気をますます強めてくれる（「何か」の中身はあまり重要ではない）。

母の取り決めの結果、私たちはなるべく自立できるように――そしてときにはリーバイスのジーンズを買うために――お金を稼ぐ工夫をいつも探していた。私は一〇歳のときベビーシッターを始め、一四歳でハワード・ジョンソンのアイスクリームの売り子になり、その後、まだ高校生のときにバーテンダーになった。修学旅行の費用を稼ぐために、クリスマスの飾りをつくって家々を売り歩いた。どの仕事でも、きまり悪さと向き合うことが必要だった——知らない人の家のドアをノックして自己紹介し、心を込めてつくった物を買ってくださいとお願いするのだ。断られたときにどう対処するか学ばなければならず、自分で決断したりお金を扱ったりもしなければならなかった。初めて何かをやってみるとき、あるいは二回目やときには一〇回目になっても相変わらず試行錯誤しているとき、一つひとつの経験が私の世界観を広げてくれた。たくさんお金が稼げたときには、思い切ってやってみれば人生は素晴らしい冒険になり得るのだと学んだ。

勇気というのは不安がないことではない。勇気とは、不安を真正面から見据えて、前へ歩き続けることだ。私たち誰しも、認めようが認めまいが怖いものがある。不安にさまざまな形があるように、勇気にもさまざまな形がある。勇気を育ててこそ、不安で萎縮してしまうのを避けることができる。

子どものとき、体を張るあるいは進取のリスクを冒す勇気は育んだが、権威に対して恐れず物を言う用意はできていなかった。幼少時代の私が学んだのは、実はまさにその正反対のことだった——少女はとりわけ「善良」で礼儀正しくあるべきだという考えを強く持っていたのだ。自分では型にはまっていないつもりだったが、その一方で、本当に必要とするものを求める正直さと強さよりも、行儀よく思いやりを持つよう育てられてきた。

若かった頃、声を上げる勇気を最も必要としたとき、どうやってその力を発揮すればよいのかまったくわからなかった。夜遅くまで近所の家でベビーシッターをした後、子どものお父さんが家まで送ってくれた。そのお父さんは私の家の車庫の前に車を止めると、おやすみを言うかのように私のほうを向き、そして突然私にキスして押し倒そうとした。私はやめてくれるように頼み、何とか抜け出したが、逃れることができるまで必死に礼儀正しくしていたのだ。

一二歳だった。そのときの服装をまだ覚えている。ピンクのギンガムチェックのボタンダウンシャツの裾を、ウエストに小さな家の刺繍のあるベルボトムジーンズの中に入れていた。後ろのポケットには大きすぎるピンクの櫛が入っていて、長い髪は三つ編みにして小さな白いリボンで結んでいた。キスしたことなどそれまで一度もなく、考えたことすらなかった。

家に駆けこむと、頼もしくて優しい私の父が彼の親友の一人とキッチンテーブルで話していた。私は「ただいま」としか言えなかった。毛羽立った金色のカーペットが敷いてある階段をどうにか上ってバスルームに行き、服を着たままシャワーに飛び込んだ。バスタブに座って、頭のてっぺんからお湯が流れていくと、自分が汚いもののように感じられて恥ずかしく、頭は混乱し、傷ついていた。何かと口実をひねり出して、その家では二度とベビーシッターをしなかった。

何十年間も、私は傷ついた内面の声を表に出さなかった——少なくとも大人に対しては。何が起きたかを口に出せば私が住んでいる世界の社会秩序を乱すことになる、とどこかで考えていた、あるいはわかっていたに違いない。両親が知ったら打ちのめされるのもわかっていた。父は私の知る最も優しい人で、ベトナムから数カ月前に帰ってきたばかりだった。母は恐れを知らない気丈な人で、一心に子育てをしていた。父にしろ母にしろ、傷つけるなどというのは考えるだけで耐えられなかった。

私のために父が隣人を傷つけるかもしれないと考えるだけで恐ろしかった。それにその家のお母さんと子どもたちはどうなる？　沈黙するに越したことはないと私は自分を納得させた。たとえ尊敬されているコミュニティの一員の評判を傷つけることになっても、本当のことを口に出して言う必要があるが、それが許されるということも、それを実践する術も知らなかった。

四〇年経ってその人の死を知ったとき、私は思いがけない自由を感じた。強者の特権を守り維持するために弱者に沈黙を求めるシステム、そこに自分がとらわれていたことが今ならわかる。私たちは排除や恥、あるいは誰かを失望させることを恐れて、声を押し殺す。自分や周りの誰かに何か悪いことが起きたとき、地位や愛情や家の安全を失うのを恐れて沈黙を守る。仕事を失いたくない、平穏を守りたい、また場合によってはさらなる暴力を避けたいと考える。

ありがたいことに、ある集団の特権を他の集団より優先するシステムは、崩壊し始めている。醜い真実と対峙することをいとわず、人が他者を侮辱したり傷つけたりする行為は認められないと堂々と考える世代が登場している。違うコミュニティに生きていても連帯してくれる人たちを見つけられるようになった。私たちの誰かが自由であるためには、私たちみなが自由でなくてはならない。

自分自身の声を見出して使うことは、あらゆる勇気の中でも最も育むのが難しい。私たちを勝手に定義しようとするシステムや構造をものともせずに、本当の自分自身を発見して大切にすることでしか育たない。傷つけられてきた人は、自分自身のトラウマや傷に勇気を出して向き合う必要がある。けれども勇気は筋肉と同じだ。ささやかな方法でもトレーニングすればするほど身に付いていく。

人生には時として、代償を払ってでも正しいことをしなければならない機会がめぐってくることがある。最初の仕事で私は、チェース・マンハッタン銀行からかなりの融資を受けているスイスの銀行に気がかりな兆候があるのに気づいた。銀行は破綻しそうに見えた。ジュネーブのスイス支部長は、私を無知な駆け出し銀行員で、スイスの銀行の運用のことなどまったく理解していないだろうと鼻で笑った。権威を振りかざす上司の威嚇に、私はひるんだ。しかし自分の仕事は三重にチェックしてあり、結果的に最悪のシナリオが起こらなくても懸念を表明するのが務めだとわかっていた。

だから私は懸念を表明した。不安で眠れない一夜を過ごした後、大きな木製の机の前に座り、見上げるような大男で強面のスイス支部長と向かい合った。指が白くなるほど椅子を握りしめ、荒れ狂う海を漂っているような気分だった。声は震え、戻しそうになるのをこらえて、軽蔑の目で見てくる支部長に自分の結論を伝えた。その後、グローバル融資委員会に報告書を提出した。続く二晩も、自分の指摘のために職を失うかもしれない不安で眠れなかった。

数日後、そのスイスの銀行は破綻した。私は仕事を評価され、自分が本当だと思うことをたとえ唇が震えてでも口に出すことの重要性をしっかりと覚えた。同時に、事態が別の展開を見せる可能性もあったことを忘れないようにした。そのスイスの銀行が持ちこたえ、上司は私をトラブルメーカーとみなしたかもしれない。しかしもしそうなっても、少なくとも私の尊厳――自分自身にしかわからなくても――は無傷だっただろう。

この経験は、ウォール街の銀行からルワンダのマイクロファイナンスに転職したときにも、自分の信念のために立ち上がる勇気を与えてくれた。地元の聖職者は私たちのマイクロファイナンス組織ドゥテリンベレを高利貸し（違法に高い利息を課している）だと非難していた。しかし私たちが課していた利息は年利わずか一二％で、一方、公的でない金貸し業者たちは一日に一〇％もの利息を課していた。チェース・マンハッタンで最初の軋轢を乗り越えていた私は、慣習を守ろうとするルワンダ人たちと対峙する覚悟ができていた。ルワンダではいっそう重大なものがかかっていた――私のキャリアだけでなく、私たちの組織の使命そのものだ。

自分の確信を貫く勇気を持てるようになり、信念のために闘うことを学んだ後でも、相変わらず自信を持てない領域があった。人前で話すということだ。不安に正面から立ち向い、その背後に何があるかを理解し、何度も向き合ってその不安を友としてしまえば克服できる場合が多いとわかるまでに、長い時間がかかった。難しいことというのはたいていそうだが、練習が必要なのだ。

人前で話すことが特に不安になったのはまだ若い頃で、それはずっと続いた。一〇代の頃は発表をしなければならなくなるたびに膝が震えた。ウォール街では、研修の一環として人前で話すことを習わなくてはならなかった。私が神経質に笑い、速射砲のようにまくしたてるのを見た講師は、自分が今まで見た中でおそらく一番ひどいと言った。この一言で私はさらに自信をなくした。それでも、人前で話すのは変化を導くには欠かせないスキルだとわかっていたので、少人数の前で発表する機会を探し、ときには夜中まで練習した。うまくいくと、ほんの少し自信になった。失敗したら、その経験から何が学べるかを考えた。人前で話すのがときには楽しみになるところまで成長するのには、長い年月がかかった。

このプロセスの間に、自分の気持ちを落ち着かせることも学んだ。若い頃は、話す前に「自分を奮い立たせるように」というアドバイスを参考にしていた。しかしこれは緊張を高めただけだった。「オーディエンスが裸だと思えばいい」と言ってくれた人もいたが、それを思い描くのは苦痛だった。自分をスーパーヒーローだと思うことにしても、自分自身に注意を向けすぎてしまい、やはりうまくいかなかった。

何年もかかって、全部正反対のことをしていたとわかった。自分に注意を向けるより、オーディエンスに集中する必要があった。私が話すのはメッセージを伝えるためであって、主役は私ではない。刺激を得てもらうためであれ、行動を促すためであれ、自分の仕事は愛を伝える媒体になることだと、私は自分に言い聞かせた。自己をしげしげと見つめようとするのではなく、自己が消えてなくなるに任せようとした。このアプローチが基礎を築く土台となり、それまでの自分を抜け出して、やるべきことができるようになった。

私たちは誰でも、強いときと弱いとき、自信が持てるときと持てないときがある——こうした矛盾は人間の一部だ。重大な取引の交渉で鋼の神経を示す人が、かわいがっている部下に言いにくいフィードバックを伝えられないと感じる場合もある。あらゆる行為にはそれぞれ特有の種類の勇気が必要であり、どんな状況でも恐れを知らない人などまずいない。完璧でないとか価値がないと見られるのを恐れる人もいる。彼らは間違いや失敗を勇気を持って伝えるのではなく、小さな問題を隠し、パートナーや友人や投資家が状況を改善するために手を差し伸べるチャンスを否定する。問題がときには正真正銘の惨事となり、その人が避けようとしていたまさにその不安を明るみに出すことになる。

アキュメンでも、チームメンバーがリスキーな取引を主張する自信を持てず、そんな提案をすれば他の人に頭がどうかしていると思われるのではないかと心配したために、重要な投資の機会を失ったことがある。しかし安全策を取りたいなら、変化をもたらすビジネスにかかわるべきではない。変化にはリスクがつきものであり、リスクは——無謀さとは似て非なるものだ——勇気を必要とする。

さまざまな機関の助力があればリスクを取りやすくなることもあるが、ささやかな勇気ある行為を実践して、正しいことをする筋肉をつけられるかどうかは私たち一人ひとりにかかっている。私たちは折に触れて自問すべきだ――やってみないことや試してみないことを選択した場合、重要なことなのに声を上げない場合、どんな代償を払うことになるだろうか、と。

勇気を持てるようになるまで、勇気ある行動を実践する。不安を悪いことと考えず、感情的・身体的危険を知らせてくれるメカニズムにすぎないと考えること。不安のもとに潜んでいるものと向き合えば向き合うほど、その繰り返しとささやかな勝利を通して不安に立ち向かえるようになる。こうした小さな勝利を積み重ねて準備をすることで、一見不可能に見える困難に挑むことを世界から求められたとき、あなたは炎の中に果敢に立つことができるだろう。

それでもなお危険な選択肢しかなく、命綱なしで飛ぶ羽目になって、変化の代償が突然、生きるか死ぬかの問題にまで大きくなる場合がある（願わくは稀でありますように）。そうした状況で、不安を乗り越えられるか、逃げ出したり隠れたりしてしまうかのわかれ目となるのは、目的意識にほかならない。

こうした肝の据わった勇気を持つリーダーの一人に、アンドリュー・オティエノがいる。その勇気は、強い目的意識とコミュニティへの約束を果たすという意志に駆り立てられ、鍛えられた。すらりとした柔らかな物腰のアンドリューは、ナイロビに本拠を置く非営利のマイクロファイナンス機関ジャミイ・ボラの幹部リーダーだ。この組織には自助と相互支援の精神がしみ込んでいる。彼はまた、アフリカ最大のスラム街であるキベラの生地の近くに診療所を開設し、運営していた。

人生の中で多くの困難に見舞われてきた彼は、穏やかな物腰を支える、鋼のようなタフさを身に付けた。けれどもその彼でさえ、二〇〇七年のケニア大統領選挙で、部族間の軋轢に端を発した暴力が発生し、彼の大切なコミュニティにも暴動と放火が吹き荒れたとき、経験したことのないような断腸の思いで不屈の精神を奮い立たせなければならなかった。

そのとき、アンドリューはキベラのジャミイ・ボラ事務所を指揮していた。ジャミイ・ボラは何万もの人々に融資を行い、そのなかには、アフリカ東部最大の屋外市場の一つ、伝説的なトイ・マーケットで商売を営む一七〇〇人以上の商人も含まれていた。古着をはじめ、ありとあらゆるものを売っていることで知られるトイ・マーケットは、目の覚めるような色彩の小さな露天がモザイク状に並ぶ市場だ。何百万ドルものお金がここで動き、毎年一〇万人近くの生計を支えてきた。アンドリューのオフィスはこの市場の端にあり、経済成長と可能性が脈うつのを目の当たりにしてきた。一部の人にとっては、この市場は貧困から抜け出す一番の道となっていた。

大統領選後の数週間は暴動が吹き荒れていたが、ある晩に数百人の若い男が市場を略奪し、徹底的に破壊してしまった。その乱闘で負傷者が多数、死者も数人出た。翌朝、トイ・マーケットの地面の上に残っていたのは、かつて露店がそこに立っていたことを示す、灰と黒焦げの柱の残骸だけだった。コミュニティはトラウマを抱えたうえに、多くの人が働く場をなくし、さらなる貧困に陥る危険にさらされた。トイ・マーケットが戦闘地帯になっても何の不思議もなかった。

あの夜若者たちが破壊に走ったのは、傷つけられたアイデンティティと復讐欲に駆られてのことだった。彼らのほとんどは無職で、ギャング団のメンバーもいた。暴動の目的は、自分たちが正当な所有者だと信じていた土地を「取り戻す」ためだった。キベラは、第一次世界大戦中、英軍側で戦ったヌビア人兵士に対する無償払い下げ地として生まれた。ただ、公式文書は存在しなかった。時とともに他の部族がナイロビに移住し、人口二〇万以上となったキベラは非公式の居留地と宣言され、すべての土地が政府所有となった。若い男たちの多くはおそらくヌビア人兵士の子孫であり、「自分たちの」土地を取り戻したいと考えていた。

トイ・マーケットがなくなったことで、コミュニティ全体が、経済の大動脈、商業のライフライン、そしてナイロビの他の地域との結びつきを失ってしまった。商人は商品を失った――多くの人にとって持っていたものはそれがほぼすべてだった。家族を失った人もいた。全員が安心感を失っていた。彼らを守ってくれる人など、どこにもいないように感じられた。

この時点でアンドリュー・オティエノが目指すものは一つしかあり得なかった。市場の再建だ。しかしコミュニティを震え上がらせた若い略奪者たちを前にして、いったいどうすればよいのか。選挙後の暴動以来、国際的なNGOや警察さえも近づかなくなった。コミュニティは置き去りにされてしまったのだ。

ただアンドリューには、自分が孤立無援でないことがわかっていた。ジャミイ・ボラの創設者、不屈のスウェーデン人女性イングリッド・モンロは、人々が互いに助け合い、ともに歩む組織の設立に数十年間力を注いできた。彼女自身もキベラのコミュニティのただ中に身を置いていたので、この市場が死活的な重要性を持つことを理解していた。アンドリューと地元リーダーたちは現場でトイ・マーケット再建の先頭に立つ必要があるが、自分は別の形で社会資本を提供することができると彼女は考えた。国際機関とのつながりを持っていたからだ。そこで、イングリッドはトイ・マーケット再建の資金集めのためにヨーロッパに向かい、その間アンドリューはキベラに残って地

してもすぐにできるとは思えず、さらなる暴力なしにやり遂げられるとも思えなかった。

「方法は見つかるでしょう」とアンドリューは小声で言った。厳しい表情だった。

彼を残して去るのは本当に嫌だった。私が戻っていく先は、ありとあらゆるチャンスと自由――不安からの自由、極貧からの自由、旅行する自由――を与えてくれる場所だ。それらを私はあまりに当然視していた。ここキベラでは破壊と、そして死にさえ見舞われている。しかし、店は焼け落ち、市場は破壊し尽くされ、若者たちが襲撃を繰り返しているにもかかわらず、市民はみんな朝起きて着替え、仕事に行く。勇気ある教師が立つ学校に、何とかして子どもを連れて行く。ふつうの市民が驚くべき行動をしているのだ。アンドリューとの経験で私は、もっと勇気を持ち、現場に行き、共感的であろうとあらためて思った。

数カ月後、私はキベラに戻った。驚いたことにトイ・マーケットは元の姿に戻っていた。イングリッドが資金を集め、アンドリューは和平プロセスをまとめ上げたのだ。不倶戴天の敵同士を協力と合意に向かわせたという点でオスロ合意にも匹敵する功績だった。怒りがくすぶる灰の山から美しい市場をどうやって再び立ち上がらせたのか、順を追って教えてほしいと私は彼に頼んだ。

「簡単ではありませんでしたが、一歩ずつ進んだのです」と彼は言った。まず難民キャンプを探して、略奪のリーダーたちを見つけ出した。地元ギャングのメンバーとその腹心、仮にデイヴィッドとジョナと呼ぶことにしよう。アンドリューは、市場の再建と平和を取り戻すための計画を説明し、彼らの了解を得られることを期待していると男たちに言った。自分たちは復讐をしたいのであって平和は必要ない、と男たちはわめいた。彼らの狙いは、市場があったところに二〇〇軒の家を建てることだった――ギャング団のメンバーそれぞれに一軒ずつだ。ジョナは山刀を振り回し、言うことを聞かなければ殺すとアンドリューを脅した。アンドリューは微動だにしなかった。男たちの恨みを理解し、自分の目標は平和を取り戻すことだともう一度言った――そして彼らの助力が必要だ、と。

キベラを訪れた日、私は後でデイヴィッドに会った。ハンサムで、黒い肌、高い頬骨、冷たい黒い目、硬い表情だった。髪を短く刈り込み、筋肉の盛り上がった腕は御影石のように堅固だった。ジョナが武器で威嚇するなら、デイヴィッドは自分が人を殺した過去があることをその目でわからせた。

アンドリューには信頼できる法律制度という手段も、補償を提供できる資金もなかった。苦しみに満ちたこの土地で、異なるアイデンティティは奔流となって、それぞれの真実を分断していた。どちらを向いても彼には不完全な選択肢しか見えなかった。安全が保証されないのなら、若い略奪者たちを平和への解決策に取り込む方法を探るしかないことは最初からわかっていた。それを思うと気分が悪かった。あの男たちは、破壊行為を罰せられる代わりに報われることになる。けれどもこの不公正と引き換えに、何千もの人々の役に立つ、機能する市場が戻ってくる。

物別れに終わったデイヴィッドとジョナとの最初の会合から数日経って、アンドリューはもう一度難民キャンプを訪ねた。デイヴィッドとジョナは相変わらずアンドリューのことを頭がどうかしていると思っていたが、デイヴィッドは、別の形にせよ自分たちに負けないほど頭のおかしいこの男の話を聞いてみてもいいと考えた。

その頃、難民キャンプの人たちは飢えていた。国連機関の食糧配布は遅々として進まず、市場は機能していなかった。ジャミイ・ボラは難民キャンプの人々への食糧配布を任されていたが、市場がなくなった今、食糧の略奪に遭いやすいとアンドリューはわかっていた。そしてトラブルを起こす可能性が最も高いのが、まず市場を破壊し尽くした若い男たちだということも理解していた。そこでアンドリューは、デイヴィッドとその手下たちを雇い入れるという、リスクの大きい戦略的な決断をした。難民キャンプの人々が必要な食糧を手に入れられるようにすると同時に、若い男たちとの友好的な関係の構築に向けて一歩踏み出すためだった。彼はこう言った。「外部の人は誰も平和を確保してくれなかったし、選択肢は限られていた。コミュニティの最も緊急のニーズを満たせる選択肢を選んだ」

アンドリューは、誰もが何らかの利益を得られることを強調しつつ、すべての側がいくらかの損を引き受けることになる取引を交渉した。彼が目指したのは、コミュニティの現実に根差し、できる限り多くの人々に良い影響を及ぼす解決策だった。市場の再建のためにギャング団のメンバーを雇い、それから二〇〇軒の露店をギャングのメンバー一人に一軒ずつ配分するよう、市場の住民と交渉した。彼にできる最善の策は不完全なものだったが、その不完全な策のためにも、彼はありったけの力を自分の中でかき集めなければならなかった。

若い男たちは家を手に入れることはできなかったが、それぞれが商売の手段と人生を立て直す機会を手に入れた。市場の住民に対しては不安定な平和と、仕事に戻る機会、もう一度自分の足で立つ機会を提供した。

「いいですか、あの若者たちを手助けしてやれば、もう一度市場は動き出すでしょう」とアンドリューは言った。「手を差し伸べなければ、彼らはトラブルを引き起こすだけだ――若者たちは自分がここの正当な所有者だと思っていますから。それに彼らは他にどこにも行くところがない」競合する真実の間で裁定をする方法を見つけるのに非常に苦労したと、アンドリューは私に言った。この裁定が可能だったのは、彼が自分の目標に焦点を絞り、相手が誰であれ、できる限り頻繁にコミュニケーションをとったからだった。

良い選択肢がないなか、アンドリューは妥協する決断を下す勇気を持った――それが自分にできる最善のことだと認めたのだ。彼がいかに信頼を得てコミュニティを導いたかは、リーダーシップの素晴らしいお手本だ。暴動が発生した後、多くの組織が一時的にキベラを離れたが、アンドリューはジャミイ・ボラの活動を続けることに全力を注いだ。何か問題や意見の衝突が起きていないかを確認するために、市場の端にある空っぽの事務所に毎日姿を見せた。新しい市場は短期的な解決策にはなるが、緊張とその下に潜む傷を癒すにはもっと長い時間がかかることもわかっていた。

アンドリューは想像を絶するプレッシャーを切り抜けた。コミュニティのために自分の評判と命を危険にさらした。彼自身、自分の勇敢さに驚いているように見えた。その勇敢さをかき立て維持したのは、自分の生まれた場所とその住民、そして祖国に対して、常に積極的にかかわろうとする気持ちだった。自分に何が起こるかを選ぶことはできないが、どう対応するかは選ぶことができる。アンドリューは醜悪な現実に勇敢に対峙し、自分が何のために立ち向かおうとしているのか、さらには誰のために立ち向かうのかを知り、他の勇敢な人たちと協力した。みなの力で、市場の再建と平和の回復に成功したのだ。

アンドリューの挑戦はとてつもなく難しいものだったが、そうした困難に直面するのは彼だけではない。世界のリーダーたちは「白黒つかない状況」の中を進み、醜悪な真実をひるまず見据えて、とにかく決断しなければならないことがある。それを乗り越えて成果を上げるには、不完全さを認め、これ以上できないほどがんばっていると声を上げ、場合によっては、何もしなければどうなっていたかと比べてみるほかない。

どれも勇気を必要とすることだ。そして勇気を得るには積み重ねが必要だ。

トイ・マーケットで若い男が何の落ち度もない老人に山刀を振り下ろしたあの晩、私はスイスに飛んだ。翌朝、ふわふわした雪を背景に暖かな冬のコートにくるまれた、何不自由ない幸せそうな子どもたちに囲まれていると突然、めまいを感じた。長年の間に経験した暴力が次々とフラッシュバックした。メキシコの人気《ひとけ》のない道で喉元にショットガンの銃身を突き付けてきた農民。タンザニアのビーチで襲ってきた三人の男。グアテマラシティのバス停にいた見知らぬ男が銃を向けてきたこと。脳内にひっきりなしに記憶が浮かんできた。バレンタインの日の朝早く、マンハッタンの五番街を歩いていたら男にふいに腹部を殴られたこと。マレーシアで私より小柄な男性が攻撃してきたこと――私のほうが強く向こうを痛めつける結果となったが――を考えた。いつもその瞬間は果敢に闘ったが、出来事の記憶はよみがえり、つきまとってきた。

私は若かった自分のために涙を流した。そして信念に従ったゆえに、あるいは単に間違った場所にいたというだけで傷つけられ、殺された友人たちのためにも。ルワンダの教会に置かれていた遺体を、そして人間社会の一部である幾層もの暴力を思って涙を流した。

その夜以来、新聞や街頭での出来事がつらい記憶を呼び覚まして、不安の手触りとにおいを思い出す瞬間が何度もあった。不安はハルピュイアのように頭をもたげ、叫び声を上げる。こうした魔物を打ち負かすために必要なのは、私のアイデンティティが昔から頼みにしていたスキル(「敵」

に勇敢に立ち向かって痛みを振り払うとか、もっと本当のことを言えば、逃げ出すとか）ではなく、自分自身の弱さや自己不信を受け入れることだと理解するまでには長年かかった。自分の中の不完全さと壊れた部分を愛し始めるようになって初めて、ありのままの自分を見せられるようになった。今もまだその途上にある。

ずっと前に知れたらよかったのだが、今日になってようやく私は理解した。自分を被害者としてしか見なければ、自分自身の欠点を認めることができず、また他人の欠点を受け入れられなくなってしまう。逆に自分や他者を加害者としてしか見なければ、罪を償う機会が失われてしまう。もしまったく見ようとしなければ、萎縮した自分自身を闇の中に閉じ込め、成長と再生の望みを放棄することになる。すべて、私たちが全体性を発揮する可能性を妨げるものだ。

一二歳の私を襲った近所の人は生まれてからずっと、価値のない人間だと言われ続けていたのかもしれない。私には知る由もない。トイ・マーケットで山刀をふるった男は、他者の目に映らない、意味のない存在という感覚を内面化して、自分の痛みを他部族のせいにするほうが、自分でその責任を引き受けるより簡単だったのかもしれない——ちょうど、彼のコミュニティの裕福な人々にとって、この若者が力を発揮するのを妨げている構造的な障害を認めるよりも、彼一人のせいにするほうが簡単であるように。外面的であれ内面的であれ、個人的なものであれ構造的なものであれ、暴力の連鎖は際限なく続く可能性がある。

私たちがそれを止める勇気を持たない限り。

完璧な人生を送れる人は一人としていない。自分の壊れている部分を修復し、自分が内面化した痛みや自分が他人に与えた痛みを受け入れる勇気を見出したとき、私たちはようやくこの脆い世界を一新できる。私たち一人ひとりが全体性を取り戻すことが、集団の全体性を取り戻すことと必然的に絡み合っているのだと理解できるだろう。このような修復には、倫理に基づいた勇気、不安を直視する意志、そして自分と違う人たち、特に自分の家族や部族ではない人たちのために闘う意志が必要だ。

　だから勇気ある行動を実践することだ。そうすれば、自分自身や世界が勇気を最も必要とするときのために備えることができるだろう。

HOLD OPPOSING VALUES IN TENSION

第7章　緊張関係にある価値観を両立する

「五〇〇万軒の家を建てるというお約束なら喜んで投資させていただくところですが、五〇〇軒ですか？」富裕なベンチャーキャピタリストは、ほとんど滑稽なほど驚いてこう言った。「もう少し大胆になられては？」

二〇〇四年のことだった。私はカリフォルニア州のパロアルトに赴き、シリコンバレーの伝説の「メインストリート」、サンドヒルロードにあるオフィスを訪れた。ガラス張りの広々した部屋で私の向かいに座っていたのは、時は金なりと言わんばかりに押しの強い、自信たっぷりな態度の人物だった。そのベンチャーキャピタリストは、目まぐるしく台頭する新興ハイテク企業に大きく賭けて、何兆という金を得ていた。そうしたハイテク企業のいくつかは、少なくとも紙の上では、一夜にして億万長者を生み出したという話だった。自分がそのオフィスで、そういう人物に「忍耐強い資本《ペイシェント・キャピタル》」という考え方を売り込んでいるという皮肉を感じないわけにはいかなかった。

「忍耐強い資本というのはですね」と私は言った。「市場や政府が貧困層を見捨てた分野において、その課題に取り組もうとする起業家に、初期の投資をするというものです。アキュメンの忍耐強い資本は、新しいけれど確実なアプローチです」アキュメンは、寄付金を集め、貧しい人たちの役に立とうとする会社に一〇年間（ないしそれ以上）投資する、と私は説明を続けた。経営支援を提供し、新しい市場とネットワークを紹介し、長期的なパートナーシップを約束して貧しい人たちの生活にインパクトを与えられるようにサポートする。忍耐強い資本の焦点は、単に利益を最大化することではない。社会的なインパクトと金銭的なリターンという、緊張関係にある二つを両立することにある。

ベンチャーキャピタリストは、トレードオフに関する考え方に対して拒否反応を隠さなかった。「人に評価される、大きな利益が上がるビジネスを構築すれば、バイラルに成長していくでしょう」と、シリコンバレーでよく使われる（使われすぎて誤解されているともいえる）言葉を使って、彼は言った。

「そうですね」と私は言った。「しかし、短期的に利益の出るモデルの構築を前提にすることはできません。収入が限られ、信頼も揺らいでいる人たちに届くようにするには、市場とフィランソロピーの両方の強みを取り入れるバランスが必要です。そういうバランスを見出すことは、一夜にしてできるものではないのです」

アキュメンはパキスタンのラホール郊外に住宅五〇〇軒の建設を目指す新しい開発コミュニティに投資したところだと私は説明した。月面さながらの不毛な土地でスラム住民のための開発を行うには、電気や水道などのインフラだけではなく、パキスタン初のシャリアを守る（イスラームの宗教的法律に従う）低所得層向け住宅ローンをつくる必要があった。

ベンチャーキャピタリストは再び私の話をさえぎった。「ですが、五〇〇軒ですか？　あまり興味を引かれませんね」

「詐欺師が紙上で家を売りつけては姿を消す、そういう目に遭ったことのある低所得層の人たちの中で信頼を構築するのには時間がかかります」と私は言った。パキスタンの都市貧困層は、他の途上国と同様に政府のインフラがほとんどまったくと言っていいほどない、郊外の大きなスラム街に住む傾向がある。低所得層向け住宅に蔓延している官僚主義と腐敗に対処するには、時間が必要だった。そして住宅ローンは、月四〇～五〇ドルの家賃で生活をしている人々が出せる額でなければならなかった。

自分の話が弁解がましくなっているのが感じ取れた。ベンチャーキャピタリストの振る舞いに、私は焦り、言葉がうまく出てこなかった。私は明らかに説得に失敗していた。

「なぜそんなに小さく考えていらっしゃるのか、やはりわかりません」と、ベンチャーキャピタリストは繰り返した。「社会的企業はいつもこうなんですよ。隅のほうで小さく動いて、何かを本当に変えるということがない」住宅五〇〇万軒だったら興味を持ったかもしれないと彼は言った。

「ですが五〇〇軒？」と彼は繰り返した。「なぜわざわざそんなことを……」

今度は私がいら立つ番だった。この人は、私が今話した難しさを聞いていなかったのだろうか。その頃までに私は、低所得層のコミュニティに変化を生み出そうとする仕事を二〇年以上やってきて、貧困の現場には複雑な現実があり、解決には困難が多いことを理解していた。グーグルやアマゾンのようなテクノロジー・プラットフォーム企業に投資しているなら、確かに一夜にして何百万もの人に届くだろう。しかし貧しい人向けの住宅はどうだろうか？　そんなに簡単なら、パキスタンで七〇〇万軒もの住宅不足に陥るはずがない（今日、その数は一〇〇〇万軒に近づいている）。

「なぜわざわざそんなことをするか、ですか」と私は応じた。「わざわざやらなかったら、現状から抜け出せないからです。そして最も変化を必要としている人たちにとって、今のやり方はうまくいっていないのです」アキュメンが辛抱強く、かつ早急に取り組まなければならない理由を私は繰り返した。「大胆になりますよ」と私は言った。「成長して規模を大きくできるモデルをつくれたらすぐに。そういうモデルをつくり出すには、未知の領域でイノベーションを起こす必要があるのです」

ベンチャーキャピタリストは納得しなかった。彼は投資を見送った。

このような堂々巡りは、問題の解決に新しいアプローチを試みる人なら誰もが直面するものだ。私は、国際開発で何がうまくいかなかったかを実体験をもってまざまざと描き出すことはできたが、忍耐強い資本モデルがどれほど確かにうまくいくか、証拠を示すことはできなかった。説明できたのは、何がうまくいく可能性があるかだけだった。うまくいっている証拠を示すとなると、私のチームと私にできることはあまりなかった。私たちにできるのは、成功する可能性のあるイノベーションを探して支援し、成功するまでともに歩むことだった。

ミーティングを終えた私は、忍耐強い資本モデルのメリットをベンチャーキャピタリストに納得してもらえなかったことに気落ちし、このモデルが真剣に受け止めてもらえるまでには何年もかかるかもしれないと考えて弱気になった。

私にとってさらに理解しがたかったのは、忍耐強い資本モデルを拒否した投資家たちが一転して、長期的な成功の見込みがほとんどない、トップダウン型の派手なベンチャー企業に何百万ドルも資金を提供していたことだった。二〇〇〇年代初め、多くの善意の起業家兼寄付者が、学校を何千校も建設するとか、地域コミュニティと「縁組みする」とか、水を汲み上げる斬新な方法としてメリーゴーランドをこしらえるといった壮大な宣言をした。解決策の規模拡大に大きく懸け、短期間に膨大な利益を配分できると大胆に約束をした。この方程式に欠けていたのは、貧しい人々が何を必要とし、求めているかにまず耳を傾け、実際にうまくいくビジネスモデルの構築に焦点をしっかりと当て、そのうえで数百万人に届けるべく規模の拡大に取り組むという謙虚さだった。

数年間、巨額の費用を注ぎこんだ末、多くのプロジェクトは頓挫し、空っぽの学校や壊れた井戸、そして、いっそう権利を奪われ、不信感を強めたコミュニティが残された。フィランソロピストは去った――一部はこの経験から学び、一部は自分自身の選択を検証することなくコミュニティを非難して。複雑な問題を「特効薬」や単一のアプローチで解決できることはめったにない。変化をもたらそうとするリーダーたちは、相反する価値をどちらも排除せずに両立させなければ成果を上げることはできない。

別の未来を思い描く大胆さを持たなければいけないという点では、ベンチャーキャピタリストは正しかった。月面着陸を目指すジョン・F・ケネディの大胆なビジョンに動かされて、アメリカは不可能だったことをやり遂げたのだ。私たちは大胆でなくてはならない――世界中の人々との関係性のあり方を変えたテクノロジーを新しい世代が生み出したときのような大胆さだ。そして、そうした大胆さとともに謙虚さをバランスよく保ち、自分の行動が予期せぬ影響を与えるかもしれないことへの配慮と責任を忘れてはならない。

システムを変えるためには大胆さと謙虚さのバランスをとる必要があるが、投資における説明責任と寛容さにもまた、バランスが必要だ。現代に至るまで組織は、その両方を包括するのではなく、どちらか一方をより重視してきた。ビジネス・セクターは説明責任と効率を、フィランソロピー・セクターは寛容さを。アキュメンは、非営利と営利両方のセクターの橋渡しをしているため、財政上の問題を抱えた投資先企業をアキュメンが資金を出して助けるべきだという電話が共同投資家からかかってきたことが一度ならずある。アフリカにいた共同投資家が、土曜の朝、ニューヨークにある私の自宅にかけてきた怒りの電話は忘れられない。問題を抱える会社に対して共同投資家全員が同じ財政的条件で協力するべきだと、私のチームが強く主張したのが気に入らなかったのだ。その投資家は、アキュメンだけで財政状況の危険な荒海を渡り、その会社を救済すべきだと考えていた。

「なぜアキュメンだけなのですか」と私は尋ねた。「なぜ一緒に支援していただけないのでしょう」

「そちらは忍耐強い資本だ」と彼は答えた。「助ける力があるはずだ」

私は思わず声を上げて笑いそうになった。彼が代表する組織のほうがはるかに大きく資金も潤沢で、アキュメンより財政的リスクを冒せるはずだったからだ。

「アキュメンは確かに寛容になれますが」と私は言った。「しかし、同じくらい説明責任にも焦点を当てています。あの会社の将来に興味をお持ちなら、どうするのが一番いいか、一緒に検討しましょう――そして、それに際して同等のリスクを負いましょう」

私の答えに強烈な反応が返ってきた。「あなた方は声高に愛について語るが」とこの投資家は言った。「いったんこうなると、他の人たちと何も変わらない」

あきれるほかなかった。「すみませんが、私たちの取り組みは忍耐強い資本です。能天気な資本ではありません」と私は言った――彼の気に障るだろうと思う言葉を意図的に使った。私はもちろん、愛を信じている。しかし本当の愛には、期待をかけること、その期待に沿える能力を相手が獲得するのを手助けすることが求められる。それは、居心地の悪い会話をいとわず、財政面の介入をいつどのようにやるかを見きわめ、いつ救済が依存を生んでしまうかを理解する、ということだ。本当の愛とはソフトなスキルではない。特にこのときは、経営難に陥っている会社に対して、そして市場に対して、メッセージを送る必要があった——すべての投資家がこの会社を信じて、業績を上向かせるために全力でともに働いている、と。

利益を上げることだけがビジネスの役割だとみなす人々は、「あれかこれか」の思考に従うことが多い。けれども、利益だけが社会的価値の証拠なのだと最初から決めつけてしまうと、クリエイティブに、協力的に、建設的に、そして言うまでもなく現実的に考える力が阻まれてしまう。逆に、慈善事業や行政だけに依存するのも、やはり限界がある。人々が相互依存する世界では、「あれもこれも」の思考を採用して、目的と利益、寛容さと説明責任、コミュニティと個人を両立するようになって初めて、成果を上げることができる。

「あれもこれも」の思考を堅持するには持続的な努力が要る。利益だけに焦点を当てたり、あるいは財政規律を無視して心の琴線に触れるままに資金をばらまいたりするほうが、はるかにたやすい。しかし安易な解決を求めていては、実質的な変化を実現することにはならないだろう。

一五二七年、イタリアの思想家ニッコロ・マキアヴェッリは、愛による統治と恐怖による統治——寛容さと説明責任にあたるもの——の間の緊張関係について書いている。マキアヴェッリの主君は恐怖のほうが望ましいと考えたが、今日の若いリーダーたちは愛でもって導きたいと話すことが多い。しかし、恐怖、すなわち説明責任がそれだけでは人を傷つける懲罰的なものになり得る一方で、愛、すなわち寛容さだけでは恩恵を当然視する権利意識や依存を生み出すことがある。両方揃ってこそ、そのバランスの上で進歩することができる。

世界がますます深くかかわり合い、組織が多様化するにつれて、相反する価値のどちらも排除することなく保つ能力は、解決構築の非常に重要なスキルとなっている。シンプルなマントラ「すっきり割り切れない感覚は、進歩と表裏一体のものだ」を頭に入れておこう。不安があると決断しにくくなるかもしれないが、良心と理性の両方に支えられていれば、不安は自分がどういう力に向き合わなければならないかを見定めるのに役に立つ。

本章の冒頭に書いた五〇〇軒の住宅開発をした若者、ジャワド・アスラムは、相反する価値を維持するスキルを磨いてきた。何年もかかったが、両方の視点を理解し、認識することを学んだ。だからこそ彼は、常に辺境に追いやられてきたコミュニティにとって単なる住宅ではない、「家《ホーム》」を建てることができたのだ。

私は二〇〇六年、ジャワドがパキスタンに来て約一年後にラホールで彼に会った。ジャワドはボルティモア出身のパキスタン系アメリカ人で、商業用不動産でキャリアを確立していたが、二〇〇一年九月一一日の同時多発テロをきっかけに、もっと何かしたいという強い願いを抱くようになった。多くのアメリカ人がムスリムに対して不信感を持つのを身をもって体験し、自分の宗教的アイデンティティが深まるのを感じた。両親の祖国を訪れて役に立とうとするのにふさわしい時が来たように思えた。

パキスタンに来たジャワドは、同国のアフォーダブル住宅（適正価格住宅）の取り組みの第一人者であるタスニーム・シディキのもとで修業した。シディキは、サイバンというプロジェクトを率いるチャンスをジャワドに与えた。サイバンを維持していくために、住宅開発は十分な収益を上げる必要があった。ジャワドは当初から、単に物質的な建物だけでなく、コミュニティを築くことに心を砕いた。コミュニティに積極的に参加することを条件に、どんな人でも住宅購入者として歓迎した。多くのアフォーダブル住宅のデベロッパーと違って、ジャワドは基本的なサービスや安心感、そして社会的な結びつきを提供することも自分の責任なのだと感じていた。彼は、公園と共有スペースの手入れの手伝いを住民に頼み、それによってコミュニティ意識をつくり出した。その一方で、個々の世帯が選択肢と自由を得られるよう支援した。

相反する人々を結びつけたのはコミュニティのモスクだった。サイバンでは、あらゆる信仰を持つ人々を受け入れており、ラホールのスラムだけでなく、車で一五時間かかるカラチのような遠方から来た人たちもいた。住宅購入者には、イスラームのほとんどの宗派の人がおり、またヒンドゥーやキリスト教の家族も少数いた（ヒンドゥー教徒とキリスト教徒は、それぞれパキスタンの人口の約二%を占める）。各宗派は、毎日の祈りのためにモスクを使うことを希望していた。けれども、モスクが一つしかなかったため、それぞれの宗派の望むとおりにはできなかった。共有コミュニティというアイデアを実現するなら、すべてのムスリムに一緒に祈るよう求めるのが最善の方法だとジャワドは考えた。これによって、各宗派がこの新しい場所に移ってくる前は享受していた独立性がいくらか失われることになる。

モスクは共有されるべき場所であり、共有され得るという考えのために、当初、ジャワドは孤立した。同意する人はほとんどいなかった。現代のパキスタンでは、イスラームの異なる宗派の礼拝者がモスクに集まることはふつう目にしない。キリスト教で言えば、カトリックもプロテスタントのさまざまな宗派も日曜日の同じ礼拝に出席するということだ。けれどもジャワドは、一見すると急進的な自分のアイデアは、現代社会の多様性という文脈の中でコミュニティの価値観を一新するチャンスになると考えていた。

それに、パキスタンではかつてモスクを共有していた時代があった。一九七〇年代初めまで、コミュニティの多様な人々が毎週地元のモスクに集まって一緒に祈っていた――スンニ派のデオバンド派やバレルビ派、さらにはシーア派の人々もいた。

ジャワドは、自分たちに都合がいいことを求めがちな現代の趨勢に屈するのではなく、みなにとって何が最善かに目を向けるよう粘り強く主張した。彼は、各家族が自分たちの思いどおりの家を建てられるよう支援しつつも、このコモンズという考え方を実現しようとしたのだ。住民たちは、自分の好みに合わせて自分の家を建てられることを大いに喜んだが、毎日のうちで最も神聖な時間を、どれほどわずかな違いであれ自分たちとは伝統の異なる人々と共有しなければならないのを嫌がる人は多かった。

何カ月にもわたって、ジャワドは交渉し、機嫌を取り、対立する宗派の間をとりもった。「つかみ合いになって、話し合いを止めなければならないときもありました」と彼は振り返る。住民は、「自分たちだけ」という居心地のよさと安心感を得たがっていた。それでもジャワドは、自分の根本的な目標を見失うことは決してなかった――多様で平和なコミュニティをつくり、最終的には帰属意識を強く持てるようになることだ。

一年以上経ってからようやく、ジャワドと宗派の代表たちは合意に達した。コミュニティはみなの尊敬を集めるイマームを選出して、このイマームが日々の祈りを指導し、すべての宗派がともに座って祈った。

二〇一〇年五月、夫のクリスと私は、この住宅地を訪ねてジャワドに会う計画をしていた。その前日、テロリストがラホールの二つのモスクを襲撃し、金曜日の礼拝中に一〇〇人近くを殺害した。この悲劇は、他者に対する憎悪と恐怖によっていかに人が忌むべき殺戮を行うに至るかを、容赦なく思い起こさせた。ショックと悲しみのなか、私たちは計画を予定どおり実行することにした――ラホールを見舞ったばかりの衝撃的な暴力へ対抗の意を示すために。

ラホール郊外からサイバンまで車を走らせる二五分間、クリスと私は黙りこくって座っていた。二人とも口には出さなかったが、不安だったのだ。けれども、サイバンに到着して懐かしい公園を歩いていると、そうした不安は消えていった。公園は笑い声を上げる子どもたちやその親たちでいっぱいだった――私が何年も前に来たときは植えられたばかりで小さかった木々が大きく成長していて、その下で親たちがくつろいでいた。小さな店ではたくましい腕をした女性が、おしゃべりをしている近所の住人たちに飴やちょっとした物を売っていた。束の間、私たちはわずか数キロしか離れていないところで起きた暴力を忘れた。世界の小さな一画に、平穏と安心の場所があった。

クリスは、このコミュニティが自分の知っているアメリカの郊外――世帯同士が互いに離れていて、干渉し合わない――より活気があると指摘した。私は、サイバン住宅開発が始まった頃、共有スペースの緑の維持管理を住民に任せようとして、ジャワドがどれほど苦労していたかを思い出した。彼は木を植え、住民も加わってくれることを期待した。ところが当時、住民たちは感謝こそすれ、何の手伝いもしなかった。ジャワドは、それは恥ずかしいことだと住民に思わせようとした。それもうまくいかなかった。しかし、家が増えるにつれて、自然と地区同士で穏やかな対抗心が生まれ、各地区が自分のところの公園を一番よくしようとした。その結果、最終的には都市に準じる美しいオアシスとなった。

私たちは長老のグループを訪ねた。みな男性で、モスクの外に座って言葉を交わしていた。長老たちはコミュニティに対する誇りを話してくれた――いかにしてここが住民にとって希望の場所となったかを。子どもたちはいい学校に通っている。仕事も見つかるようになり、バスが定期的に労働者を町に運んでいる。モスクについても、何もかもがうまくいっていると言った。なかの一人は、ラホールで最近の宗派間暴力が起きている間も、自分たちのコミュニティは平和がまったく乱されなかったと言った。

ジャワドが一人ひとりの要望に耳を傾け、その要望と「頑健なコミュニティをつくる」という自分のビジョンとのバランスをとるために、精も根も尽き果てるような、針のむしろに座るような時間をどれほど多く費やしたか――私は彼にあらためて振り返ってもらった。

ジャワドはほほ笑んだ。「ここの人はみな都市部から移り住んできたんです」と彼は言った。「ここが誰でも受け入れる場所だと聞いて、カラチのような遠いところから来た人たちもいます」そして続けた。「彼らは好き好んで移住したわけではありません。故郷と呼んでいた場所を離れなくてはならなかった何らかの理由、苦境があるんです。私たちの仕事は、そういう人たちがスムーズに移り住めるようにすることです。その代わり、彼らのほうも、自分とは違う他の人と一緒に住むことを学ばなくてはならない。それによって、彼らは喪失感を覚えたこともあったでしょう」つまりジャワドは、単に個々の住宅の開発だけでなく、コミュニティの構築が必要だと考えていたのだ。

個人とコミュニティ、自由と所属、競争と協力の適正なバランスを見出して維持するには、モラル・リーダーシップが必要となる。なぜならそのバランスは、全体をより良くするために建設的な対立を受け入れることによってのみ、発見し得るからだ。ジャワドのような取り組みは、新しい社会インフラのモデルとなり得るだろう。すべての人が大切にされるコミュニティでは、一人ひとりが避けることのできない緊張に向き合う必要があるが、うまくいけば人々の最良な部分を引き出す可能性を持つのだ。

自分自身や自分たちの組織、自分たちの社会の中にある緊張に目を閉ざしても――緊張を内にとどめて、表に出さなくても――緊張は消えはしない。それどころか、複雑な問題や決断を扱い始めた途端に、そこに横たわる差異によって対立はいっそう悪化する。鍵を握るのは、論争の双方の側が耳を傾けられるような方法で緊張を認識し、それに声を与えることだ。ときには、誰にもありがたがられない仕事なのは間違いないが、それでもそれはモラル・リーダーシップの実践の土台となる。

二〇一七年冬、インドとパキスタンの約二〇人のアキュメン・フェローが話し合うビデオ・ディスカッションを企画した。フェローの大半はそれまでお互いに会ったことがなく、それどころか、インドとパキスタンを分ける国境の「反対側」にいる人と直接対話したことが一度もない人たちもいた。けれども両国間の緊張が高まっていることに対して、どちらの側も自分たちを分断する境界を越えるようなことを実践したいと強く思っていた。

両国のフェローたちは基本的なルールを設け、相手が言うことの中に何らかの真実を探すことを自らに課した。互いに対して持っている偏見もあえて口に出した。ほとんどの場合、彼らはきちんと耳を傾けた。勇気のある、穏やかな対話だったが、ときにはつらい緊張に満ちた。

私はディスカッションの後、両国それぞれのフェローたちに話を聞く機会に恵まれた。一人のパキスタン人女性が、ビデオ対話の間、自分がどれほどナショナリストだと感じたか、ほとんど謝らんばかりに話したのが忘れられない。「突然、純然たるパキスタン人になって、束の間、不信感を抱いたのです。後から恥ずかしくなりました」と彼女は打ち明けた。これをきっかけに、アイデンティティをめぐって、また他者に歩み寄ってその視点を理解する力がアイデンティティのためにいかに妨げられるかをめぐって、彼女と重要な会話をすることができた。

ディスカッションの数カ月後、ムンバイを訪ねたとき、インドのアキュメン・フェローと話す機会があった。このときもアイデンティティをめぐる会話になったが、そこで出てきたのは、居心地のいい場所に安住するほうへ押しやる社会的な構造の中で、緊張と向き合い続けることがどれほど困難かを如実に示す話だった。一人の若者が、この危機の時代に対話に参加し、文化的・政治的差異を越えて歩み寄ったことを誇りに思って、ビデオのスクリーンショットをフェイスブックに投稿した、と言った。

「ほとんどすぐに」と彼は言った。「ヘイトを浴びせられたんです。一番傷ついたのは、最も激しい怒りの反応のいくつかが幼なじみから来たことでした」

その晩自宅で、彼は自分の経験を両親に話した。共感してもらえると思っていたのだ。ところが、激怒という暗い壁にぶつかった。

「社会起業家になると決めただけでもとんでもないことだったのに」と彼の父は叱りつけた。「今度は敵と付き合っているのか。お前のおじさんはインド・パキスタン分離独立のせいで死んだんだ。インド軍には親類もいる」

「家族といるか、それとも敵の味方になるか、どちらかを選べ」と彼の父は続けた。「真のインド人であるかどうか、自分で決めるんだ」

若者は悲しげに私を見て尋ねた。「インドの愛国者と地球市民の両方になることは可能なのでしょうか」

こうした言葉を耳にするのは心が痛んだ――ただ、驚きではなかった。二一世紀の初めはあらゆる場所で緊張が高まり、信用ならない部外者をつくり上げることによって強さを見出そうとする内向きの集団が幅を利かせている。

私は彼に言った。「もし、他の人や国を犠牲にして一番になろうとすることを愛国と定義し、自国の問題を他人のせいにして取り組もうとしないなら、愛国者であると同時に地球市民であることはできません」

彼はじっと私を見ていた。

「でも」と私は続けた。「二つのことを両立できれば、あなたは紛れもなく愛国者です。国民の幸せに対する責任を育むような帰属意識をすすんで示そうとすること。そして、自国の素晴らしいところを世界の他の国々と一緒になって称賛すると同時に、他国の素晴らしい側面も認めること。世界はそういう愛国者をもっと大勢必要としています」

どんなに強固な関係でも家族でも、そのしっかりした結びつきが続いていくには、強い個人がそのなかにいることが必要だ。それと同じように、国際社会は、自国の可能性のために働きつつ、グローバルなコミュニティに貢献するような、健全な国を必要としている。今日の問題（気候変動、不平等、難民、病気やテロの発生）に国境はない。一方に自国の優先事項、もう一方にグローバルな緊急の課題という、不安定な緊張を同時に抱えていくことができて初めて、問題を解決できるだろう。それぞれが自国に根差すと同時にグローバルに結びつき、世界から受け取るよりも多くを与えるような、そういう持続可能な地域、会社、国を築くことに取り組まなくてはならない。

愛国者であると同時に、地球市民であることはできるだろうか。

絶対にできる。誇りを持ってやるべきだ。たとえときには居心地の悪い思いをしてでも。

どの国でも似たような会話を耳にする。恐れを抱けば、私たちは差異を強化するイデオロギーの人質にされてしまいかねない。何を失うのかよくわからなくても、その何かを失うことを恐れて、相手の話に耳を傾けることを止めてしまう。

例えばアメリカでは、移民と難民に対する恐れによって、人々は二つの怒れるグループに分断されてしまった。「壁を建設せよ！」と一方は叫ぶ。「国境を開放せよ！」ともう一方も同じ怒りで応じる。どちらの側も、自分の正義感に満足しているだけで、お互いの立場の細部にはかまおうともしない。

極論が議論を支配するのを許せば、どんな選択にもつきものの、苦渋のトレードオフやコストに直面しなくて済む。そして、自分たちが思っているより優れた存在であることを再発見する機会を自らつぶしてしまう。

心を静め、一見相反するように見えてもどちらの側にも真実があるということを認めて初めて、私たちは人間的で効果的な解決策を見出すことに望みを持てる。スピードを緩めて歩み寄り、他者が言っていることの中に真実を、あるいは真実の半分でも見出したらどうだろう。貧困や不平等や気候変動に苦しんでいる世界、富裕国では人口が減少する一方、貧困国では人口が増加している世界では、移民問題に対する容易な解決などないということを、双方が認めるのではないだろうか。アフリカ大陸の人口は、二〇五〇年までに倍増し、二一〇〇年には四倍近くなると予想されている。はるか遠くにある、不安な真実を思い切って認めて初めて、私たちがともに抱えている問題を解決するチャンスが得られるのだ。

ルーミーは書いている。「悪行と善行という考えを越えた彼方に、開けた場所がある。そこで会いましょう」。八〇〇年経った今、この昔の知恵に新しい意味を吹き込まなければならない。現代のモラル・レボリューションに必要なのは、自分自身の中、あるいは自分と他者の間にある矛盾から逃げないことだ。私たち一人ひとりにとって最初のステップは、「あれかこれか」の壁を越えてその先に行き、相反する視点の中に存在する真実を認めることだ。

自分自身とは反する見方を持つ人とかかわるときは、三つのステップを意識してみよう。第一に、熱心な好奇心を持って、相手側の議論の中に真実を探す。第二に、共通するものがあるかもしれないと認めて、相手のほうに一歩――たとえ小さな一歩でもいいから――歩み寄る。そして第三に、自分自身の本質をしっかりと持ちつつ、自分のアイデンティティの他の側面を軽やかに受け入れる。変化と学びに対してオープンでなくてはならない――相手にも同じことを期待するなら。せかせかしたベンチャーキャピタリストと話しているときであれ、政治の地雷原をつま先立ちで歩いているときであれ、こうしたスキルは、前に進むためのより良い方法を見つける手助けとなる。誰もが気に入るような方法ではないかもしれないが、いっそう多くの人がともに歩んでくれるようになるだろう。

サイバンへの融資をアキュメンに返済した後、ジャワド・アスラムは同様のモデルに基づいて、営利の住宅開発に乗り出した。パキスタンに初めて着いてから約一〇年、その住宅会社の住宅の半分を順調に販売し、アキュメンをはじめ投資家に大きなリターンをもたらした。また、パキスタン全土で持続可能なコミュニティを構築するために、アキュメンより住宅建設の経験が豊かな戦略的パートナーから二五〇〇万ドルを集めた。

そしてそのときもジャワドは、相反する価値のバランスを取りながら、成功をみなで共有した。会社の売り上げの五〇%の取り分を自分のものにするのではなく、お茶汲みの若者まで含めた社員みなに分けたのだ。住宅ローンを貧しい人たちにも手の届くものにできること、そして同時に貸し手にとって持続可能なものにできることを、ジャワドは証明した。

シリコンバレーのベンチャーキャピタリストとはるか昔に交わした会話を考えずにはいられない。あのベンチャーキャピタリストは、ジャワドの業績をどう思うだろう。ジャワドは八〇〇軒の住宅を建てたうえに、適正価格の持続可能なコミュニティ開発のモデルを構築し、無数の人たちがそのモデルから学べるようにした。パキスタンの住宅政策がいっそう透明でアクセス可能なものになるのを手助けした。そうして彼は人生を通して、変化をもたらそうとする世界中の人々に刺激を与えているのだ。

ジャワドは、彼の会社へのアキュメンの投資に対して健全な金銭的リターンをもって返済したが、彼と私たちのパートナーシップはずっと続いていく。ジャワドは今、アキュメンのグローバルアドバイザリーのメンバーで、私たちが新たな課題に取り組むのに力を貸してくれている。たとえ事態が違う展開をし、ジャワドの住宅開発が失敗していたとしても、自分の使命をしっかり持ち、緊張を受け止め、袂を分かつことになっても正しいことをする勇気を見出したことで、ジャワドは貴重なもの――人間性を築き上げただろう。

私たちは他者を理解しようとするとき、最良の自分自身の萌芽を見出す。

サンフランシスコが直面している住宅危機のことを考えずにはいられない。はるか昔、ベンチャーキャピタリストと会話した場所からすぐ近くのこの街で、世界で最も成功した企業数社が、自分たちのつくり出したにわか景気の意図せぬ影響に直面している――格差が拡大した結果、ホームレスが急増しているのだ。ジャワドの学び、経験、そして人間性は、今日、サンフランシスコにとってどれほど貴重なことだろう。ここでもやはり、解決には大胆さと謙虚さの両方が必要となる。

どの家族、組織、コミュニティ、国にも、私たちが恐れずに出会うべき、「開けた場所」がある。モラル・レボリューションにおいて求められるのは、「あれかこれか」の壁を越えて歩み寄り、対極に存在する真実を認めるために、私たちみながもっと力を尽くすことだ。私たちの解決策は、それぞれの側の真実あるいは部分的真実の中、すなわち「悪行と善行という考えを越えた彼方」にあるのだから。

AVOID THE CONFORMITY TRAP

第8章 一般的慣行の落とし穴に陥らない

二〇〇八年の金融危機の数カ月前、スイスのある一流銀行家が、準備中の新しいファンドのアドバイザリーカウンシルに入らないかと声をかけてくれた。ファンドはマイクロファイナンス組織に投資し、投資を受ける組織は途上国の貧しい女性たちに少額（三〇～数千ドル）の融資を行うという。「このファンドは、私たちのポートフォリオの中でも最高の金銭的リターンを生み出すことになり」とこの熱心な銀行家は言った。「それに伴うリスクはほとんどありません」

私はみぞおちのあたりに引っかかりを感じた。「ということは、声をかけていただいたファンドは、スイスの銀行が裕福な人々にはほとんどリスクなしに、世界で最も貧しい女性たちから最高のリターンを得ることを計画しているものだということですか。おかしいとお思いになりませんか」

銀行家はすかさず答えた。「貧しい人たちから金を巻き上げるというふうにお考えいただかないようにお願いしますよ」

「それならどう考えればいいのでしょう」と私は尋ねた。「お話ですとこのファンドは、そ、ち、ら、が、運、営、し、て、い、る、す、べ、て、の、フ、ァ、ン、ド、の、中、で最高のリターンを生むということなのですよね」

銀行家は少したじろいだ。「おっしゃるとおりですが」と彼は言った。「ファンドがマイクロファイナンス銀行に投資するのは、正しい方向への一歩だとお考えになりませんか。これによって、成長が必要なセクターに資金が流れ込むことになる。善をなすことによって利益も生まれるチャンスなのです」そしてこう付け加えた。「あなたのような方が当方の銀行とかかわりを持ってくだされればありがたいです」

銀行家のお世辞に、不信感がよぎった。「これまで低所得層市場への興味を持っていなかった投資家向けに、高いリターンを謳っているというのが気になります」

「しかし、アドバイザリーに入っていただければ資金の潤沢な投資家とお会いになれますし、当銀行とも関係を築いていただけて、ご自身の資金集めに役立つ可能性があります」と銀行家は答えた。

私はしばらく黙って、何が引っかかっているのか考えた。スイスの銀行家は、自分のファンドがポジティブなインパクトを生み出すことに、本当に期待を膨らませているようだった。しかし同時に、強欲が報われるシステムの中にとどまったまま、そのシステムがはたして貧しい人々に「善」をなすという約束を守るのか、どのように守るのかを考えることなく、従来型の金融商品をつくっていた。私の思いは複雑だった。低所得層の人たちに適正な融資へのアクセスを提供して、彼らの能力と選択肢を広げるという戦略的必要性を信じていたし、今もそれは変わらない。アキュメンでも、自分たちの投資が最大の変化をもたらすと考えたときには、忍耐強い資本をマイクロファイナンス組織に投資し、設立を支援してきた。

そのうちにはたと気づいた。スイスの銀行家とアキュメンのアプローチの重要な違いは、それぞれが手段と目的をどう認識しているかにあった。銀行家は、金銭的リターンを目的と見ていた。貧困層の役に立ったら――まあ、それはおまけの恩恵だった。彼は自分のファンドが投資していたマイクロファイナンス銀行を一度も訪れたことがなかったし、マイクロファイナンス銀行の借り手である低所得層の人にも一度も会ったことがなかった。私の不信感は彼個人に対してではなかった。彼が役に立ちたいと言っている貧しい人たちが自分の生活でポジティブな変化を経験するかどうかに基づくのではなく、短期的な収益性に基づいて決断を下すシステムに対するものだった。

　距離があると、モラル・イマジネーションはいともたやすく鈍るものだ。この銀行家の場合、「善をなしつつ利益も生まれる」商品を投資家に販売できるという考えで頭がいっぱいだった。融資をしたり受けたりする人たちから地理的に距離があり、そのために気持ちのうえでも距離が生まれていた。銀行家にとって重要だったのは、シェアホルダーのために高いリターンを生み出すことだった。私にとって重要だったのは別のことだった。私は市場というツールを、目的としてではなく、貧困を解決する手段として使いたかった。銀行家と私は別の舞台で、別の意図を持ってゲームをしていたのだ。私は声をかけてくれたことに感謝を述べたが、アドバイザリーボードに加わる機会は見送った。

　非常に貧しい人々のための商品が、非常に富裕な人々がリスクを払わなくて済み、善をなしながら法外な利益を生むものとして売り込まれるとき、一つの倫理的な問いが生じる――極度の不平等が存在する世界で、どのような経済システムが公正か。シェアホルダーのリターンの最大化を唯一の目的として構造化されたシステムをそのまま受け入れて従うなら、この倫理的な問いに答える責任を私たち一人ひとりが回避していることになる。

　従来型の市場の優先事項をそのまま受け入れて従うのは落とし穴であり、そこに陥れば正しいことをするのが非常に難しくなる恐れがある。取引の効率性ではなく、倫理的な選択によって決断する場合、どんなリスクがあるのかがはっきりした途端に迷いが生じるのが常だ。もし私が、あのファンドの活動に影響を与えるために、銀行家から誘われたアドバイザリーボードに加わることにしていたら、確かに、アキュメンを支援してくれる可能性のある有力者と出会っていただろう。けれども私が最終的に重視したのは、株主資本主義の流れに逆らうことを、少なくとも頭から否定しない人とパートナーになれるかどうかだった。

数カ月後、金融崩壊が起き、経済システムは報いを受け、そしてほとんどすべての人がその影響をこうむった。アメリカでは、ウォールストリートでもメインストリートでも同じように、多くの人が財産を失った。何百万人もが家を失った。金融システムが制御不能になったという意見に、ほとんどのトレーダーが同意した。それでも彼らは自分たちの行動を弁解して、法に触れることは何一つ、一度たりともしていないと言い張った。自分たちのしたことが正しかったのかという問いに、社会とともに取り組む意志も能力も持ち合わせていなかった。一方、経済的な余裕のない何百万もの人たちは、「簡単に儲かる」という約束に釣られて自分の財産を危うくし、恐ろしい代償を払った。結局、すべての人が負けたのだ。あのスイスの銀行家は、マイクロファイナンス投資ファンドを離陸させることができずじまいだった。

正しいことをしようとどれほど固く心に決めていても、私たちはみな、私たちが選んだシステムの中で一般的慣行の落とし穴にはまる危険がある。「勝ち」たい、成功しているように見せたい、尊敬されているように、あるいは力を持っているように見せたいと思うあまり、安易な方法を取り、ささやかな嘘をつく。周りの人が別の集団の人々のことを悪く言うとき、自分の言葉を呑み込む――私たちが悪人だからではなく、同僚や友人、宗教指導者やクラスメイト、両親や兄弟に、弱虫とか不誠実とか、ナイーブすぎる、単純だ、あるいは愚かだと思われなくないからだ。そしてときには、のちに周りへ害をもたらしてしまうことになる。ああはなりたくないと言っていたような人間になってしまう。

不安は私たちが生きるシステムの中で発生する。誰を基準にして自分のことを測るか。誰の意見が自分にとって重要か。勝利というものはどのような姿をしているか。

容易な方法に流されずに正しいことをするためには、倫理に基づいた勇気を奮い起こす必要がある。そのためには、一般的慣行に従うことが善の力になるときと、そうならずに私たちの良心を圧殺してしまうときを知らなくてはならない。神学者ラインホルド・ニーバーは、「集団は個人よりも反倫理的だ」と書いている。私たちは、自分より大きなシステムに責任を押し付けることによって、「歩調を合わせる」しか選択肢はなかったのだと自分を納得させがちだ。けれども、変化を生み出すという夢に従って行動するなら、より良いシステムをデザインするために必要な関係を構築しながらも、孤立をいとわない根性を見出さなければならない。

身近な落とし穴を示す警告を書き出してみれば、下手な詩さながらだ。

いつもどおりにやればいい
みんなやっていることだ
馬鹿だと思われたくない
自分がやらなくても誰かがやるだろう

他の人は誰も何も言ってない
目的が手段を正当化するだろう
他に選択肢はない
自分のためだけにやってるんじゃない
期待されているんですよ
それに、今回だけですから……

自分や周りの人が口にする自己正当化の言葉によって説明責任から遠ざかってしまう。自分のファンドが影響を及ぼそうとしていた人たちと気持ちのうえでかけ離れていたあのスイスの銀行家と同じように、自分の行動から自分を切り離すのはたやすい。けれども、自分自身の倫理指針に従って選択肢を考え、長期的展望を持つことは可能なのだ。一緒にいるときに自分が正直でいられる人たちや、孤立したときあるいはもっと悪いことが起きたときに寄り添ってくれる人たちを大切にすることだ。「ふつう」の定義を変えないかぎり、いつものやり方を変えることはできないままなのだということを覚えておこう。

また、解決を提案すること――もっと踏み込むなら、自分の評判を危険にさらしてでも解決を提案すること――なしに、事あるごとに欠陥を探し出す批判屋になるのも簡単だ。だから、一般的慣行の落とし穴だけでなく、完璧主義の落とし穴にもはまらないようにすること。何かを築き上げようとするなら、より重要な目標のために妥協するしか選択肢がない、という局面が間違いなくあるだろう。アンドリュー・オティエノがキベラの市場再建のときに、白黒はっきりしない決断をとらなければならなかったことを思い出してほしい。モラル・リーダーシップには、私たちの求める長期的な変化が実現できるよう、短期的な成果に対しては適切に妥協する判断が求められる。

変化のためには、一般的慣行をすっぱりと捨て去る必要がある。一八六五年までアメリカでは奴隷制が当たり前のことだったのだ。奴隷法制の廃止は、当時の倫理的習慣に逆らうことをいとわなかった少数の勇敢な個人とともに始まった。この倫理的習慣は多くの場合、教師、両親、宗教指導者、そして法律自体によって支持されていた。抗議した人の多くは、自らの行動のために命を落とした。奴隷廃止運動には、潮流が変わるまでともに立ちあがる強力な同盟者が必要だった。

あなたが変化をもたらそうとする人なら、それはつまり、一般的慣行をそのまま受け入れないということだ。何かに立ち向かっている。他の人がみな左に曲がるときに右に曲がる気まずさに慣れ、自分が真実だと思うことを追求しよう。パートナーシップを組んだり投資したりする前に、相手の人間性についてあらかじめ知っておくこと――カリスマ性やコネだけに流されてはならない。私は、自分が尊敬する人たちから大いに支持されていたという理由でその人を信用したためにトラブルに巻き込まれたことが一度ならずある。

金融危機が起こった年、アキュメンは魅力的で有能な起業家が率いる会社に投資した（関係のない人たちを守るために、会社と国の名前は伏せる）。会社が非常に大きな成果と利益を上げていたため、この起業家は当初かなり勢いに乗っており、地元でも知名度が高かった。私たちのチームは、この起業家が、立ち上げた会社の活動の一定割合を貧しい人たちにあてると約束していたこともあって、投資することとなった。けれども投資を始めた後で彼に初めて会ったとき、私は何かがおかしいという違和感を持った。

最初は見逃していたことを直感が捉える、ということはままある。私たちが投資を始めて一八カ月、会社は金銭面で成果を上げ、重要なインパクトも生み出していた。ところが同じ頃、私たちのチームは、この起業家が二つの別々の帳簿を付けていることに気づいた――一つは私たち向け、もう一つは利益をはるかに少なく計上した税務署向けのものだった。このことを持ち出すと、起業家は「みんなやっていることだ」とドライに説明した。

アキュメンには、投資にかかわるすべての人がサインする、厳格な倫理規定がある。二重帳簿は法律にも倫理にも反する。この後どうすべきか、私たちは自問した。ここでもやはり、一般的慣行の落とし穴に陥るリスクがあった。法廷に持ち込んでも負けると考えた。何人かの投資関係者にこうした問題への対処を尋ねてみると、二重帳簿は実際、「ふつうのやり方」だと思うという答えが少なからず返ってきた。

何をすべきかはわかっていたが、利益を上げている投資、しかも社会的インパクトを与えていることを示している投資をやめるのは、簡単ではない。投資を止めれば、アキュメンに多額の損失が出ることになる。しかし、もし何もしなければ、倫理に反する行動を強化することになり、インパクト投資の提唱者としてのアキュメンの正統性が傷つき（たとえ自分たちの目にしか、そう映らなかったとしても）、自分たちの尊厳は手痛い打撃を受けるだろう。「みんなやっている」というのは、社会にとってもどんな組織にとっても、決定を下す基準にはなり得ない。けれども、同業者や同僚から現状のルールに従って「勝つ」ことを期待されているときに正しさを貫くのは、全身全霊をかけなければならない苦しいもので、孤立感に苛まれることもある。

アキュメンの私たちのチームは協議した。私たちの投資額を引き受けてくれるところを見つけられない場合、投資は完全に打ち切りになるが、それでいいのだろうか。司法制度が信頼できなくても、法廷に持ち込むべきだろうか。やり方を変えるようにこの起業家を説得できるだろうか。彼に対する信頼をもう一度築くことはあるだろうか。

私たちは、この起業家にセカンドチャンスを提供した。彼はそれを拒み、二重帳簿は自分の国ではビジネス慣行として受け入れられていると繰り返した。私たちの真の失敗は、投資を始める前に、この価値観の食い違いをあぶり出すことができなかったところにあると私は悟った。

腐敗は、疾病のように蔓延し、かつ悪化する。貧しい人たちが大きな代償を払い、ときには長期間にわたって深刻な影響をこうむる。賄賂を払わなければ医療や警察による保護を受けられず、払えない人――しばしば何の罪もない人たち――は、健康や自由、生計手段、さらには命さえ失う。システムがあまりに腐敗しているため、人はその崩壊に自分も加担しなければ無力感をいだくことになり、それによってすべての人が尊厳を持って生きるという可能性が損なわれてきたのだ。

アキュメンは、この起業家の会社と縁を切ることにした。所有株は比較的少ない損失で売却した――買い手は、投資にあたって、問題のある会社かどうかを重視せず、その会社が与え得るインパクトを優先する、別のインパクト投資家だった。売却後一年間、その会社が規模を広げて成長し、財政的にも成果を上げ、もたらしたインパクトがメディアで取り上げられるのを目にした。それを見て、目的によって実際に手段は正当化され得るのだと考えた人たちも間違いなくいたと私は思う。

数カ月後、地元紙を手にすると、あの起業家の顔が真正面から私を見ていた。汚職で逮捕されたのだ。その会社が提供していた基本的なサービスを受けられなくなる人たちのことを考えるとつらかったが、投資が危機に陥る前に、アキュメンが身を引けたことにほっとした。そして、自分たちがなぜ人間性を重視するのか、なぜ大多数の考えに簡単に追従しない人に投資するのか、あらためて考えさせられた。そうした人たちは、愚かに見えるのを恐れずに、単に利益のためだけでなく、常に顧客や従業員、そして社会のために正しいことをしようと格闘する人たちなのだ。

もしあの起業家が大成功を収めていたとしても、私たちの判断は説得力のあるものだっただろうか。私はあったはずだと思う。アキュメンには、アキュメンのチームも投資先の会社も守る規定、規範を確立する必要があった。いっそう公正でインクルーシブで持続可能なシステムをつくっていくうえでは、目的だけでなく手段も重要だ。変化の見本となって初めて、変化をもたらすことができる。

自分が「正しい」ことが証明されたとしても、正義に酔いしれるのは生産的ではない。取引を打ち切っていたことにアキュメンのメンバーで安堵のため息をついていたとき、運もあったことを私は理解していた。人間性の評価において私たちが他にも間違いを犯してきたのは疑いないし、私自身を含め、欠点のない人など一人もいない。私たちにできる最善のことは、誠実さを持って生き、真実を語り、そして私たちのパートナーも真実を語ってくれると期待することだ。他者の過ちに対して高い倫理観を説いても、誠実さと謙虚さを持って自己評価するという難題に取り組んではくれない。それは自分自身であっても同じだろう。最強の手札は、誠実な人間だという評判にほかならない。それを黄金のように扱うこと――その価値は実は黄金にもまさる。

数年前、アキュメン・フェローの一人が支出をごまかしたことがあった。アキュメンの投資を受ける起業家と同じように、フェローたちも倫理規定にサインする。アキュメンのコミュニティへの参加者がどういう振る舞いを期待されているか、明確にするためだ。こうした規定によって、モラル・リーダーシップの質を保とうと奮闘する精神が強化される。コミュニティが、相互に説明責任をサポートするシステムをつくり上げているのだ。

対応をめぐってアキュメンの幹部チームは意見が分かれた。このフェローは即座にプログラムから追放されるべきだと考えた人たちもいた。けれども、彼は深く後悔し、挽回の機会を求めていた。彼の上司は、今回の件以外では彼が素晴らしい成果を収め、人間性も優れていると強調した。フェロー本人と状況をよく知る二人に相談し、長時間かけて厳しく検討した末、アキュメンの幹部チームはこのフェローにセカンドチャンスを提供することで合意した。彼に求めたのは、上司と私に宛てて手紙を書き、どんな教訓を学んだかを述べることだった。彼は同期のフェローたちにも手紙を書いた。数週間後、彼の仲間への個別の謝罪をきっかけに、アキュメンのコミュニティの規範と期待をめぐって真剣な対話がなされた。フェロー一人ひとりがこの経験から学んで成長し、今日に至るまでこの若者は、その行動ばかりか人間性においても非常に優秀であることを示し続けている。

状況は千差万別だが、はっきりしていることが一つある。アメリカの市民権擁護者ブライアン・スティーヴンソンが言ったように、「私たち一人ひとりの存在は、自分がかつてやった最悪のことだけで説明できるものではないのだ」。スティーヴンソンはさらにこう説明する。「誰かが嘘をついたとして、その人は単なる嘘つきだとは言えないと私は考える。誰かが人の物を盗ったとしても、その人を単に泥棒だと言うことはできない」。あらゆる状況を考慮しないで誰かをコミュニティから追放してしまったら——成長し貢献したいと強く願っている、根本的には善い人を去らせてしまったとき、どれほどのものを失うか考えてほしい。

瞬時にフィードバックをする現代社会は、恥をかかせ非難する機会にあふれ、それがときには破壊的な影響力を持って、人を死に至らせることさえある。例えば、若い人が試験でカンニングしたとか、所属組織からわずかな金を盗んだとしよう。もしかすると、実家の両親に金を送らなければという大きなプレッシャーを感じていたかもしれない。もしかするとシステムを試そうとしたのかもしれないし、あるいは単に何も考えていなかったのかもしれない。その人が集団の倫理的な契約を破ったのが初めてだったとしても、その行動を見た同僚が怒りの発言を投稿し、公衆の面前でその人に恥をかかせてしまう。そして一時間も経たないうちに、怒りの声が矢継ぎ早に飛んできて、衝撃と屈辱が大きくなる。健全なコミュニティの本質的な側面である、修復とか挽回といった概念は、あっという間に無用に感じられるようになる。

こうした光景は納得いかないものだが、あまりにありふれている。こんなやり方の代わりに、立ち止まって理解しようと努め、解決に焦点を当てることはできないだろうか。私たちはみな、ソーシャルメディアでコメントする前に、少しの時間をとって考え、自分の言葉がその人やコミュニティ全体にとってどういう意味を持つかを考慮してもいいのではないか。

＊＊＊

ルワンダ大虐殺直後の数年間、国内の誰もが、他の人を戦争犯罪で告発できる、強力な権利を持っていた。「私はあなたを告発する」という権利を自由に行使できたため、邪悪な目的に悪用して、虐殺行為とは何の関係もない過去の恨みを晴らすために罪のない隣人を告発した人々がいた。また、純然たる強欲から告発をした人々もいた。大虐殺の三年後、一九九七年にルワンダを訪れたとき、恐ろしい行為にかかわったとして不当な告発を受けた人たちから、想像を絶するほどの不安と絶望を直接聞いたことが忘れられない。すでに不信感に蝕まれている社会では、根拠のない告発でさえ猜疑心の種を植え付け、評判を傷つける恐れがあるのだ。

一方、インターネット上ではそれほどドラマチックな展開はないかもしれないが、私たちはみな即席の裁判官になり、場合によっては怒りの声を上げる群衆が生まれることもある。オンラインでは、自分と同じように考え、感じる人たち同士が近づく。これは素晴らしい点も多いが、一般的慣行の落とし穴をつくり出しもする。注意深くならなければ、有害な集団思考や群衆行動に支配されかねない。そのため、私たちは慎重に判断のバランスを取る責任を負う。そのためには、自らに規律を課すことが必要だ。ありがたいことに世界には、私たちみなにとって正しい道筋を示してくれるロールモデルが多数いる。

二〇一九年三月一五日、ニュージーランドのクライストチャーチで白人至上主義者が二つのモスクを襲い、金曜礼拝の最中に五一人を殺害した。当時三八歳だったジャシンダ・アーダーン首相は、被害者に共感を持って語りかけ、冥福を祈った。そして殺人者の名前を世界中のメディアに吹聴するという慣習に従うことを拒否し、すぐにシステムの変化を求めた。テロリストの名を言うことを拒み、数日経たないうちに、時代遅れだった銃法制の改正に動いたのだ。頭と心の両方で思いやりとタフさを持って、アーダーン首相は自らの人間性を総動員して先頭に立ち、ニュージーランド市民だけでなく、世界中の人々の最良の部分を引き出した。

彼女は男女のステレオタイプに縛られることなく、ニュージーランド国民を守る行動をすばやくとり、倫理に基づいた勇気を持って最も苦しんだ人たちに寄り添った。一般的慣行に逆らうことをいとわない彼女の姿勢は他に類を見ないものであり、他の人々を巻き込んでいった。アーダーン首相の主導で、何万ものニュージーランド人が集まり、ムスリムの隣人に敬意を払った。あらゆる民族の女性たちが、首相に倣ってヘッドスカーフをつけた。全世界のメディアさえも、アーダーン首相のリーダーシップを尊重して、テロリストの名前を世界中にまき散らすのを拒み、悪名の高さを望んだ犯人の歪んだ欲望を拒絶した。これまで人々がしてきたことを単に踏襲するのをやめ、ヘイトに対して倫理に基づいた対応をするという新たな基準を設定したのだ。

首相であれ、ティーンエージャーであれ、企業トップであれ、私たち一人ひとりに、一般的慣行の落とし穴に陥らずに自分自身の最良の部分を発揮し、世界に貢献するチャンスがある。一五歳のスウェーデン人グレタ・トゥーンベリは、二〇一八年に気候変動と闘う抗議行動をたった一人で始めた。多くの若者がこの運動を支持し、それはやがて世界全体の注目を集めた。アメリカで最も強力に銃法制改正を求めている人たちの中に、フロリダ州パークランドのマージョリー・ストーンマン・ダグラス高校で一七人の生徒が殺害された、二〇一八年の乱射事件の一〇代の生存者たちがいる。若い人たちは声を上げ、変化を求めており、世界はそれに気づき始めている。

孤立をいとわない勇気あるCEOたちもいる。大勢から敬愛されていたケニアのサファリコムのCEOボブ・コリモアは、自分の純資産を公開し、他社のCEOにも公開を迫った。しかし、彼の後に続いた人はほとんどいなかった。彼は容赦なく腐敗と闘い、人の役に立つという精神の見本であり続けた。けれども、彼が真に一般的慣行に逆らうことをいとわない人になれたのは、人生のすべての瞬間を懸命に生きようとしたからだった。親友の中にはナイロビのスラムで育ち、そこで働いていた人もいた。テロの緊張が高まった時期、コリモアはムスリムとの連帯を示すためにラマダンの断食をした。

「自分が何者であるかを決して恥じないことだ」と彼は若い人に向けて話した。「自分のことをどう感じるべきか、決して他人に決めさせるな。人はどれほどちっぽけでも、その人なんだ」

ボブは六一歳で亡くなった。早すぎる死だったが、何があっても自分自身であろうとした彼の影響は、何世代も続くだろう。

私たちは初めは他の人のようになりたいと無邪気に思っている。しかし周囲と異なる一部の人々は、直面する出来事や状況によって社会から冷遇されていると気づかされることになるのだ。恵まれた若いインド人女性ガヤトリ・ジョリーは、家族が経営する高収益のホームケア事業で最初の女性部長の一人になることを思い描きながら成長した。アメリカの「いい」学校に通い、ビジネスを勉強して準備を整えた。けれども、ニューデリーに戻って親族企業のオフィスで働き始めると、無力感や無視されてばかりだという感覚を二年間抱き続けることになった。従業員も含めてすべての人が、ガヤトリが親族企業で働くのはしかるべき夫を見つけるまでのことだと思い込んでいたのだ。ガヤトリはこれでは困ると父に訴えた。そして、父親の支援を受けてニューヨークに行き、一流校のパーソンズ・スクール・オブ・デザインで学んだ。

パーソンズ在籍中にガヤトリは、美しい服をデザイン・製造する会社を立ち上げることに決めた。女性がトップになって経営し、女性向けの製品を生産する会社だ。ガヤトリがマスターGと名付けたこの社会的企業はまた、「マスタージ」、すなわちプロの型製作者になるための訓練を女性たちに提供した。南アジアでは当時、この職には男性しか就けなかった。友人や親戚は善意から、自分自身のコレクションを持つデザイナーになることを夢見るべきだと忠告した。それはデザインの領域でより高みを目指す人たちの、より慣例的な道だった。一般的慣行に逆らうことをいとわない彼女の姿勢に対して、「貧しい人たちの役に立ちたい」という彼女の願いを軽んじる他人の声が耳に入ってきた——まるで彼女がデザインの仕事に「挫折したデザイナー」でしかないかのように。

社会の中で自分が恵まれた立場にあることはわかっていたが、一方でガヤトリには、親族企業で働いたときに目に見えない存在にされた経験があった。そのため、そうしたアウトサイダーたちがどう感じているのかを身にしみて知っていた。そして時とともに、目に見えない存在という感覚を恩恵として活かすことを学んだ。自分と違って機会にまったく恵まれない女性たち、顧みられていない女性たちへの共感をその感覚と結びつけ、自分の特権を彼女たちへの架け橋として使おうと考えたのだ。ガヤトリは一本の糸、一つの直感——自分には衣料産業に貢献できる知識とスキルがあるという直感——に従い、それによって、彼女よりもはるかに長い間目に見えない存在にされてきた人々の役に立つことができた。

二〇一七年初め、私はニューデリー郊外の、都市化が進む村グワル・パハリのはずれにある、ガヤトリの研修センターを訪れた。村は伝統を重んじるグジャール族のコミュニティであり、児童婚やドメスティックバイオレンスが頻繁に報告されている地域だった。女児とわかると、胎児を堕胎する人も珍しくなかった。実際、ガヤトリのプログラムにいた若い女性の中には、違法な中絶を繰り返したことが原因の慢性疾患を患っている人たちがいた。これ以上女児が生まれるのを嫌がった家族に中絶を強いられたのだった。ガヤトリのマスターG研修プログラムに参加する貴重な機会を確保するために、何とか方策を見つけたり家族から逃れてきたりする若い女性は、数を増していた。

仕立室というのは、ふつうなら劣悪な労働条件を連想する場所だが、研修センターの部屋は明るく、一〇代後半から二〇代前半の女性が大勢いた。型製造と縫製のいろいろな段階が同時に行われており、ミシンの前に座っている人もいれば、型製造を学んでいる人もいる。ガヤトリはパーソンズの授業を参考にして、女性たち向けのクラスを行っていた。

プログラムでは、実践スキルにとどまらず、もっと自由に考えること、知識を得て声を持つことを女性たちに教えている。事あるごとに意見と決断を求められ——生まれて初めてのことだという女性も多い——、彼女たちは社会化のプロセスと必然的に向き合うことになる。女性たちは、見られる対象だが耳を傾けられる対象ではないこと、愛想よくして何も知らないこと、また自分たちは男性より劣っていると考えることを求められてきたのだ。

「私たちのコミュニティは、女性に対する偏見の『型』を打ち破らないといけません」とガヤトリはたびたび言う。これは、ガヤトリが役に立ちたいと願う女性たちだけに向けた言葉ではなく、彼女が改革を望む産業全体に対して行動を促す呼びかけである。「システムを変えるには、私たち女性が自分自身を変えることから始めなくてはいけないのです」ガヤトリの夢は、研修生の中から研修センターの外で評価される人を生み出し、インド全土と世界の若い女性のロールモデルになってもらうことだ。

マスタージの一人、小柄な若い女性ラジュニ・ムーリャは、長い髪と大きな茶色の目のほっそりした人で、おしゃれな袖がついた明るいピンクと白のワンピースを着ていた。ラジュニの父親は非正規の職場で働いていたが、彼女が一〇代のときに亡くなり、病気がちの母と弟妹たちが残された。父親の死後、ラジュニは大学を退学して地元で仕立ての仕事をし、苦労してわずかな収入を得ていた。

「ラジュニのような少女たちは成功する機会を奪われてしまっている」とガヤトリは私に言った。

マスターGのファッションデザイン＆スキル開発プログラムに参加したことをきっかけに、ラジュニの人生はがらりと変わった。ラジュニがクラスの課題で服を型取りしたり仕立てたりする様子を見たガヤトリは、彼女の稀有な才能を認めた――ガヤトリの言うとおりであることを私もこの後すぐ知ることになった。ラジュニは今、ガヤトリと一緒にフルタイムで働き、世界中の顧客のために型取りと縫製をしている。また、通信学校で学位も取る予定だ。

マスターGを訪れたとき、ラジュニはガヤトリの横に立って私を迎えてくれた。英語は勉強中だったので、話はほとんどガヤトリがしてくれた。「あなたへの贈り物としてジャケットをつくるつもりなんですよ」とガヤトリはにこやかに言い、ラジュニが採寸して仕立てから仕上げまですべてすると付け加えた。ガヤトリが教えてくれた小部屋に行くと、ラジュニと私のほかに、通訳を手伝ってくれる若い女性が数人入ってきた。ラジュニが手際よく採寸している間に、私は彼女に夢は何かと尋ねた。

「ひとかどの人になりたいんです」と彼女は言った――アキュメンでもよく使われる言葉だ。私は嬉しくなった。

採寸を終えると、今度はラジュニが嬉しそうに笑った。満面の笑みの理由を尋ねると、彼女は顔を赤らめた。「完璧に採寸できていました」と彼女は言った。「何も変えなくてよかった」

「何も変えないって何を？」と私は尋ねた。彼女が何を言っているのかよくわからなかったのだ。

彼女の友だちが説明してくれたところによれば、ラジュニとガヤトリはもう既に型を取ってあったという。ラジュニはその寸法にかなり自信があったのだ。

「でも会ったことがないのに」と私はわかりきったことを言った。「どうしてそんなに正確に私の寸法がわかるの？」

私がなぜ驚いているのかラジュニにはわからないようだった。「だって先生の姿をYouTubeで見ていましたから」と彼女はこともなげに言った。「それでわかったんです。似合う色もわかっています」と彼女は付け加えた。数分後、ラジュニはシルクを並べて見せてくれた。それぞれ違う、光沢のある色に染められ、どれも私にぴったりの色だった。

一世代前だったら、ラジュニは伝統と貧困にとらわれ、自由はなく、家族を養う経済力も持てない人生を送っていた可能性が高かったはずだ。今は、教育、支援制度、そして安定した収入へのアクセスがある。ラジュニには、彼女のコミュニティの若い女性たちや、これまでのどの世代もが望めなかった夢を見るチャンスがある。ガヤトリと同じように、ラジュニは一般的慣行にとらわれない姿勢を選び、そしてガヤトリが事あるごとに言うように『型』を打ち破った」のだ。

もちろん、ラジュニも他の若い女性たちも家に帰れば、コミュニティで生きるために、振る舞いや行動、話し方まで切り替えなくてはならないことがある。生きるための手段として、本当は知っていることも知らないふりをしなければならない状況に、相変わらず直面する。家族に仕事や自分の夢を隠している女性たちもいる。けれども多くの女性が、不幸な結婚を抜け出し、自分の店を構え、自分の声を見出し、互いに団結して強さを身に付けているのだ。マスターGの女性たちは、すでに新しい世代のロールモデルになりつつある。ガヤトリが訓練を提供した女性は一〇〇〇人を超える――みな、他の誰かが自由を与えてくれるのを待つことに飽き飽きした女性たちだ。

ガヤトリは技術を純粋にツールだと捉えている。ガヤトリは自身のユニークな才能で顧客を惹きつけ、オンライン・コミュニケーションを使って世界中の顧客とラジュニのようなプロの型製作者をつなぐ。こうして自分の特権、社会資本を、二つの世界をつなぐために活かしている。マスターGの型製作者はスキルと自信を得ることができ、収入も増やせる。顧客は自らの選択がもたらすインパクトを直に目にすることができる。私たちが技術に支配されるのではなく、技術を支配すれば、技術によって分断されることはない。関係を築き、強めるために技術を活かすことができるのだ。

ガヤトリは間違いなく有名デザイナーになるだろう。けれども、彼女の成功は彼女だけのものとはならない。ラジュニや他の若い女性たちが自分自身を信じて羽ばたけるようになるとき、今度はガヤトリが彼女たちに励まされ、さらに「型」を打ち破ることができる。よく使われる言い回しにあるように、「テーブル」に席を得るために必死になる代わりに、彼女は自分のテーブルをつくっているのだ。

ガヤトリとスイスの銀行家の違いは、ガヤトリが一般的慣行の落とし穴に陥らなかったところにある。二人とも世界のために善をなしたいと考えた。けれども銀行家は、利益を重要視したため、シェアホルダーの短期的な利害を優先するのが自分の仕事だと考えた――市場の様相が変われば最も脆弱な立場にある者が最も多くを失うことになるとしても。これとは対照的に、マスターGを立ち上げたガヤトリは、「私たち」と「彼ら」、「利益」と「目的」に分断されたものとして世界を見ることを拒み、インクルーシブなビジネスモデルを考案した。私たちの時代における緊急の課題は、分断を強化するのではなく、全体性を実現するツールとして、資本主義を描き直すことにほかならない。モラル・レボリューションの必要性を信じる私たちにとってこれ以上の青写真はなく、そして、一般的慣行の落とし穴を避けることができる人たちだけが、この挑戦を成し遂げられるのだ。

第9章　市場の力に惑わされず、それを活用する

二〇〇一年にアキュメンを立ち上げたとき、資金提供の候補者たちの多くに、営利目的のファンドにすべきだと強く言われた。アキュメンは忍耐強い資本を主に営利企業へ投資するのだから、と彼らは考えていた。フィランソロピーとして営利企業への投資を支援すれば混乱を招く、と。一方、非営利組織のリーダーの中には、変化のためのツールとしてビジネスを活用するというアキュメンの考えを、頭から断固拒否した人たちがいた。アキュメン創設後まもなく、バングラデシュで講演した後、ある熱い心を持った若者が私のことを「貧困層を踏みつけにして金を稼ぐ、強欲ベンチャーキャピタリスト」と非難した。これは堪えた。けれども、あらゆる立場の人たちの神経を逆なでしていることは、自分が何かをつかんでいる徴《しるし》なのだ、と私は徐々に学んでいった。

異なる世代の間で似たような対話が交わされるのを耳にしてきた。年上の世代、特に東欧や中国、ロシア、インド、アフリカの大部分のような国家が支配する経済を経験した人々は、選択肢や機会が限られていた生活の記憶から、自由市場のほうが望ましいと考える傾向がある。二〇〇八年の金融危機——野放しの強欲が火に油を注いだ惨事——を経験した若い世代は、不平等、分断、気

＊（左ページ）ノーベル賞を受賞した経済学者アマルティア・センは、著書『自由と経済開発』（日本経済新聞出版）の中で、自由の一形態としての市場アクセスという考え方を強く打ち出している。

候変動など、資本主義の惨害を説得力のある形で指摘する。どちらのグループも、自分たちの目に映った現実に固執している。

私の考えを明らかにしてみよう。

市場――ビジネスが提供する製品とサービスによって顧客のニーズを満たすという経済の構成部分――は、健全な社会を実現するのに根本的な役割を果たす。最善の場合には、リソースを効率的に分配して最大の需要を満たす。市場へのアクセスがあれば、人々は政府や慈善事業の気まぐれに振り回されることなく、自分の生活を自分の手でコントロールできる。ここ三〇年間に非常に多くの人が貧困を抜け出したことを考えてほしい。市場が開かれたこと（そして、より良い医療や教育の提供）によって助けられた人は、世界中で一〇億人にも上る。

市場は個人の自由を実現するものだが、もう一方では、不平等を生み出しもする。野放しの資本主義は支払い能力のない人々を見捨て、搾取する。被雇用者の福利厚生を軽視する。また地球の希少資源を濫用するコストをバランスシートに記入しない。その結果、極度に不平等な社会になる。富裕層はシステムの上位にいるという感覚を、一方で最貧層は完全に取り残されているという感覚を持つ。自由放任の資本主義は、私たちの誰にとっても有害だ。

そのうえ、政治や偏見のために市場から排除される集団は、社会に十分参加できない。ヴィマルを思い出してほしい。彼のコミュニティは、彼と友人たちが立ち上がるまでテレビ用の衛星アンテナを買う機会を奪われていた。彼らは特別扱いを求めたわけではなく、ただ自由の一形態としての市場アクセスを求めていた。*

市場の利用の仕方、構築の仕方を知ることは、私たちが問題を解決するための最強のツールになる。世界のわずかな部分でも変えたいと思うなら、市場の最良の部分をどう活かせるかを学ぶことだ——ただし、健全な範囲内で。そして一方では、短期的な利益獲得の誘惑には抵抗すること——ただし、市場をまったく拒絶してしまうことなく。つまり、緊張を保つことが重要なのだ。人々の声を聞くための装置として市場を活用し（第四章で説明したように）、人々が何を重要と考えているか、そして彼らの手の届く範囲がどこまでなのかを、市場から学びとる。

実は、人々の声を聞くための装置としての市場という概念は、民間と公共両セクターの問題を理解するための強力な出発点になり得る。アキュメンは、人間の基本的なニーズである安全な飲み水の問題に取り組み始めたとき、貧しい人たちの生活向上を目的にデザインされた水フィルターに数知れず出会った。けれどもこうした技術の発案者は、潜在顧客が実際に必要とするもの、評価するものをデザインに取り込めていないことが多かった。

人が自分の飲む水の清浄さや味、利便性、そして言うまでもなく価格を大いに気にしているということに、発案者たちはほとんど気づいていなかった。多くの都市で、そして地方でも次第に、貧しい人たちは、富裕層よりもはるかに多くの金を水のために支払うという状況に陥っている。水を供給するのが行政であっても、貧しい「顧客」に耳を傾けることは、あらゆるプログラムの成功の鍵を握っている。市場に耳を傾けることができなかったために、何千億ドルもの善意の資金がどぶに捨てられてきた。

エネルギーのようなセクターでは、低所得層の人たちも、投資に見合うものが実際に得られれば製品やサービスに金を出すだろう。適正価格のソーラー電灯を買うことで今まで灯油にかかっていた分を長期的には節約できるとしたら、その話を近所の人にするだろう。ソーラー電灯のほうが空気を汚さず、健康に良く、生活が便利になることも、説得に一役買うだろう。

しかし、教育のような他のセクターでは、低所得層の人たちがしばしば、必要としていてもお金を出せない場合がある。初期教育施設を提供しても、学費がかかるとなれば――学校側にとってはせいぜい収支とんとんというレベルであっても――貧しい人たちは排除されることになる。世界のすべての子どもは最大の能力を発揮できるような教育を受ける権利があると私は考えている。では、公教育は行政だけの責任ということになるのだろうか。

すべての子どもに公正なチャンスを与える唯一の方法は、全員に行き届く公教育を強く主張することしかないと、昔なら自信を持って断言した――インドとパキスタンで多くの学校を訪れるまでは。両国とも、行政が金を出す公教育は官僚主義と腐敗にまみれていた。教室は荒れ果て、壊れた机や椅子しかないかまったく何もないことが多い。そしてほとんどの場合、先生も生徒も教室に現れない。その結果パキスタンでは、低所得層の家庭の四〇%が子どもを私立学校に通わせている。親たちは子どもに教育を受けさせるために食費を切り詰め、より良い機会のために苦労してかなりの額を払っているのだ。

すべての子どもの教育の質を上げるよう政府に求めるのは大切だ。その一方で、ここでも単に政府任せにしてしまわずに、市場を活用して貧しい人に質の高い教育を届ける代替モデルを構築するにはどうすればよいかを考え、緊張関係にある両者のバランスをとることが必要である。社会起業家は市場で人々の声を聞くことによって、親の支払い能力の範囲を見きわめ、その額と、質の良いサービスを届ける際のコストとのギャップを算定する。短期的には、フィランソロピーがこのギャップを埋められるかもしれない。ただ長期的に状況を改善するには、政府の介入しかないだろう。

経済イデオロギーをいったん離れて、私たちが解決したい問題を出発点としよう。すべての当事者の視点から問題を十分に理解する必要がある。そうして初めて、問題の解決に必要な、適切な種類の資本を決めることができる。すべての人に、適正な価格の質の良い教育、電気、一次医療、最低限の清潔な飲み水などへアクセスする権利があると考えるなら――私はそう信じている――、こうした誰でもアクセス可能なしくみを実現する財政モデルが必要になる。

すでに論じたように、アキュメンは常に、忍耐強い資本を目的ではなく問題解決の手段としてきた。言い換えれば、資金の目的はより多く金を儲けることではなく、何か価値のあるものをつくり出すことにある。

これをモラル・フレームワークの中に位置づけてみよう。自分たちの投資が、特に貧しい人や弱者にとって価値を生めば生むほど、私たちはその投資を高く評価する。貧しい人のためにシステムを変えようとする企業への投資は、回収するまでの時間がかかり、リスクが大きい。しかしフィランソロピーの資金があれば、そのリスクを引き受けやすくなる。利益は、私たちが支援するイノベーションの持続可能性につながり、やがてはアキュメンにとっても長期的にコストをカバーするための手段となる。アキュメンの成功は、私たちの倫理指針上の二点――インパクトと財政的な持続可能性――のバランスのもとで成り立っている。

下水道のような複雑な問題について考えてみよう。先進国の人々にとっては、巨大な下水処理網に排せつ物を流すトイレがあるのは当たり前のことだ。けれども途上国では、二三億人が屋外便所や便所用囲い穴を利用するか、さもなければ野外で排せつしており、これは病気やしばしば尊厳の喪失につながる恐れがある。*

* WHOとユニセフによる水道・下水道合同モニタリングプログラムの2019年更新版報告『2000～2017年の世帯飲料水・下水道に関する進展――不平等に焦点を当てて』によれば、40億人以上が（一部はトイレへのアクセスはあるものの）安全に管理された下水道なしで生活している。

下水道の不備は、間接的に男性より女性に高いコストを払わせる。安全なトイレのない学校では、生理が始まった女生徒の退学率が高いことが多い——彼女たちにとって十分に衛生的な環境が得られないからだ。トイレがまったくない農村地域では、女性たちが野外で排せつせざるをえず、通行人から暴力を受ける危険にさらされている。

地元の行政、国際援助機関、チャリティー団体はみな数十年にわたって、スラム地域にトイレを建設しようと闇雲な試みを続けてきた。けれども、継続的に排せつ物を除去し、トイレを管理するしくみがなければ、トイレはすぐに汚物であふれ、悪臭と汚染が発生する。従来型の投資家が貧困層向けのトイレ提供事業から距離を置いていたのも無理はない。

世界人口の三分の一が直面する、こうした複雑な問題を解決するというのは、到底手に負えないことのように思えるかもしれない。しかし、デイヴィッド・アウエルバッハ、リンゼイ・ストラドリー、アニ・ヴァラバネニはそう思わなかった。三人はマサチューセッツ工科大学スローン・マネジメントスクールの大学院生だったときに出会い、サナジーという会社を創設した。三人とも低所得層のコミュニティに住んで仕事をした経験があり、特にスラム地域で、下水道の不備が下痢やコレラといった病気の原因となっていることを理解していた。

サナジーの創設者たちは、この問題に対して営利と非営利のどちらのアプローチをとるべきかにとらわれなかった。重要なのは問題を解決することだった。二〇一〇年、三人はケニアのナイロビを訪れて、約四万人という小さめのスラムコミュニティと出会い、機能する解決策が見つかるまで現場から学び、試行錯誤を続けた。彼らは人々の声を聞くための装置として市場を活用し、あらゆる当事者グループを考慮に入れた。

ナイロビの他のスラムと同様、ムクル・スラムも「空飛ぶトイレ」で知られていた。家の中で紙に排せつし、丸めて外の屋根の上に投げるのだ。サナジーの創設者たちは、清潔な、より良い方法があれば金を出すと言う多くの住民に会った――いざというときには汚いトイレに金を払って使用するという習慣がすでにあったからだ。また起業家はトイレの所有と運営にビジネスチャンスを見出した。さらにムクルでもケニア全土と同様、若者を雇用するまともな仕事が必要とされていた。ここに清潔で持続可能なトイレのネットワークを構築するのは理にかなっていた。

しかし事業を開始するためには、まだビジネスモデルの成果を証明してもいない三人の外国人を信用してくれる、地元の起業家を見つける必要があった。「とにかくスラムの人々に会いに行き続けたんです」と創設者の一人リンゼイ・ストラドリーは説明した。「四週間、スラムに入って人々と話しました――私たちは勝手にどこかに消えたりしない、ということをわかってもらえるまで。ムクルでは排せつ物の問題が手に負えなくなっていて、みんな新しい解決策を必死に探していました。そして私たちがパートナーシップを組んだ起業家たちは、ビジネスチャンスがコミュニティのためにもなると考えたんです」

サナジーのビジネスモデルは、排せつ物から価値を生み出そうとするものだった。サナジーはトイレを製造し、それを一台約五〇〇ドルで、起業家すなわち「フランチャイズ」に売却する（購入費用はほとんどの場合、マイクロローンで賄われる）。その後サナジーの社員が起業家から毎日排せつ物を回収して、堆肥化する。サナジーのチームは初めの数年間、回収した排せつ物をどうするかという最大の問題に対する解決策を見つけることができずにいた。行政か誰かが、コストとしてではなく資源として引き取ってくれる可能性はあるだろうか。それは衛生基準を満たし、地元農民が買ってくれるような肥料を、排せつ物からつくれるかどうかにかかっていた。サナジーは挑戦して見て初めて、こうした知見を得ることができた。

創業者たちは、フランチャイズを請け負う起業家らが使用料からの利益でトイレ購入費の融資を返済できるだろうと見込んでおり、それは正しかった。それでもサナジーは、排せつ物を効率的に運搬するシステム全体を構築できるようになるまでには、支援金と融資の両方を必要とした。支援金は、地元住民に新しいサービスの宣伝をしたり、排せつ物から売り物になるような堆肥をつくるための最適な方法を研究したりするために使った。

私は二〇一五年一〇月のある日曜日の午後、ムクルにあるサナジーのオフィスを訪れた。スラムに入る細い道には、防水シートに覆われた売店がひしめいていた。泥でつくられた古びた家々の間を縫って、くねくねと小道が続き、ふたのない下水道が脇を走っている。色とりどりの洗濯物が家と家の間に、まるでチベットの経文が書かれた旗のようにかかり、子どもたちは教会で朝を過ごしたままのよそゆきの服を着ている。一人の小さな女の子はベラスケスの絵の王女を思わせた。縁が波型になったブルーの長いシルクのスカートを、汚れないように、ほっそりした手で優美に持ち上げている。

リンゼイ・ストラドリーが、小さいが活気のあるサナジーのオフィスに迎え入れてくれた。オフィスには世界中から来た若者が大勢いた。リンゼイは最初の子どもが生まれたばかりだったが、それでも毎日のようにオフィスに来て、地元のトイレ起業家と会い、彼らと一緒に問題を解決し、事業を拡張していた。サナジーの活動の様子を見せるために、彼女は私をオフィスの外に連れ出し、私の前を大股で歩いて泥道を進んだ――ジーンズと明るい黄色のゴム長靴を履き、彼女にぴったりの満面の笑みを浮かべて。

有料トイレの一つまで歩いていくと、角ばったあごと柔らかな茶色の目をした女性、リー・ガチャンガがいた。色鮮やかなスカーフで頭を包んだ彼女は、すでに事業をトイレ一台から三台に拡張したと誇らしげに話した。夫と二人で営む衣料品店の利益に加えて、一日約五ドルの利益を得ているそうだ。リンゼイと私は、側面に黄色で「フレッシュライフ」（サナジーの地元ブランド）と書かれた、明るいブルーのトイレのすぐそばまで近づいた。リーはトイレのすぐ外に洗面所を設けており、鏡と手洗いスタンドがついていた。フレッシュライフのすべてのフランチャイズと同様、料金は大人が約五セント、子どもが二セント。利用されるたびにリーはトイレを掃除する。そして毎日、フレッシュライフの制服を着た若い男性が来て、密閉容器で排せつ物を回収しているため、トイレは清潔で臭いもない。

リーは、コミュニティに貢献していることをどれほど大切に考えているか聞かせてくれた。「サナジーが来る前は」と彼女は言った。「排せつ物が家のすぐ外まであふれていました。歩いて家に帰るとき、特に雨の季節にはぬかるみになって、どろどろに入り混じったものが靴にべったりつくのです。それが今、道はきれいになりました。病気も減りました。自分のコミュニティをきれいにするのに貢献できていることが私の誇りです」そのうえ、彼女の仕事で家族の将来の見通しも変わった。「お客さんたちのおかげで、家を買って子どもたちをいい学校に通わせられるだけの収入を得られます」と彼女は言った。「フレッシュライフは、私たちみなを助けてくれました」

リンゼイと私は小道に沿って進み、排せつ物を堆肥に変える場所へ向かった。サナジーはすでに数年間活動しており、地元農民もサナジーの肥料にかなりの関心を示していた。しかし商品が保健衛生基準を満たすことを証明する、ヨーロッパのＦＤＡに当たる機関からの承認はまだ得られていなかった。承認が得られれば、肥料配達サービスが雇用を創出し、コミュニティの保健衛生、文化、ビジネス環境に大変重要な役割を果たすだろう。

リンゼイとデイヴィッドとアニは、非常に重要な問題を解決すること、そして長期的には、シェアホルダーにプラスのリターンを提供できる持続可能な会社をつくることにこだわってきた。けれども、当時彼らが最も必要としたのは、彼らの価値観と夢に共感してくれる忍耐強い投資家だった。ビジョンを認めてくれる投資家は多かったが、ほとんどがやはり、サナジーに投資する前に、会社が利益を上げられる証拠を求めた。証拠は後からしか出てこない——だからこそサナジーの創設者たちにとっては、市場を理解している一方で、持続可能でインパクトのある変化のためのモデルを構築するには何が必要か、試行錯誤して学ぶ投資家を見つけることが非常に重要だったのだ。

忍耐強い投資家にとっては、サナジーのインパクトはかなりのものだった。二〇一九年三月までに、サナジーは二五〇〇台以上のトイレを地元起業家に売却し、二七五〇以上の雇用を創出し、一〇万人以上に適正価格で衛生的な下水処理サービスを提供し、毎年六〇〇〇トンを上回る排せつ物を回収していた。これは大型ダンプ六〇〇台分に相当する量で、すべて堆肥化されて有機肥料となり、商業農場や家族小農場に売却されている。有機食品の販売に関心を持つ大企業数社が最近、サナジーの肥料に関心を示しており、これによってサナジーのサプライチェーンの循環はより完璧なものになるだろう。

ムクル・スラムはサナジーの取り組みから大きな恩恵を受けた。疾病率は下がり、学校に安全な個室トイレが整備されたことで、思春期の少女の就学率が上がった。コミュニティの人々は地元に深い誇りを持つようになった。この恩恵は簡単に測れるものではないが、大きな意味がある。

サナジーの創設者たちは効果的なモデルを構築し、今では行政とのパートナーシップを視野に入れて事業を大きく拡大させている。ナイロビ市がサナジーと協力して、すべての人に清潔なトイレを行き渡らせることに関心を持っており、期待が高まっている。そしてサナジーは研究開発のための支援金と、投資家による資本の両方で資金集めを続けている。

サナジーは八年かけて、忍耐強い投資家、賢明なフィランソロピスト、そして重大な公衆衛生の課題を真剣に解決しようとする地域行政にとっての、素晴らしい見本となった。サナジーの創設者たちのビジョンは、政府が「オフグリットの排せつ物処理」を整備するための青写真を提供し、世界の都市貧困層の健康、安心、尊厳を向上させることだった。サナジーの勇猛果敢な創設者たちは、モラル・イマジネーション、適切な資本、そしてすべての当事者を大切にする循環型のビジネスモデルを駆使して、排せつ物を黄金に変えることに成功したのだ。

市場のしくみを理解すればするほど、ますます市場を効果的に活用することができる。どんなに難しい取り組みであっても、財政的な実現可能性をクリアにするのに必要なツールがあればあるほど、ますます効率的に解決できるようになる。市場を理解することはまた、現在のグローバルな経済システムに内在する欠陥――経済システムが貧困労働者層の苦役と汗に過重に依存しており、彼らを負債と貧困の際限のない悪循環に陥らせているという盲点――を直視し、修正するためにも非常に重要だ。

例えば農産物市場は何百年にもわたって、最貧の農民、私たちを養う食べ物や飲み物を育てている人たちの犠牲の上に栄えてきた。コロンビアでは、五〇万以上の家族小農場が世界最高峰の銘柄のコーヒーを栽培し、収穫し、輸出するのに従事している。ところが、こうした農民の大多数は貧困の中で暮らし、しばしば生産コストも賄うことさえできない。

二〇〇九年、フリーランスのライターでコーヒー愛好家のタイラー・ヤングブラッドは、コロンビアのコーヒー栽培地域の湿潤で、豊饒な緑輝く丘の魅力に取り憑かれた。好奇心の向くままに、コーヒー産業の関係者に会える限り誰にでも会い、コロンビアのコーヒー生産や市場について学んだ。そしてコーヒー農民への共感から、こう問わざるを得なかった。「農民が生計を立てることがどうしてこんなに難しいのか」

タイラーが出会った人たちはほぼ一人残らず、原因は入り組んだグローバルなコーヒー・サプライチェーンにあると指摘した——少なくとも一世紀は同じような状況が続いている、と。何百万もの農民がさまざまな品質のコーヒーを栽培し、果実を収穫し、その後、グローバルなコーヒー先物市場によって定められた価格で、国内のバイヤーや輸出業者に売る。輸出業者は海外の焙煎業者に売り、そして最終的に、高値のついたコーヒー豆やカフェラテが消費者に売られる。

タイラーは考えた。なぜ農民はグローバルな一次産品価格に従わなければならないのだろう。一次産品価格は、(一ポンドあたり一ドル以下から三ドルまで)大きく変動することで知られており、農民の生産コストの実態とはほとんど無関係だ。一方、消費者は一次産品価格に関係なく、カフェラテに同じ額を支払っている。コーヒー栽培の八〇%を世界で最も貧しい二五〇〇万人が担っていることを考えれば、透明性が求められるこの時代において、もっとエシカルなコーヒー産業を構築する方法があってもよいのではないか。

収穫まで何カ月もかけて懸命に働かなければならない農民の身になってみてほしい。貯えと時間を注ぎこんでも、収穫物を届ける日までいくら支払われるかわからない。あなただって、自分が生産したものを公正な価格で売れるようになりたいと思うだろう。「公正」という概念を理想的に語るなら、それはコストを賄えるだけでなく、厳しい労働に見合うリターンや利益が報酬に含まれるということだ。ところが、ほとんどのコーヒー農家の現実はそうではない。コロンビアのコーヒー農家の大半は、金銭的に純損を出しながら働いている。小農の平均年齢が五七歳というのも無理はない。ほとんどの農民の子どもたちは農民になりたがらない。

タイラーは農民の視点に立って新しいシステムを構想しようとした。これは、農民に公正な報酬を提供すると同時に消費者に高品質の製品を届けるサプライチェーンを確保することだと理解していた。すべての関係者にとって価値を生む形で、公正かつ合理的な商品取引を実現するというのは、いずれにせよ、まさに市場の要点ではないか。

タイラーの問いかけの結果として生まれたのが、アザハルというコーヒー会社だ。アザハルは、コーヒー市場を農民にとって、そしてサプライチェーンのすべての関係者にとって機能的なものにすることを目指した。まず、小農から直接コーヒーを買い付ける。シングルオリジン〔生産国単位ではなく農場や生産者単位で一銘柄とするコーヒー〕の豆のほうが、国際的なバイヤーから高値がつくからだ。公正な価格設定を実現するため、アザハルは農民の生産コストを理解することに努め、焙煎業者と長期の固定価格契約の交渉をする。農民とアザハルのこうした契約は、グローバルな一次産品価格の二倍になることもある。

パートナーシップの見返りとして、アザハルは農民に誠実な仕事を強く求める――納品期限の厳守、違う品質の豆を混入しないことなどだ。アザハルが高額で豆を買い取ることができるのは、コーヒー栽培者が誰で、どういう待遇を受けているかといった情報を求めるサステナブルコーヒーの消費者ネットワークを構築しているためだ。二〇一八年一一月に私がコロンビアを訪れたとき、世界のコーヒー豆の価格は一ポンド当たり約一ドルにとどまっていた。一方アザハルは、平均して一ポンド当たり二ドルを農民に支払っていた。高価格の支払いを受けている農民は会社に忠実で、常に最高品質の豆を届けている。

私は二〇一七年、アキュメンの南米支部長ヴィルジリオ・バルコとともに、エクアドルと太平洋に接するコロンビア南西部のナリーニョを訪れ、そこで繁栄の共有とはどのようなものかを目の当たりにした。ナリーニョ周辺の土地は緑に覆われて肥沃で、生産力があり、コーヒー栽培に最適だ。しかし、北部でカカオを栽培するアルアコ族と同じように、ここ南部地域でもコーヒー農家は五〇年に及ぶ内戦に非常に苦しんだ。その土地で、アザハルは日々の生活だけでなく、将来の可能性をも変えた。

ナリーニョで私たちは、アザハルと収益を共有する実験的な取り組みに参加している農民たちのグループに会った。照り付ける太陽の下で、長い孤独な労働を強いられる彼らの顔には、質実さと疲労の跡が刻まれていた。農民の大半はジーンズにカウボーイハットという姿で、輪になって静かに視線を伏せて立っていた。タイラーは白いボタンダウンのシャツにジーンズで、茶色の長髪を耳にはさみ、学者風の眼鏡がいたずらっぽいほほ笑みの上にちょこんとのっていた。タイラーが「こんにちは」の一言で沈黙を破ると、すべての目が彼に向けられた。タイラーは、アメリカ人バイヤーのおかげで会社の規定に基づいた額のボーナスを農民全員に支払えることになったと説明した。

農民は一人ずつ、シンプルな椅子に座って小さな木のテーブルに向かっている担当会計士のところに行って、手書きの台帳でそれぞれが届けた豆の量を確認した。周りの人たちが温かい拍手をする中、それぞれが満面の笑みでボーナスを現金で受け取った。

ボーナスを何に使うのかと私は一人の男性に尋ねてみた。「もっと土地を買うために貯金しているからね」と彼は言った。コロンビアではコーヒーで十分な収入を得られる小農も増えているが、それは二ヘクタール以上の土地を所有している場合に限られる、とタイラーが説明してくれた——そしてコロンビアの農民の大半が所有しているのは二ヘクタール以下だと。

「みなさん、今日はとてもうれしそうですね」と私は集まっている農民に言った。「でもこの会社は他のコーヒーのバイヤーと本当に違っていますか？」

「アザハルはこっちのことを考えてくれる」と一人が答えた。黒い目と分厚い前髪の持ち主だ。「アザハルがここにいるのは、ただ金を儲けるためじゃなくて、こっちが金を稼ぐのを手伝うためでもあるんだ。だから信用しているよ」

「アザハルの仕事は、信頼関係のあるコミュニティを築くことです」その晩の夕食のとき、タイラーはヴィルジリオと私にこう説明した。「スペシャルティコーヒーは、サプライチェーンのすべての関係者の間に信頼関係があることが重要なんです。アザハルのバイヤーは、私たちが間違いなくシングルオリジンの豆を売ってくれると期待している——それはつまり、アザハルが必ず最高品質のコーヒーを届けると信じてもらう必要があるということです。アザハルの消費者には、農民が持続可能な収入を得ていると信じてもらう必要があります。農民には、アザハルが決めた合意を守って期限どおりに最高価格を支払うと信じてもらえることが重要です。アザハルは必ず農民たちの前に姿を見せるということを知ってもらえることが重要です。従来の商業的・法的枠組みの外で、これをやり遂げなくてはならない。なぜなら、そうするのが正しいことだからです」

「信頼関係のあるコミュニティ」という言葉は共感を呼び起こす。社会的企業のさまざまな当事者をつなぎ、私たちが日々口にするものやあらゆる日用品を生産し届けてくれる人たちを結びつける。ただ、そういうコミュニティを実際に生み出すとなると話は別だ。多くの同業者や投資家は、タイラーたちが世界のコーヒー価格の倍を支払っているのを正気の沙汰ではないと考えている。

タイラーは従来の経済モデルをひっくり返した。農民が「資材」としてではなく、世界のために何カ月も働いて日々の一口の楽しみをつくり出す、尊厳ある人間として、サプライチェーンにしっかり組み込まれる必要があるとタイラーは認識していた。バイヤーに対する売り上げを最大化するためのビジネスではなく、農民の生産コストに基づいたビジネスを構築するには、一般的慣行に逆らうことをいとわないクリエイティビティと勇気が必要だった。信頼関係、共感、そして相互の説明責任が健全な社会の基盤だという信念に支えられた粘り強さが必要だった。

二〇一八年一一月、私は再びタイラーに会った。今度は、ボゴタの庶民的な地区にある、トレンディだがエレガントなアザハルのカフェだった。カフェは満席で、地元の人々がみな思い思いに話したり仕事したりしながら、アザハルの上質なコーヒーを味わっていた。「二〇一〇年にここに来たときには」とタイラーは言った。「コロンビアの人たちは自国の高品質のコーヒーをほとんど飲めなかったんです。いいものは全部、輸出されていた。それを変える一端を担っていると思うと、とてもうれしい気持ちになります」

サナジーやアザハルの創設者のような起業家が、複数のボトムラインのバランスを取りながら適切な決定を下すことがなぜできたのだろうと、市場原理主義者は思うかもしれない。利益という単一の基準を取れば、結果は二項対立となる――利益が出るか出ないか。けれども、利益という基準は、私たちが消費する天然資源や引き起こす環境汚染、あるいは社員たちの権利を考慮に入れていない。また、きわめて不均衡なパワーダイナミクスを持つシステムの中で公正をめぐる問題と向き合うこともない。株主資本主義のシステムは、いくつかのビジネスが生み出しつつある社会資本や環境資本（これらはとてつもなく大きい場合がある）を評価することなく、ただ短期的な利潤のみに焦点を当てる。しかし、私たちの生活を支配している現在のシステムをつくったのは人間なのだから、それを変え、進化させるのも私たち次第だ。

現在の経済システムは、私たちが最も高く評価するもの（子どもたちの健康と教育、空気の質、最貧層への公正な報酬など）よりも、数値化できるもの（利益）に重点を置き続けている。企業と投資家は、財源と人材を、最大の金銭的リターンが得られるように割り当てる傾向にある。インパクト投資家の中にさえ、社会的インパクトが得られることを要件というよりはボーナスと考える人たちがいる。小農をサプライチェーンに公正に組み込むこと、女性やマイノリティに研修を行って支援すること、環境を保護し改善することに企業のリソースを回すコストは、「企業の社会的責任（CSR）」やフィランソロピーに押し込められがちになっている。けれども企業は、金銭のように数値化しやすい指標ばかりに頼ってはいけない。定期的に人や環境へのインパクトを数量化して評価しない限り、いっそうインクルーシブで持続可能な市場システムは実現できない。

多くの同業者と同様、アキュメンのチームも私も、量的な財政分析を補完するものとして、社会的インパクトを測定する新しいアプローチを開発することに長年取り組んできた。創設初期にはアキュメンも、大半の社会志向の組織と同じように、「アウトプット」(生産したトイレの数、訓練を受けた人々や創出した雇用の数)を数えていた。このアプローチで、大体の規模はつかめた。しかし、人々が貧困から抜け出す手助けをするという点で、アキュメンの投資先の会社が効果を上げているかどうかは把握しづらかった。そして、アキュメンも投資先の会社も、まさにそれができているかどうかについて説明責任を果たしたいと願っていた。

携帯電話の革命によって、何千人もの低所得層の顧客と同時にコミュニケーションをとることが可能になった。二〇一五年、他の人たちの取り組みを参考にして、アキュメンはリーン・データという携帯電話を利用してインパクトを測るアプローチを開発した。このアプローチを使えば、特定のプロジェクトや会社の顧客数千人に同時にテキストを送信して一連の質問をし、そこから、インパクトの大きさや、ある製品の使用でユーザーにプラスのインパクトを及ぼしたかマイナスのインパクトを及ぼしたかといった、非常に貴重な情報を引き出せる。特定のプロジェクトについて、人々が何を評価して、何を評価していないかを知ることができるわけだ。低所得層の顧客はこうした質問に非常に真剣に答えてくれる――それによって彼らが必要とするものを企業側が考えるのではなく、顧客が実際に必要だと主張したものに基づいて、企業はやるべきことを見出すことができる。リーン・データは、貧しい人たちを被害者ではなく顧客として扱うための第一歩となる。

例えば第四章で登場したソーラー電灯の企業、d.lightを思い出してほしい。アキュメンは、世界中で低所得層の人たちにオフグリッドのソーラー電気を届ける、d.lightのような企業に三〇〇〇万ドル以上を投資している。金銭的なリターンの達成を願ってはいるが、リターンという点だけで従来型のベンチャーキャピタリストと競争するつもりはない。そうではなく、アキュメンが投資する企業には、多くの人の生活に明らかな変化をもたらすことを期待している。投資先のエネルギー関連の会社の数々は、一億一〇〇〇万人を優に超える人々にサービスを届けており、その数はさらに増え続けていて、非常に高い期待を寄せている。

この結果についてよく考えてみてほしい。リーン・データの調査によると、ソーラー電灯があれば低所得層の人たちは毎晩一時間長く活動できる。子どもたちも一時間多く勉強できる。顧客は電気がもたらす安全と安心を高く評価する傾向がある――これは数値化しにくいが重要だ。アキュメンの投資はまた、七〇〇万トン以上の二酸化炭素とブラックカーボンの大気中への放出を食い止めている。生活が向上した人の数は一億人を超える。そして最も重要なのは、生活がどう改善したか、私たちがわかっていい、いということだ――ソーラー製品を使って生活している人たちが話してくれたからだ。

もし私たちが、社会的・環境的インパクトを金銭的リターンと同じ（あるいはそれより上の）優先順位においてリソースを割り当てたらどうなるか想像してほしい。すべてが変わるだろう。

市場に惑わされることなく市場を活用するのに、ロケット工学の学位は要らない。ただ、利益しか見ない思考回路を乗り越えるための精神的な強さは、確かに必要だ。このプロセスは、まず目的に焦点を当てることから始まる。すべての当事者を考慮に入れ、適切な資本を活用し、価値観を同じくする優秀な才能を雇用する。そして、単に数値化できるものだけでなく、大きな意味を持つものを測定する。どのような経済、どのような社会に住むかを選ぶのは私たちだ。多数を犠牲にし、少数にとってしかうまくいかない、使い古したルールに則ってプレーを続けることもできるし、あるいは、すべての人にとってうまくいく新しいルールを想像し、構築することもできる。すべては、私たち一人ひとりの、そして私たちみなの手の中にある。

第10章　謙虚さと大胆さを持ってパートナーシップを組む

小さいものは美しい《スモールイズビューティフル》が、規模は決定的に重要だ――システムを新たに創出したり、一新することを目指すなら。富裕層だけでなく、貧しい人たちのためにシステムを変えるには、市場をどう活用し、政府とどうパートナーシップを築くかを理解しなくてはならない。これは、取り組みの規模を小さくシンプルなものから大きく複雑で混沌としたものへとシフトすることを意味する。といっても、成長のための成長という話ではない。自分が解決しようとする問題を正しく認識し、そのうえで、ビジネスモデルを複製したりパートナーシップを築いたりして、モデルのリーチを拡大する戦略の実行が必要だということだ。どちらの道も容易ではない。けれどもこの困難な課題をやり遂げられれば、広範囲の変革が可能になる。

二〇〇七年の夏、私はアスペン・アイデア・フェスティバル（ＡＩＦ）で、大半がアメリカ人富裕層の数百人を前に、アキュメンの最新の投資について話した。インドの救急車サービス会社に対する投資だ。インド政府は、救急サービスに毎年一〇億ドル以上を拠出しているが、ムンバイ（インド最大の都市で金融の中心地）では、実際に機能している緊急サービスは数えるほどしかない。当時、インド全土の救急医療は肥大化と腐敗で悪名高かった。救急車で搬送される人の九〇%はすでに死亡しており、遺体安置所に向かうという有様だった。すぐ病院に行きたいならタクシーを呼んだほうがずっとましだと、誰もが知っていた。

その年、アキュメンのインドのチームはズィキツァという社会的企業に投資していた。ズィキツァには、インドの救急サービス産業に揺さぶりをかけるという大きな使命があった。ズィキツァは純然たる民間ビジネスとして、九台の救急車とともに事業を開始した。利用者の八〇%は市場価格で私立病院に搬送。残りの二〇%は低所得層の利用者で、彼らには支払える額だけ支払ってもらう。この方針をズィキツァは意図的にとっていた。

この巨大産業に揺さぶりをかけるのは途方もないリスクであることを私たちは知っていたが、インクルーシブなビジネスモデルと創設者たちの姿勢を知って、投資すべきだという確信が強まった。

アスペン・フェスティバルの白いテントの下で、インドで最も影響力のあるビジネスマンの一人が手を挙げて質問した。

「志には敬意を表しますが」とこの重鎮は言った。「私の聞き間違いでしょうか。救急車九台？ムンバイは人口一七〇〇万人の都市です（二〇一九年には二二〇〇万人以上）。救急車が九台しかない会社を本気で支援しているのですか？」ビジネスマンはさらに言葉を継いだが、彼の沈鬱な嘆きは何度も他の人から言われてきたことで、代わりに私が言ってあげられるのではないかと思うほどだった。「これが社会的企業の問題なんですよ。頭でっかちの理想主義の人間がやっている二流のビジネスで、小規模なレベル以上では何かを変えようとはまったくしない。こういう付け焼き刃のアプローチは本当の問題から目をそらさせ、政府に務めを果たさせる圧力を削いでしまうんですよ」

私は赤面した。このビジネスマンの発言は厳しい非難のように感じられた――私が理事を務める一流機関の同業者もいたので、その前で個人的な叱責を受けているような感覚だった。私たちのモデルに対する懐疑の波が、瞬く間に聴衆の間に広がるのが感じ取れた。みな一斉にうなずいていた。

メアリー・オリバーの詩の一節が親友のように心の中に現れた。「自分が答えを知っていると考えている人たちから／常に距離をとっていたい」。懐疑派も味方にしたい――私たちには彼らが必要だ――が、より良い世界を願う私たちのような人間は、凝り固まった確信で武装している批判屋――特に支援も解決も提案しないような人たち――には大して役に立たないと思われている。

「少なくとも私たちは何かをやろうとしています」と私は言った。「他にうまくいきそうなものは見当たりません。やろうとしないことなどあり得るでしょうか」システムを支配しているビッグ・プレーヤーは、現状に揺さぶりをかけるのに必要な創造性や勇気、敏捷さを欠いていることが多い。だからこそ私は、社会的企業に信頼を置いていた。ただ、私たちが成果を上げられるという確信はなかった。それどころか、逆風が吹いていた。けれどもズィキツァが学習を積むには、やってみるほかないだろう。それは私たちも同じだった。

私が今理解していることを、あの日の私が知っていたらよかったのに、と思う。一つの産業全体に変化を与えるような先見の明ある変革者は、一方で大きな構図を認識しつつ、もう一方で、最初のモデルを適切なものにするにはどうすればよいかに取り組んでいる――たとえ初めはそのモデルが小規模なものだとしてもだ。こうした大胆な人たちには、何でもかんでも否定する人、難癖をつける人に抵抗できる人間性が必要になる。

ズィキツァの創設者たちももちろん、小さくスタートした。パキスタンでアフォーダブル住宅の提供を夢見たジャワドと同じように、彼らもインドでそれまで誰も成功したためしがなかったことに挑戦しようとした。社会的意義を明確にし、質の高い救急車サービスを運営するにはどうすればよいかを見出すまでには、試行錯誤と失敗を繰り返す時間が必要だった。ひとたびモデルができれば、何百万もの人にサービスを届けられる規模まで拡大するために、行政とパートナーシップを築くのは容易だった。

あのアスペン・フェスティバルの会場でもっと明確に伝えられていたらと悔やまれるが、アキュメンのチームがズィキツァに賭けたのは正しかったと思わせてくれる要素がいくつもあった。

第一に、創設者たちがビジネスをスタートさせたのは、彼らの個人的な経験に深くつながる問題を解決するためだった。ズィキツァの五人の創設者の一人でチームリーダーのシャフィ・メイザーは、インド南部のケララ州で数年前、母親が喉を詰まらせて目を覚ましたときに病院に連れて行く方法がタクシーしかなく、危うく母を失うところだった。同じ頃、共同創設者ラヴィ・クリシュナの母はニューヨークを訪れていて、歩道で倒れた。同行者が救急に電話し、数分も経たないうちに訓練を受けた医療スタッフが駆けつけて、その場で措置を施し、ラヴィの母親は命を救われた。インドの人々が同じようなサービスを期待してはいけない理由がどこにあろうか、と創設者たちは考えた。

第二に、ズィキツァの創設者たちはビジネスの規模を拡大する準備をすでに整えていた。シャフィやラヴィをはじめ、ほかの共同創設者スウェタ・マンガル、ナレシュ・ジャイン、マニシュ・

サチェティも、大企業のさまざまな部署で働いた経験があり、人材管理、効率的なサプライチェーンの構築、そしてテクノロジー事業について学んでいた。規模拡大の基盤の敷き方がわかっていたのだ。

そして最後に、アキュメンのチームは創設者たちの人間性を信じていた。シャフィ・メイザーは驚異的な突破力の持ち主だった。常に優雅で気配り上手というわけではなかったが、ポジティブな志、熱意、エネルギーを持っていた。

腐敗にまみれた産業に大きく揺さぶりをかけられる人がいるとすれば、この男とそのパートナーたちだと思ったのだ――彼らがまだ、自分たちのプロジェクトをどうすれば成長させられるのかを明確にはわかっていなかったとしても。

インド人のビジネスマンにこき下ろされたことをシャフィに話すと、彼はただ肩をすくめて、「ガンディーが、社会を変えるイノベーションについて何て言ったか知っていますか」と尋ねた。「最初は無視される。それから笑われる。それから叩かれる。そして勝つ」

ただ、ズィキツァはビジョンと適切なスキル、そして人間性のおかげでスタート台に立てたわけだが、それでも、あのインド人のビジネスマンがした質問は私の頭を離れなかった。二〇%の利用者にかなりの額の補助を出しながらサービスを提供するという方針をとるとなると、ズィキツァは今後どうやって投資資本を調達していくのか。アキュメンは、ズィキツァがインクルーシブなビジネスモデルのために献身しているという理由で投資していた。しかし、貧しい人の役に立つための投資であることを守りながら、同時に、ズィキツァが必要としている財政的な成長を支援していかなければならない。そのためにはどうすればよいだろうか。

最初の数年、ズィキツァは有機的に成長し、それまで救急車サービスへのアクセスを一度も持ったことのなかった何千もの低所得層の人々にもサービスを届けた。幸先はよかったが、アキュメンが貧しい人たちに焦点を当てていることからすれば、多額の出資金に見合う成果には届いていなかった。投資家候補だったフィランソロピストたちからは、まずは高所得層を主なターゲットにし、低所得層向けのサービスという要件をなくせば、財政的に改善するし、全体としてもっと多くの人に届くのではないかと指摘された。

「ひとたび実行可能なモデルを構築すれば、大衆向けにすることは難しくない」あるアメリカ人の投資家はこう言った。

確かにそうだと私は考えた。でもそうするのに何年かかるだろう。その考え方はあまりにも慣例どおりのビジネスのように聞こえた。富裕層にサービスを届け、利益があり余ったら、そのとき初めて周辺の人々に還元する。ズィキツァは、すべての人にサービスを届けるというビジネスのビジョンを持っており、アキュメンはそのビジョンを守るためにできることをやりながら、同時に、会社の成長も支援する必要があった。

二〇〇八年、私がアスペン・フェスティバルで話した一年後、アメリカに本拠を置く有力な救急サービス企業が、ズィキツァの長期的な収益性を見込んでかなりの株の購入を検討した。関心を得ていることに期待が膨らんだが、利益志向の強いこの企業が、貧しい人にサービスの二〇%を割り当てることに同意するだろうかという懸念もあった。翌朝、シャフィに電話をかけた。ズィキツァの定款を変更し、貧しい人たちにサービスを届けるという会社の方針を株式の売却前に明確にすると、シャフィと合意した。この定款の変更によってアキュメンとズィキツァの信頼は深まった。

双方とも、目的と利益を両立させることを学んだのだった。

その後、悲劇が起きた。二〇〇八年一一月二六日、私にとって大切な祝日である感謝祭を家族と一緒にニューヨークで祝っていたとき、チームメイトから電話があってCNNをつけろと言う――ムンバイがテロリストに占拠されていた。ムンバイ有数の高級ホテル、タジとオベロイが炎に包まれていた。人々が中に閉じ込められ、多くの死者がいると推測された（計一七四人が死亡し、三〇〇人以上が負傷した）。大好きなムンバイでこのようなことが起きているのが信じられなかった。煙の立ちこめる街路を恐怖に駆られて逃げ惑う人たちの映像を目にして涙がこぼれ落ちた。

すると驚いたことに、炎を上げるすべての建物の前に、明るい黄色の救急車――私たちの救急車――が現れた。一台一台に、被害者の差し迫ったニーズに対応するのに必要な最新技術と優秀な医療スタッフが揃っていた。

後から知ったが、救急車の運転手は、テロリストが邪魔する者を誰かれなしに殺害していたのをものともせず、燃え盛る建物に突入したのだった。奇跡的に運転手全員が生還し、テロリストの標的にされた一〇〇人以上の人たちを救出した。この小さな会社が、彼らの命を救ったのだ。そして世界中のアキュメン・コミュニティの仲間たちが、その一翼を担ったと感じた。感謝祭はこのためにこそあった。

悲劇の数カ月後、ムンバイのはずれにあるズィキツァのオフィスの屋上で、救急車の運転手たちと簡単なランチをともにした。どちらかといえば小柄だががっちりした体格の運転手に、テロの日、あれほど勇敢な行動をとることができたのはどうしてかと尋ねた。

「助けを求めている人がたくさんいました」と彼は言った。「特殊部隊が来て、その後についてホテルに入ったんです。襲撃者が銃を撃っているのが見えました。特殊部隊の一人がテロリストから見えないように私を隅に押しやってくれました。テロリストたちが別の部屋に移動するのを待って、けがをした人たちをホテルの外に運び出したんです。苦しんでいる人たちが本当にたくさんいました。それでまた中に戻った。翌日もそのまた翌日も、私たちは戻って救助しました」

私は運転手の謙虚さを称え、彼がどうやって、死の脅威に直面しながらそれでも行動したのか、もう一度尋ねた。

彼はこう答えた。「私は人命救助を手伝う運転手です。そうするのが務めなんです」

この人の稼ぎは一日わずか数ドルだった。彼の人間性は、ズィキツァが社員一人ひとりの人間性を評価し、育てたことの証だった。その勇気のために、私にはこの人が巨人に見えた。

ズィキツァが成し遂げたことに感動したのは私だけではなかった。ズィキツァの小規模でありながら迅速で優秀な対応は、各州への公的救急サービスの導入を担当するインド人官僚たちから敬意を集めた。そしてまもなく、無料の救急車サービスの提供を目指す州政府の入札に参加するよう声をかけられた。こうした入札に参加することで、ズィキツァは会社の倫理観だけでなく、業績も評価されるようになった。

これをきっかけにズィキツァは官民連携へと転換を図り、その後、世界有数の救急サービス企業に成長した。二〇一九年の時点で三六〇〇台以上の救急車を運用し、一万二〇〇〇人を雇用し、四〇〇〇万人以上を病院に搬送している。しかも、民間セクター企業から政府連携企業になったことによって、それまで救急医療システムから完全に排除されていた人たちにもサービスを拡大できるようになった。二〇一四年、アキュメンはズィキツァが活動している二つの州でリーン・データ調査を行い、その結果、サービスを届けた相手の七五%が貧困層だったことがわかった——民間企業だったときの顧客の割合とほぼ逆転したわけだ。

けれども、こうした驚くべき規模の拡大やよりインクルーシブなサービスへの成長は、何の代償もなく容易に達成できたわけではなかった。ズィキツァのリーダーたちが自分たちのビジネスの現実を直視する謙虚さを持たなければ、成し遂げることはできなかっただろう。矛盾したことを言っているように思えるかもしれない。しかし、彼らと対照的な人たちは、単純により良いサービスや製品をつくって、世界のほうがやってくるのを座して待っていればいいと思い込んでしまうのだ。謙虚さは、自分の道をふさぐ障害物を認めるために必要だ。大胆さは、別の未来を想像する鍵を握るもので、目標に至るのを妨げる障害を克服する断固とした決意を高めてくれる。

ズィキツァは、行政と事業をするときにはつきものである、独りよがりな官僚主義にも直面した。二〇一九年三月、ムンバイにあるアキュメンのオフィスで、シャフィと私は行政をめぐって長いこと話し込んだ。「いい官僚、悪い官僚、無関心な官僚」がいると彼は言った。

ズィキツァの共同創設者スウェタ・マンガルは、一人の特に厄介な官僚がいた話を聞かせてくれた。その官僚は政府からの支払いを手続きする際に、毎月五%の「手数料」を要求してきた。ズィキツァが社員に給料を支払うには政府からの支払いが必要だった。しかしズィキツァは手数料を払うことを拒否した。

「毎月、その役人は政府の支払いを遅らせたんですよ」とスウェタは言った。「その遅れのせいで、結果的に運転手や他の社員への給料支払いが遅れました。小さな打撃に耐える経済的余裕すらまったくない人たちです。給料支払いの遅れの原因は私たちの能力不足ではなく、自分たちの価値観を守ったためだと、私たちはチームに説明しました。社員は私たちのために働くことに誇りを持っていましたが、価値観では腹を満たせないと直言した人たちもいました」そうした対話は身の引き締まる厳しいものだったと、スウェタは付け加えた。共同創設者たちは節を曲げないという決意を強めた。

ズィキツァが賄賂の支払いを拒み続けると、官僚はますます強引になり、スウェタに電話をかけて要求してきた。救急サービスはすべての電話を録音しているものだということを忘れていたらしかった。

たかり行為を録音されるというような恥をかけば、不正をする気も失せるだろうと思うかもしれない。確かにその官僚からの賄賂の要求は数カ月止んだ。ところがその後、その官僚の所属する地方政府がズィキツァを腐敗で告発したのだ。アキュメンはこれを非常に重く受け止めた。正直に言えば、そうした時期にアキュメンとしては手を引くほうが簡単だった。しかし、私たちは忍耐強い投資家、困難なときのパートナーであることを約束していた。それにアキュメンは行政を重要視しており、ズィキツァのような適切な民間のサービス提供者が官と連携することで、市民に対する行政の義務が果たされる可能性も信じていた。

これほど課題や汚職があるのに、そもそもなぜ行政と連携するのかと首をかしげる人たちもいるかもしれない。

第一に、行政そのものが腐敗しているわけではない。欠陥のあるシステムにつけ込む個人はいるかもしれないが、行政で働く人全員が腐敗しているということにはならない。シャフィが言ったように、「いい官僚」を見つけ出す必要がある。うまく機能していないシステムを変えるために力を尽くしている、思慮深く、規律正しく、勇気ある個人は行政の中にも大勢いる。そういう人たちは強力なチェンジメーカー、同盟者になり得る。だから、目を凝らして彼らを探し出すこと。自分も公共部門で働くことを考えてみてもいいかもしれない。

第二に、農村の貧困層に質の高い医療を届けるには、行政との連携は不可欠だ。市場だけでは、最も脆弱な人たちを病気や不運から守ることは決してできない。しかし、ズィキツァのように行政と連携すれば、政府が市民にサービスを届け、最も脆弱な人たちを守るという目標達成の後押しになる。

ズィキツァは次第に、どの官僚が価値観を共有し、どの官僚が共有していないかを見抜くようになった。優良な地方政府機関は、自らの課題とその解決法について、ズィキツァと直接話し合った。ときが経つにつれてズィキツァは、こうしたさまざまな「いい」パートナーと信頼関係のネットワークを築き、それをどんどん広げていった。

公的制度が人間性と有能さという二本の柱の上に築かれていれば、最も恵まれないコミュニティは日々の悲劇の多くから逃れられるはずだ。このことを私は二〇一四年に目の当たりにした。インドの最貧三州の一つ、オリッサ州の州都ブバネシュワルにあるズィキツァの支部を訪れたときのことだ。ズィキツァが州政府と連携する前の生活を、年老いた漁師が涙を流しながら話してくれた。

「村から病院まで連れて行くのに牛車を使わなけりゃならなかった頃は、目の前で家族が大勢死んだ。でも、神さまが来た。今は自分たちの命を救えるんだ」

「ズィキツァが来る前」と「来た後」で彼らの考え方や生活が変化したことが、私にも伝わってきた。

ズィキツァ・オリッサ支部の地域マネジャーで、三〇歳を少し超えたスミット・バスは、一年前に州を猛烈なサイクロンが襲ったときの話をしてくれた。「すべての救急車をスタンバイさせておきました」とスミットは言った。「サイクロンに襲われた二晩で、ズィキツァの車は三七人の妊婦を安全な場所に搬送し、少なくとも一人の赤ちゃんが救急車の中で産まれました。一つの命も失われなかった。私たちの地方は大きな悲劇に何度も見舞われていて、これまでサイクロンで何千もの人を失った。でも今回は、ズィキツァと行政が用意を整えていたんです。私たちは一緒に力を合わせることができました」

人類の最も困難な問題を解決するには、一人のヒーローではなく、多くの人々、会社、組織、そして行政からなるシステムが、共通の取り組みに結集する必要がある。ズィキツァは効率的な運営と敏捷な決定を行うことはできた。だが、ズィキツァのサービスを必要としている何百万もの低所得層の人たちに届けるには、行政との連携が必要だった。行政のほうは、民間企業であるズィキツァが提供する、高いスタンダード、良質なサービス、効率性を必要とした。コールセンターのスタッフであれ救急車の運転手であれ医療技術者であれ、救急サービスに従事する者は自分のニーズを超えた先に目をやり、より大きな善のために献身し、務めを果たすという感覚に基づいて行動しなければならない。ズィキツァのルールと方法は今、インド全土の救急車サービスの標準となっている。

ズィキツァにとって信頼構築と成果への道のりは長く、ときには困難だった。信頼に足る生産的な官民連携を築き、それを維持したズィキツァの物語は、自分の力だけでは成し遂げられないことをしたいと考えているすべての組織にとって重要な教訓を示してくれる。

まず最も重要なのは、自分の目的を明確にし、何を提供できるのか、そして何を得たいと望んでいるのかを誠実に示すこと。自分とパートナーは価値観を共有し、ともに学ぼうとしているだろうか。必要なときに妥協することをいとわないか。「目的が手段を正当化する」だろうと安易な妥協点を探すのではなく、世界（そして人間誰しも）の不完全さを認め、そのグレーゾーンの中で妥協点を明確にすることができるか。変化を生み出すには、最も重要なことが何なのかを見失わず、厳しい姿勢を示す用意がなければならない。

成果の上がるパートナーシップを組むには、時間と強い意志が必要だ。モラル・レボリューションにはあらゆる人々を必要とするという信念がある。だから官民の垣根を越えて、信頼に足る連携を築くスキルを持たなければならない。このスキルを磨くには、考え方と行動の両方の変容が必要になるのが常だ。非営利組織は、「企業というのは一つ残らず欲深で、搾取し、地球のことなど関心がない」という猜疑心を捨てる必要がある――もちろん、搾取する強欲な企業には責任を追及すべきだが。営利企業のほうは、「非営利組織はおしなべて非現実的で、倫理的な正しさを振りかざす理想主義の慈善家で何も成し遂げられない」という思い込みを捨てなくてはならない――もちろん成果を上げられない人たちに対しては厳しく追及しながら。私たちの多くは、ほかのセクターについての安直な思い込みから抜け出し、行政（腐敗して、効率が悪い）、メディア（嘘つき）、フィランソロピー（名ばかりで支離滅裂）、テクノロジー（怪物のようで、利己的）への偏見を捨て去らなくてはならない。もちろん、こうした思い込みにたがわない人や組織もあったが、変化を生み出そうという思いを共有する存在として他者を見るのを拒否すれば、自分の取り組みを拡大して使命を実現する機会を逃すことになる。一人ひとりが大切にされる、いっそう公正でインクルーシブな社会を築くためには、どのセクターも必要とされているのだ。

アキュメンの戦略的パートナーシップ部長のヤスミナ・ザイドマンがくれた的確なアドバイスのとおりだ。「これは私自身が心がけようとしていることなのですが、相手側から提供されるものに対してもっとオープンになり、不安を共有する勇気ある弱さを受け入れ、そして、信頼を築くのに必要な時間をかける忍耐強さを持って、新しいパートナーシップを築くこと。私が相手に求めるのはそれだけです」

言い換えれば、積極的な取り組みに全力を注ぐことだ。

最初は素晴らしいパートナーシップに見えたものが最終的には失望に終わるということも、ときにはあるかもしれない。素晴らしい目的を話してくれた企業も、結局は慣例どおりのビジネスに焦点を当てていると知ったとき、落胆は大きい。私が心底恐れるのは、「ラディカルな変化の一翼を担いたいと思っていますが、シェアホルダーの利益を損ねない限りにおいてです」などと言われることだ。こうなったら、反論するか、あるいは少なくとも対話を試みなければならない。未来のパートナーを、一緒に解決しようとしている問題に引き戻すチャンスなのだから。もし引き戻せなければ、ほかのパートナーを探したほうがいいかもしれない。

けれどもパートナーの企業が、例えば自社のグローバルなサプライチェーンの崩壊を認識し、それをいっそうインクルーシブで持続可能なものにするモデルを追求しているのだとしたら、その企業が試行錯誤を続けている間サポートするようにしよう。行政だけでなく、大企業で働く人たちの中にも、勇敢なチェンジメーカーたちがいる。彼らは現状を手放すことに伴うリスクを承知しながら、それでも行動する。外部の同盟者とパートナーシップを組むことは、社内で疑問の声を上げる彼らの孤独な戦いを後押しし、会社がステークホルダーに積極的にかかわることを正当化する手助けにもなる。

失敗するパートナーシップもある。それが人生というものだ。あまりにいいことずくめに思えたときは、たいていそうなる。使命や価値観を共有していないように思える別の組織と「協力する」よう寄付者が主張したら、本当に食い違いがあるかどうか十分時間を使って確かめ、それから丁重にお断りしよう。

もしどこかの組織から電話があって「素晴らしい取り組みですね。パートナーシップの道を探りましょう」と言われたら、徹底的に用心する。なぜパートナーになるのか、どうやってなるのか、あるいは最も重要なこととして、どういう目的でパートナーになるのかを先方が明確にできなければ、パートナーシップは組むべきではない。大混乱を起こしてしまうだろう。皮肉なことに、ときには一番かけ離れて見える人たちこそ、自分が成し遂げたいと思うことのためにまさに必要な人である場合がある。だからやはり、自分の使命と、そして困っている人たちのために自分がなそうとしている善を実現するには、どのようなスキル、市場、コミュニケーション手段があればいいのかを理解することからスタートすることだ。

＊＊＊

壮大で刺激的な大胆なアイデアだけはあるけれど、リソースもネットワークも資金もない状態でスタートしなければならないとき、どうすればよいだろうか。目標の実現を支援してくれる可能性のあるパートナーを探すことからして、いったいどうやって始めればいいのか。私たちがインパクト投資をしたエチオピアのある養鶏会社の物語ほど、それがよくわかる例はないだろう。この会社は貧弱な活動からスタートした。創設者たちは生きた鶏など一度も見たことがなかったが、それでも、何百万もの貧しい農民の運命を変えることに乗り出した。今日、彼らは経済的機会を提供し、健康面を改善し、一つの産業を変貌させ、それによって国全体の発展に貢献している。

この物語は二〇〇九年、デイブ・エリスという一人のアメリカ人がウガンダで、創設されたばかりのチャリティー団体で働いたところから始まる。チャリティー団体は結局軌道に乗らずじまいだった。彼が出会ったウガンダ人の大半は仕事を探しており、そのため彼は、チャリティー活動では貧困を解決することはできないと考えるようになった。翌年、何か別のことをしようと考えたデイブとパートナーのジョー・シールズは、いっそう大きな変化を生み出せるビジネスを探そうと、いくらかの投資資本を手に人口一億人のエチオピアを訪れた。

エリトリアとの国境に近いエチオピア北部のティグライに着いてまもなく、デイブは絶好の機会に恵まれた。政府が六〇万平方フィートの廃業した養鶏場を所有しており、それを再開するためのパートナーを探していたのだ。ただ、健康な鶏が一羽もいないことだけが問題だった。以前の運営のもとでほとんどの鶏が死んでいたのだ。

デイブはシカゴ育ちで、生きた鶏を見たことさえなかったが、ひるまなかった。養鶏場の賃貸料はデイブの資金の範囲内であり、とてつもないチャンスだと判断した。ティグライ地方では、五八%の子どもが栄養失調と推計されていた。卵は安価なたんぱく質源であり、鶏は収入を生む。それにエチオピアの新世代のリーダーは、衰退気味の経済を立て直すために民間セクターとの連携を視野に入れていた。

初めは民間企業だったズィキツァとは違い、デイブとジョー、そして三人目の共同創設者トレント・クツボスは、最初から行政とパートナーシップを結んだ。自分たちの仕事は、ひなを産卵日齢(四五~六〇日)になるまで育て、それを行政農業指導員に売ること「だけ」だと彼らは考えていた。全国の小農にひなを売るのは行政農業指導員の役目となる。駆け出しの起業家デイブとジョーにはこのプランはシンプルで簡単に思えた。

新しく購入したひなとともに二人が農場にいた最初の晩、二つの鶏小屋が漏電のために火事になり、二人はおびえた鶏たちを腕に抱えて連れ出さなければならなかった。状況が落ち着くと活動を再開し、行政農業指導員がひなを大口注文で引き取りにくる日にちを、正確に生後三五日に設定した。

指導員は一五台のトラックで現れた――しかし約束の日の一カ月後に。その頃には、創設者たちはすでに何とか買い手を探して、誰でもかまわずひなを売りさばいてしまっていた。これは活動にとってさらなる打撃となり、創設者たちの資金を超える額の損失を出す結果になっていた。農業指導員のほうは、空のトラックで戻るしかなかった。双方とも信頼は地に落ちた。

挫折はしたがひるむことなく、デイブとジョーはいったん振り出しに立ち戻った。二人は起きたことを振り返り、自分たちの目的をあらためて思い起こした。彼らがエチオピアにいるのは貧しい人たちに食べ物を提供し、農民の生活を変える養鶏事業を構築するためだった。二人は自分たちの強みと弱さ、そしてさまざまなパートナーの強みと弱さを再検討した。

試みる。挫折する。学ぶ。もう一度挑戦する。

今度はデイブとジョーは、生後一日のひなを直接農民に売ることを試みた。けれども農民たちは貧しく過重労働で、年収は平均三五〇ドルしかなかった。小農が一度に買えるのはわずか数羽のみだ。またさまざまな制約があるために、適切なワクチンや最も有効な飼料を用意したり、キツネや野犬がかよわくふわふわしてピーピー鳴く「黄色のおやつ」を探してうろつく夜間にひなを安全に飼育する手段を持たなかった。つまり、ひなを生後四五日まで育てるには、時間と金と専門知識が必要だった（四五日以降は村の環境で自然に育つ）が、小農にはそのどれもなかったのだ。

活動は再び挫折したが、デイブとジョーは、農家や行政とのパートナシップにより大きな可能性を見出せるようになりつつあった。エチオピアの国営企業は効率を欠いているかもしれないが、行政の農業指導員は小農のことをよく知っており、生活をともにしていて、農民から大いに信頼を得ていた。そのため行政の指導員は会社にとって大きな財産だった——ただし、デイブとジョーは指導員たちが得意とすることを見きわめなければならなかった。デイブはこう説明してくれた。「ひなの需要を喚起すること、農民を啓発することに関しては、地元政府機関が大きな力になってくれることがわかりました。政府はまた、私たちが自力では決して届かなかった遠くの地域に活動が届くよう力を貸してくれました」

そこで、共同創設者たちはモデルをもう一度変更した。デイブとジョーがエチオチキンと名付けた会社は、鶏を育てて卵を孵化させ、生後一日のひなを一〇〇〇羽単位で「エージェント」、すなわちひなを生後四五～六〇日まで育てる起業家に売る。ワクチンやえさなどの必需品と、ひなを育て上げるのに必要な資材やアドバイスは、エチオチキンがエージェントに提供する。その後エージェントは行政農業指導員の協力を得て、一度に三、四羽のひなを農民に売ることで農民を支援する。産卵日齢になれば、鶏は家の周囲で飼うことができ、ほぼ何でも食べるので、貧しい農民にとって完璧な投資対象になる。

二〇一七年八月、デイブと私は、「エージェント」の一人である一九歳のヨハネスに会った。ヨハネスは農民に売れる大きさになるまでひなを育てている。私たちは、二〇〇〇羽のひなのためにヨハネスが建てたブリキ板の小屋の中に一緒に入った。サングラスと黒い時計と白衣を身に着け、お守りを首にかけたヨハネスは、指の長いほっそりした手を勢いよく振りながら、素晴らしい成果を得ていることを聞かせてくれた。二、三年前、地元のマイクロファイナンス機関から融資を受けて、最初の一〇〇〇羽のひなを買った。「ひなを元気に育てなければなりません」と彼は言った。「毎晩一緒の部屋で寝ました。エチオチキンはアドバイスをくれたし、政府はひなが全部売れるまで手伝ってくれた。私は今、幸せです。弟妹はみんな学校に通うことができています」

半時間ほど話し込んだ後でヨハネスは、リスクを承知してエチオチキンと仕事をすることにしたのは、自分の生活がそのチャンスにかかっていたからだという話をしてくれた。ヨハネスと五人の弟妹は両親を亡くしており、一〇代のヨハネスがみなの面倒を見なくてはならなかった。そして彼が冒したリスクと勤勉さが実を結んだ。二〇一七年末までに、ヨハネスは一万五〇〇〇羽のひなをすべて小農に売っていた。その年の収入は一万ドルを超えていた――ほとんどの人が一日一ドルしか収入がない国では天文学的な数字だ。

二〇一九年、エチオチキンは生後一日のひなを毎月一五〇万羽以上、五五〇〇人のエージェントに売っており、エージェントは年に一〇〇〇～一万ドルの収入を得ている。エージェントがひなを売っている農家は、約四〇〇万人――その家族を合わせると二五〇〇万人になる。私たちの推計では、エチオチキンは毎年二億ドルをエチオピアの経済に注入している。エチオチキンは社員一二〇〇人に成長し、四人を除いて全員がエチオピア人だ。エチオチキンの創業地である人口五〇〇万のティグライ地方では、栄養失調率が一一%以上も下がった。政府はエチオチキンが栄養状態の改善に大きく貢献していると認めており、養鶏を国家の農畜産業戦略に組み込んでいる。

エチオチキンはパートナーシップを組むことを学んだ――政府と、エージェントと、投資家であるアキュメンと、そしてゲイツ財団のような慈善団体と。こうしたパートナーたちは目的を同じくしつつ、この活動にそれぞれ異なる貢献をした。エチオチキンが軌道に乗るまでには、デイブやジョーがスタート時に考えていたより長くかかったかもしれない。しかし行政との連携を通じて、エチオピアが鶏と卵を収入源・たんぱく源の両方として活用し、小農の人々が力を得ることができるようなモデルづくりに貢献したのだ。

パートナーシップに対するデイブとエチオチキンのアプローチで最も印象的だったのは、やはり、彼らのビジョンの大胆さだけではなく、彼らの謙虚さと、それによって信頼を築き上げる能力だった。デイブは、自分とジョーが最初にエチオピアに来たときにエチオチキンが犯した間違いについて包み隠さず話す。当初は自分たちが答えを持っていると思い込み、自分たちが提供できるものを分け合おうと焦っていた、と彼は認める。国民を助けるためには、行政が何を必要としているかを最初にもっと詳しく聞き、そのうえで行動しなくてはならなかったのだ。

デイブとジョーはまた、自分たちだけでは効果的なパートナーシップを組めなかったということも実感している。たとえば、柔らかい話し方をするが快活なエチオピア人の同社セールスマネジャー、フセハ・テスフの支援なしには成功しなかった。テスフはエチオチキンと行政との間で調整を行う役割を担ってくれた。行政の側では、家畜・漁業相ゲブレジアベル・ゲブレヨハネスがエチオチキンの可能性を早くから信じ、成功までの道のりには付き物の障害にぶつかったときにバックアップしてくれた。結局、変化につながる関係をつくり出すのは、組織ではなく個人なのだ。

デイブは組織のあらゆる階層の人々、あらゆる当事者たちと信頼関係を築いている。デイブがエージェントや農民、農業指導員と、並はずれた謙虚さを持って交流する姿を私は見てきた。誰とでも握手し、エチオピアの公用語であるアムハラ語で話し、持ち前の好奇心を発揮して積極的に地元の料理を食べ、そして第二の故郷の良さを自ら見つけ出し、称える。自分が他の土地から来た訪問者であることを決して忘れなければ、地元人として受け入れられる可能性は高くなる。

二〇一四年、エチオピア南西部の南部諸民族州はエチオチキンの成果を認めて、ほかに二つの廃農場を引き継ぐ契約を、今度は固定支払いでエチオチキンに提示した。「エチオピア政府との協働がなければ、これほどの成果は挙げられなかったでしょう」とデイブは言った。「政府のおかげで、すぐに小農との信頼関係を築くことができました。そして、ゲームチェンジャーになる市場をつくることができたのです」

信頼を築くことについて人に教えられるかと、最近尋ねられたことがある。私はできると考えている。信頼が最も貴重な通貨であることを考えれば、私たちは子どもたちにもそしてお互いにも、人を信頼するように、そして信頼に値する人間であるようにと伝えていくしかない。信頼は、相手を訪ね、相手の意見に耳を傾け、約束を守ることによって築かれる。取り組みを共有し、言葉と行動を一致させることによって築かれるのだ。間違いを認め、物事がうまくいっている時もいっていない時もきちんと伝えることを心がけよう。自分の価値観を知り、それに従って生き、その価値観に反することはないと人に明確に示そう。

私たちの祖母に尋ねれば、きっと同じようなアドバイスをしてくれたことだろう。

ACCOMPANY EACH OTHER

第11章　ともに歩む

一九八七年、ドゥテリンベレの創設を準備していた頃、私はシングルマザーのグループがチャリティー・プロジェクトをベーカリー・ビジネスにする手助けもしていた。ルワンダのマイクロ起業家はほとんどの場合、家族を二、三人雇うだけであるのに気づき、それならビジネスを起こしてみようと思い立ったのだ——たやすいことだろうと愚かにも考えて。女性たちはパンの焼き方をすでに知っていたし、しゃれたオフィス街のすぐ近くにはうってつけの市場もあった。そのうえ、当時、競争相手もいなかった。

けれども初めは、軌道に乗せようと私がどれほどがんばっても、うまくいかなかった。女性たちは時間どおりに来なかった。ベーカリーのものを黙って持ちだした。販売先のオフィスのドアをノックして自己紹介するのをしり込みし、誰かに話しかけられると俯いた。女性たちには商売をするためのスキルがなく、信頼関係もなく、起業家精神もなかった。「市場機会」を活用するのを妨げている入り組んだ原因を解きほぐすには時間がかかった。女性たちは貧しい家の生まれで、ほとんどは字が読めず、何のスキルもなく、社会の主流から分断され、自分が価値ある存在だという感覚と縁がなかった。

いわゆる「立派な」人たちは、こうした貧しさから距離をおき、貧しい女性を「娼婦」扱いし、よくて二流市民とみなす。貧しい弱者は、貧困がもたらすさまざまな形の暴力を絶えず受けている。危険な環境、貧弱な学校、不十分な医療、信頼できない司法。その結果、多くの貧しい弱者は自分を価値のない存在だと自分でさらに思い込む。ルソーが『社会契約論』で「人は自由に生まれるが、いたるところで鎖につながれている」と書いた意味を、私は理解し始めていた。

私は自分の果たす役割を直感的に改めた──単なるマネジャーではなく、コーチ、チアリーダー、友人という役割を担うことにしたのだ。毎週金曜日、私はビジネスがどのように動いているかについて、彼女たちの──私の、ではなく──現実に結びついた形で伝えるセッションを開いた。知らない人に挨拶する練習をし、一緒に店に足を運んで、私たちのパンを置いてもらえるよう店主の説得を試みた。彼女たちが出勤する時間には私もほぼ毎朝ベーカリーにいるようにし、ささやかな勝利を一緒に祝った。ときにはうれしくて騒々しく笑うこともあった。ベーカリーで働く彼女たちの課題は、彼女たちのためにではなく、彼女たちと一緒に解決すべき、私の課題になったのだ。

落胆することは毎日のようにあったが、私はこの女性たちと一緒にいるときの自分が好きだ、と気づいた。彼女たちの内面の美しさや可能性を映し出す鏡を掲げる方法がわかってきて、そして彼女たちも、私自身の良い部分を映し返してくれた。その結果は、思いがけない笑顔やハグ、あるいは、売り上げがついにじりじりと伸び始めたときのみなの喜び、そして何も盗まれなくなったことに現れた。私たちがともに歩んだ旅は、互いへの感謝にとどまるものではまったくなかった。ときとともに、女性たちは他の人々より多くの収入を得るようになり、ビジネスを構築して安定した収入を得て、自尊心を育んだ。彼女たちは、自分自身の中にあった尊厳の意識を掘り起こすことができたのだ。それは誰も奪い取ることのできないものだった。

私は知らず知らずのうちに、ともに歩むという原則を実践することを学んでいた。ともに歩むというのはイエズス会の理念であり、自分が役に立とうとしている相手の傍らで「生き、歩く」ことだ。すすんで他の人と出会い、人に「自分は価値のある、目に見える存在だ」と感じさせ、人を貶めるのではなく引き上げる。自信と能力が身に付くよう他の人や組織、コミュニティを導くためには、粘り強さと、感謝の見返りを期待せずに繰り返し相手に姿を見せる規律正しい姿勢が必要だ。このように、ともに歩むには、判断することなく他の人の話に耳を傾け、押し付けることなくスキルや解決を提供する必要がある。先に立って導くと同時に後ろから支える人であり、揺るぎない優しさを持ち、常にそこにいてコーチし、謙虚であると同時に大きな夢を持つ、教師であり生徒でもある存在だ。人の役に立ちたい、リーダーになりたいという目標を持っているなら、やるべき仕事は関心を持つこと、他の人が輝けるよう手を貸すことであり、自分自身がどれほど賢いか、善良であるか、有能であるかを示すことではない。

戦争、暴力、孤立、攻撃、あるいは麻薬や何世代も続く貧困のためにトラウマを抱えたり、置き去りにされたりした地域や家族で育った者とパートナーシップを組むとき、ともに歩むことは特に重要だ。ともに歩めば、多くの人やコミュニティにとって、物質的な貧困だけでなく、精神的な貧困も同じく破壊的なものだということがわかる。ただ姿を見せ、その人とつながるというそれだけの行動が、思いもよらなかった形でその人の希望の灯を再び明るくする可能性がある。

今までの人生のなかで、自分がなり得る最良の人間を――自分自身にはそういう自分が見えなかったときでも――見出してくれた人のことを思い浮かべてみよう。両親かもしれないし、兄弟、師、学校の先生、コーチ、あるいは上司かもしれない。やってみろと言い、背中を押し、成功するためのスキルを授けてくれた人。あるいは友人。厳然とした真実を建設的な形で、おそらくは厳しく、でも揺るぎない愛をもって伝えてくれた人。自分は前より成長し、高い意識を持ち、確かにここに存在していると感じさせてくれた人たち。そんなふうにともに歩んでくれた人が一人でも思い浮かぶなら、自分は幸運だったと考えていい。

では、排除されていると感じている人たちのことを考えてみよう。貧困に陥っている人、紛争地域に住む人、刑務所に収容されている人、難民キャンプで苦しい生活をしている人。こうしたコミュニティの多くの人は、際限ない冷淡さと絶え間ない批判にさらされている。他の人が押し付けた偏見を内面化している場合もしばしばある――がつがつしている、寄生している、ふさわしくない、価値がない、目に見えない存在だ、と。

絶望は貧困層だけのものではない。想像を絶する喪失を経験したり、危機に陥ったり、身体的な痛みに苦しんだりすれば、私たちは誰だって、ときにはただベッドから起き上がるだけのために勇気を奮い起こさなければならなくなるかもしれない。孤独や失望のただ中にいる人たちにとって、変化という厳しい仕事は自分でやるほかなくても、誰かが後ろで見守ってくれていると知ることは大きな力になる。

ともに歩むという精神に基づくビジネスのあり方は、私にとって常に関心の的だった。そもそも一九八六年にアフリカを訪れたのは、銀行が貧しい人をどれほど見捨てているかを目の当たりにして、最初期のマイクロファイナンスに刺激を受けたからだった。低所得層の女性に融資をして、スキル、自信、そしてコミュニティを共有する。なかでも最も触発されたのは、インドの女性自営者協会（SEWA）という、くず拾いや荷物運びをする女性たちの組合だった。団結の力を信じる精神と貧しい人に寄り添う哲学に基づいて、SEWAは組合員二〇〇万人以上に成長した。SEWAの女性たちは、所有する物質的財産は限られていたかもしれないが、組合員であることが相互の絆となっており、SEWAはこの絆に基づいて女性たちに少額融資を提供した。

二〇一五年、寒さの厳しい一月のある日、私はニューデリーでSEWAの代表、ディーパ・ロイとシュルティ・ゴンサルヴズに会い、一緒にアキュメンの新たな投資先であるSEWAグリ・リンを訪ねた。グリ・リンはSEWAの住宅融資支部で、自分の土地に対する法的資格がないために家の改修費用のローンを組めない女性に融資を行う。

私たちは一緒に二時間以上、うねうねとくねる幹線道路を車で走った。私は車酔いし、何度も気分が悪くなった。町から遠ざかるにつれて道幅が狭まり、車は速度を落とした。農場や荒涼とした工業地帯を通り過ぎると、ようやくサヴダ・ゲヴラに着いた。ここは、インド政府が主にコモンウェルスゲームズ〔イギリス連邦に属する国や地域が参加する総合競技大会〕のようなイベントのためにデリーの一部を再開発しようとし、スラムを撤去した際に家を追われた人たちが住む大規模な再定住団地だ。まだ目的地に着かないうちから、この地域の住人たちは町に仕事を探しに行くために、毎日のように往復四～五時間のバスに耐えているのかと考えずにはいられなかった。

団地内の舗装されていない道には、「お菓子の国」のような色に塗られた、レンガやコンクリートで建てられた家と、竹の棒やビニールシート、段ボールや有り合わせの布で補強した一時しのぎの小屋が並んでいた。まもなくして私たちの車が止まったのは、目の覚めるようなアクアグリーンに塗られた二階建ての建物の前だった。手すりのない、狭い外階段が地面から二階のドアの高さまで、ジグザグに壁を伝っていた。白髪が混じった髪をぴっちり束ねた小柄な女性が二階の玄関で私たちを待っていた――靴下にサンダル履きで、藤色のクルタ（インドの民族衣装）の上にバーガンディのセーターを着て、緩い手編みのショールを羽織っていた。明るい色の目の片方は白内障のために曇っていた。

「ダンパティと言います」とその女性は言い、小さくてこぎれいな、暖房のない家に招き入れてくれた。中に入ると壁はピンクだった。白いプラスチックの椅子に腰かけて、それから三時間話し込んだ。ダンパティはまず、デリー中心部のコノートプレイスに近いスラムでの「幸せな生活」について話してくれた。そこで育ち、誰もが顔見知りで、自分には居場所があると感じていた。人生を一変させた二〇〇八年のスラム撤去の話になると、彼女は涙をこぼした。「追い出された日は雨が降っていました」

ブルドーザーが彼女の家と長年の隣人の家を、まるで段ボールでできているかのようになぎ倒した。家は破壊されてコンクリートと埃の嵐となり、写真やら紙やら思い出の物がくるくると舞い上がって埃の中に落ちた。彼女と家族が暮らし、働き、夢見た、かつては活気があったコミュニティで、残ったのはただそれだけだった。

ダンパティの声は低くなり、ささやきになった。「土地の割り当てを約束されたんですけど、割り当てを受けるには七〇〇〇ルピー（約一〇〇ドル）を払わないといけなくて、私たちのほとんどはそんなお金がなかった。だからすべてを失うしかなかったんです」

六年間、ダンパティの家族一〇人はカラシ畑にテントを立てて暮らした。「少なくとも」と彼女は言った。「私たちは再定住地区の近くで、制度をできる限り利用してなんとかやっていたんです。制度のなかで実際に機能しているものなんかほとんどなかったですけど」その間、家族はなけなしの支援を求め、ダンパティは再定住地区の本来は無料の公衆トイレで働き始めた。「政府の人は来ないから」と彼女は言った。「トイレを掃除して、使うたびに料金をとっています。使う人は私がいてよかったと思ってますよ。でなければ、あまりにも汚いですから」

ともに歩むことの反対は分断だ。スラム撤去や国の制度が人々の生活の可能性を奪うような暴力となるとき、私たちの間に、そして私たち自身の中にも分断が持ちこまれる。人を統計上の数字としか見なさず、自分たちの決断――あるいは自分たちの不作為――によって生まれる醜悪な現実から距離をおこうとする。ほかにどうしようもなかったと自分に言い聞かせる。被害者が「制度」を厳しく批判するのを責めたり、貧しい人たちのことを反抗的だとか何のとりえもないと切り捨てる。知りたくないのだ。

だから貧困の核心には分断がある。政治家たちがデリーのスラムにスタジアムを建てることを決めたとき、ダンパティは唯一の家を失った。家がないことで屈辱を感じ、子どもを学校にやれなかったり医者にかかれなかったりするのを恥ずかしく思った。自分のコミュニティから遠く離れた場所で、多くの冷え冷えとした眠れない夜を過ごした。いつまでたっても蚊帳の外から眺めるしかできないという孤独感に慣れっこになった。身の上話をするダンパティの目には闘争心と心細さの両方がのぞいていた。

人を分け隔てる分断はまた、人の心の中にも分断を生み出し、自分は他の人より劣っているとか、価値のない存在だとか、こんなことではだめだとか感じるようになる。しかし、ともに歩み、絆を結び直し、立て直せば、自分たちの取り組みやコミュニティ、そして自分自身の内面を一新する大きなチャンスがあるはずだ。

人を信じているかと、私はダンパティに尋ねた。

「自分しか信じません」

「SEWAはどうですか?」と私。

彼女はほほ笑んで言った。「そうね。SEWAのことは信じています」

私は理由を尋ねた。

ダンパティは部屋を見回した。「SEWAの人たちは会いに来てくれますから」と彼女は言った。「約束を守るし。家を建てるお金を貸してくれます。私を名前で呼んでくれる。生まれてから自分の名前を呼んでくれたのはSEWAだけです。SEWAの人が来るとき、私はダンパティなんです」

もっと話してほしいと私は頼んだ。

「私みたいな女は結婚すると自分がなくなるんです。奥さんとか嫁とかお母さんとは呼ばれても、本当の名前で呼ばれることはない。SEWAの人といると、自分が大事に思えてくるんです——一人の人間として。私はダンパティです。私の名前は『富の主』という意味なんです。私は一人の人間なのです」それから彼女は、返済は滞っていないと誇らしげに付け加えた。

SEWAは女性組合員に寄り添い、スキルが身に付くよう研修し、必要なときは彼女たちに手を差し伸べる。同時にSEWAグリ・リンは、ただ単に組合員の問題を解決するだけにとどまることはできないし、そうすべきではなく、女性たちが自分で問題を解決できるようにすべきだということを理解している。そうすれば、女性たちは互いに助け合える。

SEWAグリ・リンの女性とともに歩むという姿勢は、SEWAが自営業の人や土地を持たない人、そして機会とスキルを提供されれば自分自身の人生を変えられる人たちの権利のために闘っていることの現れだ。女性組合員はSEWAが自分を支援してくれるのを知っている。

ともに歩むことは、他の人が成功するように力を尽くすということだ。オーストラリア生まれのアキュメン・フェロー、ラミア・ウォランは、地球上の最貧農民からコーヒー豆を買いつけるルワンダのコーヒー企業で働いていた。その後、この会社でフルタイムの仕事をするようになって事業の運営を引き受け、一方でCEOはスペシャルティコーヒーのバイヤーとの契約交渉など渉外関係に専念した。ラミアは農民と一緒に働くのが大好きで、女性リーダーとして、女性たちが自分でリーダーシップを取れるように支援する仕事を非常に誇りに思っていた。

残念ながらこのコーヒー企業は結局破綻した。アキュメンを含めた投資家は、会社の閉鎖と債権者への返済に焦点を当てたのに対して、ラミアは、生計手段を失った三〇〇もの小農の人々を助けようとした。疲労困憊し、何カ月も無休で働くことになったにもかかわらず、ラミアは農民が一人残らず、別の会社とつながりがついて安心感を得るまで、仕事を止めなかった。

私はラミアと電話で話したことを決して忘れないだろう。風の吹きすさぶニューヨークの通りを歩いていた私に、キガリで夜遅くまで起きていた彼女から電話があったのだ。「会社の事業がうまくいっているとき」と彼女は言った。「投資家のために私ができるベストなことは、利益が上がるフェアな企業を確実に維持することです。でも投資家が手を引き、会社が閉鎖するというときは」

と彼女は続けた。「農民をまず助けなければならないんです。貧しい人たちとともに立つことを約束したとき、私たちはそういう意味で言っていたのではないですか。破産したのは農民のせいではなかった。農民は最も脆弱な当事者です」

さまざまな当事者にかかわる苦渋の決断に直面するとき、私は農民とともに歩むというラミアの断固とした姿勢を思い出し、励まされている。外国暮らしの彼女には経済的な余裕など何もなかったが、どんな状況にあっても自分のことを優先しようとしたことは一分たりともなかった。ラミアがそこにいたのは、農民とともに歩むため、貧しい人たちとともに立つためであり、農民に研修と支援をしてきた会社が破産した後も、彼らの将来が暗転しないようにするためだった。

物事がうまくいっているときもいっていないときも、私たちは誰とともに立つかを選択できる。ともに歩むことの核にあるのは、その人がただ単に生き延びるだけでなく生き生きと力を発揮できるように全力を尽くす、ということだ。二一世紀の資本主義では、金や権力や名声は報われるが、人の自信や勇気、あるいは、例えば学校に通い続けられるか、もう一日生き延びられるかといったことに測り得ないインパクトを及ぼしていても、報われることがない。重要な取り組みを認識できないために、みなが危機に陥っている。

測れるものしか報われないゆえに、私たちが最も大切にしているものは尊重されないシステムが永続化してしまい、その代償を私たちみなの魂で払っている。けれども、「私たちがこの地球上にいるのは、他の人の役に立ち、次の世代のためにこの惑星を維持するためだ」という考えを前提とするモラル・フレームワークに基づいた、新しいシステムの構築を選ぶことはできる。それは、ともに歩むというシンプルな、献身的な行為から始まる。

どの国にも先進世界と発展途上世界の両方の要素がある時代には、ともに歩むという原則は普遍的な意味を持つ。多くの国が、より裕福に、そしてより不平等になるにつれて、必然的に個人主義が強まり、不安が募り、孤立や孤独、不信感の温床となる。

発展途上世界で「ともに歩む」を実践する多くの場合に基盤となることがある。それは、人々は所属意識や配慮を望んでおり、個々のコミュニティはより大きなコミュニティの一部となるときに繁栄する、という理解だ。言い換えれば人は、誰かが自分たちのことを配慮してくれていると感じるとき、力を発揮する。そんなに複雑なことではないのだ。

アフリカでのＨＩＶ／ＡＩＤＳ危機の間に、多くの機関はコミュニティ保健師（ＣＨＷ）モデルを採用し、コミュニティの一般市民を募集して、隣人とともに歩む保健師を育てた。コミュニティ保健師はＨＩＶ感染者の家を訪ね、きちんと食事をとっているかや薬を飲んでいるかを確認した。最も優秀な保健師たちは、病人の気持ちに寄り添い、病人たちに、自分は目に見える、価値のある存在だと感じさせた。こうしてコミュニティ保健師は尊敬される存在となり、社会のリーダーとなった。

南アジア移民の娘でアメリカ人のマンミート・カウルは、南アフリカとインドの両国で働き、そこでコミュニティ保健師（ＣＨＷ）モデルを目の当たりにした後、ニューヨークに戻ってＭＢＡの勉強を続けた。二〇一三年、彼女はマンハッタンのハーレム地区にシティ・ヘルス・ワークスという会社を設立した。目的は、コミュニティ保健師・コーチをアメリカの医療保健システムに組み込むことだった。南アフリカでは、スキルのない女性が数カ月研修を受け、その後ＨＩＶ患者をサポートし、しばしば目を見張るような成果を出していた。「アメリカでも、住民がピア・カウンセラーを務めればよいのではないか」と彼女は考えた。

アメリカの他の地域と同じようにハーレムでも、かなりの数の住民が糖尿病や喘息、高血圧などの慢性疾患に苦しんでいる。こうした患者と直接パートナーシップを組めば、患者が生活習慣を改善するのを手助けしたり、交流する機会をつくったりできるとマンミートは考えた。また、政府や保険会社は多額の金を節約できるようになるはずだ。

今度は二〇一七年の、また一月の寒々とした日、私はシティ・ヘルス・ワークスを訪れて、デスティニ・ベルトンという地元の保健コーチに会った。アフリカ系アメリカ人である彼女は、黒のパンツと赤のセーターにスタッド・イヤリングというすっきりしたスタイルで、後ろに束ねた髪が率直な人柄によく合っていた。感じがよく、聡明で冷静なデスティニは、スパニッシュ・ハーレムにあるカラフルなコミュニティセンターまで歩いていく間、まるで昔からの友人同士かのように話しかけてくれた。コミュニティセンターに入ると、バスケットボールをする少年たちで賑わう体育館を通り、それからもう少し年上の男女がサルサを踊っているホールを抜け、ようやく、三〇人の女性と数人の男性がトランプやビンゴやマージャンをしている部屋に着いた。小柄な高齢の中国系の女性がテーブルからテーブルにオレンジとぼろぼろしたクッキーを配っていた。

私たちはアフリカ系とヒスパニック系の女性グループに加わった。女性たちはデスティニの姿を見て喜び、私を温かく迎えてくれた。彼女たちの生活のことや、シティ・ヘルス・ワークスの利用者になってどう感じているかについて、みなで話をした。毛糸の帽子をかぶって杖を持ったマリアが、どこかに所属していると感じられるのが自分にとってどれほど大切なことかを話してくれた。

「デスティニに食料品店に連れて行ってもらって、体にいい食べ物をどうやって選んで買えばいいか教えてもらっています」と彼女は言った。「ありがたいと思う。この人たちは自分たちのやってることをちゃんとわかっている。一緒に散歩に行ってくれるし、デスティニは私がちゃんと薬を飲んでいるかチェックしてくれる。困ったことがあればいつでも、彼女に電話すればいいの」マリアが話している間、テーブルの他の女性たちは同意するようにうなずいていた。

「それで、前より元気になりましたか」と私は尋ねた。

「間違いなく元気になってますよ!」と彼女は声を張り上げた。「体重が減ったし、気分もいいし。病院にもずいぶん行っていないし」

私はデスティニのほうを見て、これほどの誉め言葉をどう思うかと尋ねた。

「本当に自分を評価してくれていると感じます」と彼女は答えた。「この仕事をする前は、店の売り子として働き、先が見えない生活を送っていました。でも今は、研修を受けて、コミュニティと家族に貢献できているんです」

保健コーチという仕事のどういう点を一番評価しているかとデスティニに尋ねた。

「女性たちに食事や買い物をどのように改善すればよいか教えています」と彼女は言った。「それを評価してもらっているんです。前より希望を持てるようになった人たちもいる。みんなもう何年も同じ病気に苦しんできて、今、初めて問題を自分でコントロールすれば元気になれると知ったのです」

「女性たちに会ってあなた自身は何か変わりましたか?」と私は尋ねた。

「前よりも自分が大切な人間だと感じるし、食事も変わりました」

「食習慣が変わったのはなぜだと思う?」

「コーチだったら、教えていることを自分でも実践したほうがいいですから！」とデスティニは答えた。「コーチになると、患者さんの助けになるだけじゃないんです。私の家族や友だちの役に立つこともできるんです」家族の誰かにどうやって自分の体をより良くケアするかを教えることで、デスティニが、自分の家族をはじめ親族みんなに影響を与えているというのがよくわかった。

マンミートが後でこう説明してくれた。「シティ・ヘルス・ワークスでは、利用者に三つの質問をするところから始めるよう、コーチに教えています。不安なことは何か、どんなことで苦労しているか、長生きしたいと思う動機は何か。二、三回訪問を重ねると、利用者が健康悪化の原因となっているデリケートな葛藤について話してくれることがあります――薬を飲むのが不安だとか、地元のフード・パントリーに行くのがどうしても恥ずかしいとか。保健コーチは耳を傾けることを学び、利用者のほうは自分が目に見える存在になったと感じるようになります。というのは、コーチにも似たような人生の経験があるからです。脆弱な状況にいる人は、置かれた状況だけでは定義できない。個人として、コミュニティとして強さを持っているんです」

保健師の中には、とマンミートは付け加えた。自分が「レベルアップしている」と話してくれる人たちがいるという。新しいスキルを身に付け、そして、自分で思っている以上のことができるとシティ・ヘルス・ワークスが考えてくれるので、自分をもっと深く信じるようになった、と。

シティ・ヘルス・ワークスは今、ハーレムで二〇〇〇人以上の利用者を抱えており、ニューヨークの他の地区にもこのモデルを拡大している。マンミートは、このモデルが医療コスト全体の削減につながることを証明し、州との契約を確保した。今後は利益を得られる会社へと成長できるだろう。

「ともに歩む」ことがどうして原則になるのかと尋ねられることがある。どうやってお互いをサポートするかは一つの理念であり、他の人――そして自分自身――を理解する方法にほかならないと私は言いたい。この理念を広げて、それを実践する人を尊重すれば、ともに歩むという実践もそのインパクトも増す一方となるだろう。

ともに歩むことは、事業体や組織の原則というにとどまらない。いっそうインクルーシブな、配慮のある社会となるための枠組みなのだ。寂しさ、孤立感、不安感を持っている人がいれば、そこにはともに歩む機会がある。慢性疾患を予防し、高齢者を支援し、幼児の世話をし、病人や苦しむ人を助ける。収監者の孤独を和らげ、出所者や麻薬常用者を立ち直らせる。私たちはみな、どこかの時点でともに歩んでもらうことが必要になる。そして、困っている人とともに歩む力を、みなが持っている。

ハーレムでの一日が終わる頃、私は地球の反対側でダンパティのピンク色の家を訪れた、あの寒い日のことを考えていた。ダンパティの話が心を捉えていた。世界中の彼女のような人たちは、不利な手札しかない制度のなかでなんとかやっていかなければならない。彼女の話はそのシステム全体について物語っていたのだ。

あの日、ダンパティは、家に着いてから私がずっと寒さで震えていることに気づいた。そして温かいお茶とビスケットはどうかと言ってくれた。お茶のための水とミルクを買いに行くのに通りを渡っていかなくてはならないことを知っていた私たちは辞退した。しかしダンパティは、私たちの遠慮を受け入れようとしなかった。

「私が家にお邪魔したら、お茶を出してくれるでしょう？　今は私の家に来てくれているんです。

同じことをしましょう」

私はミルク入りの甘いお茶をいただいた――糖分と熱さが体にしみわたり、本当にありがたかった。ダンパティはすぐ二杯目をすすめてくれた。飲みたいのはやまやまだったが、恥ずかしさでためらった。その頃には家族全員が会話に加わっていて、私たちにお茶が行き渡ったら自分たちもお相伴しようと辛抱強く待っていたからだ。

ダンパティのこまやかな気遣い、そして役に立つこと――ともに歩むこと――へのこだわり。私は皮肉を感じないわけにはいかなかった。与える側に立っているのはいったいどちらだろう。あの小さなティーカップの中に善意の大海があった。私は、立ち止まって目の前にいる人のニーズに気づけなかったことが何度あっただろうかと考えさせられた。私にはダンパティから学ぶべきことがたくさんあった。そして、ダンパティが他の人とともに歩めるように、SEWAグリ・リンが彼女とともに歩んだ方法からも。

ともに歩むことの秘訣はこうだ。鏡を掲げて相手がどれほど大切な存在かをその人に示しつつ、その人の苦しみと輝きの証人となる。ときを経て、相手が同じことをしてくれる。なぜならそういう関係のなかに、私たちが共有する尊厳や困難なことをやり遂げるのに必要なお互いの励ましがあるからだ。

目指しているものが何であれ、取り組みたい問題が何であれ、苦闘している人たち、排除されている人たち、自らの問題を解決するのに必要な能力を奪われている人たちとともに歩むことを忘れないでほしい。私たちは運命共同体だ。最も困難な課題を解決するのに必要なのは、ハードなスキルや優先すべきことを戦略的に判断することである。しかし、それらはソフトな面、つまり私たちが共有する人間性という豊かな地盤があってこそ発揮されるのだ。その両面を兼ね備えた場所にこそ、人類全体を養うに足る糧がある。

第12章 可能性を引き出す物語を語る

「もうアフリカにそんな理想を抱く年齢ではないんじゃないですか」二〇〇九年、ガーナの首都アクラのしゃれた家で開かれたディナーパーティーで、あるナイジェリア人のビジネスマンが笑みを浮かべながら言い放った。長いテーブルには、一八人の西アフリカ諸国のビジネスマンと同僚のキャサリン・ケイシー・ナンダが同席していた。プルメリアの花の香りと堅苦しい雰囲気が漂っていた。

キャサリンと私がそこにいたのは、アフリカ西部でフィランソロピーの支援者になってくれそうな人にアキュメンを紹介し、アキュメンがこの地域でどのような変化を生み出せるかを伝え、地元資金を集める準備をするためだった。キャサリンが、ナイジェリアとガーナでアキュメンが計画している投資についてすでに発表していた。私たちの取り組みがどのような可能性を持っているかを力強く示すような内容だった。そこまでパーティーは首尾よく運んでいた。

そこへ私が、もっとグローバルな視点からアキュメンの取り組みについて、おそらく熱のこもりすぎた演説をぶつけたわけだ。自分の理想主義的な面についてビジネスマンに指摘されて、私は虚を突かれた。彼の言葉は懐疑的で、口調は冷笑的だった。私は自分の人種やアウトサイダーとしての立場、そしてアキュメンをアフリカ西部に紹介するこの最初の会合の重要性を意識していた。同時に彼の挑発を、私のチームや、ともに取り組んできた仕事が持つ意味への侮辱と受け止めた。テーブルの側には純白の手袋をして制服をまとった給仕人が控え、ピシッと糊付けされアイロンのかかったテーブルクロスの上には純銀のカトラリーが並んでいた。その真ん中に、このカリスマビジネスマンは決闘の手袋を投げ込んだのだ。

華やかなテーブルを挟んで座っていた私はその挑戦を受けて立ち、その質問はどういう意味かと尋ねた。

「言ったとおりですよ」と彼はにべもなく言った。「もうアフリカにそんな理想を抱く年齢ではないんじゃないですか」

今やすべての視線が私に注がれていた。

「私は理想主義が、冷笑主義の解毒剤になると考えています」ビジネスマンの目をじっと見ながら私は言った。「それは、醜悪なことや困難な課題に目をつぶるという意味ではありません。しかし、アフリカの暗部だけを描写してどうやって聴衆の心を動かすことができるのか、理解に苦しみます。西アフリカはそれよりはるかに多くのものを持っているのではないでしょうか」

自分の心の中に二つの声があるのが感じられた——口をつぐめと言う声と、もっとやれという声。「私が無能や腐敗、絶望的な無関心を経験したことをお話しするのをお望みでしょうか」と私は尋ねた。声のトーンは次第に上がっていった。「それらのどれについてでも、お話しすることはできます。また、愛と平和の大風呂敷を広げた挙句、国民を失望させているエリートについて語ることもできます——特権者のコミュニティにいる限り、世界が彼らの富を歓迎し、不正行為に目をつぶってくれると思っている人たちの話です。あるいは、捕まったり、強盗に遭ったり、襲われたり、物を盗られたり、脅迫されたりした経験もお話しできます。私の仲間が、公正を求めて何年も闘った末にルワンダ大虐殺で殺されたことも、不安と権力欲に屈して、最終的にあの流血の実行犯に加わった人たちについてもお話しできます」

私は湧き上がってくる感情を抑えるために、息を継いだ。そして「ときには」と締めくくった。

「私も、あまりに多くの人たちが捨て駒のように扱われていることから目をそらしたくなり、自分の魂が無関心になろうとするのを感じて葛藤する日々があります。そうです、お望みなら理想主義の正反対を描き出すことはできます。でもナイジェリアの作家チママンダ・アディーチェの言葉のとおり、一つの物語しかないわけではないのです」

もちろん、私はどの国についても光と影の部分があると思っている——特に自分の祖国についてはそうだ。けれどもアフリカは、私のアイデンティティを形成してくれた、そして本当の愛とは何かをさまざまなやり方で教えてくれた場所だった。胸の中に握りしめたこぶしのような怒りが湧いてきた。安っぽい愛情ではなく本当の愛をもって向き合う姿勢を貫いてきた、私の人格の一部が脅かされたと感じたのだ。

ビジネスマンが質問したのは、ちょうど悪いタイミングだったのかもしれない。

あるいは、最高のタイミングだったと言えるかもしれない。

私はちょうど家族の危機の真っ最中にあって、ディナーの議論とも通じるような課題を抱えていた。一カ月前、三五歳の妹のエイミーが脳の手術を受け、左半身に麻痺が残った。二度と歩けないかもしれないと外科医は彼女に言った。妹はニューヨークのリハビリ施設にいて、この先はいずれの道のりも困難であるとみなわかっていた。

でも、妹のことを見くびらないでほしい。妹は自分の予後について理解していた。私たちみながわかっていた。妹は、自分の体の一部が仮に動くようになるにしても時間がかかること、体の他の部分は回復する可能性があることを理解していた。彼女はあらゆる療法を学ぼうとした。彼女とともに歩む家族と友だちの強く結ばれたコミュニティは、サポートはできても、結局のところ回復への非常に苦しい仕事をしなければならないのは本人だとわかっていた。妹は一つのナラティブを常に持っていた。自分に何が起きるかを選ぶことはできないが、どうやってそれに対応するかは選ぶことができる。

「妹と一緒に部屋にいるとき」と私はテーブルにいた人たちに言った。「私たちはみな、外科医の悲しい言葉を注意深く聞きますが、その言葉にいつまでもとらわれないようにしています。その代わり、妹のエイミーが最愛の婚約者と予定している結婚式の話をするんです。私が妹と踊るのをどれほど楽しみにしているかという話を」

私は続けた。「ばかげた楽観主義と言う人もいるかもしれません——あるいは理想主義が過ぎる、と。しかし、人は語ろうと決めた物語をたどる、と私は考えています。家族は妹とともに歩むことはできますが、私たちにできるのはそれだけです。毎日勇敢に闘うという仕事はエイミーがしなくてはならない。妹は集中力があってタフです。多くの人がどうしようもないと考えることでも、その押し付けられる筋書きにおとなしく従おうとはしないのです」

「それに」と私は続けた。「覚えておいてください。私は妹の結婚式で妹と踊りますよ」

私はしばらく言葉を切り、誰もが食べる手を止めているのに気づいた。

「どのように考えていただいてもかまいませんが、私は進取の気性のある、献身的で倫理的で公共心を持った、優秀なアフリカの社会起業家たちを手助けしようと力を尽くしています。彼らの活動はコミュニティや国、アフリカ大陸全体に影響を与えており、その動きは広がりつつあります。私は、他者のナラティブに閉じ込められることのない人たちに賭けているのです」

「確かに、アフリカについて述べたネガティブな側面は真実です——ちょうど妹の外科医が回復の見込みについて言ったネガティブな事実と同じように。けれども、同じくらい真実なのは、この大陸でどれほど驚くべき創造性が発揮され、人々の努力によって成し遂げられたものがあるかという物語です。ケニアのモバイル・バンキング〔モバイル端末で利用するインターネットバンキング〕技術は、欧米のサービスを凌駕する勢いです。ナイジェリアのノリウッドは、世界で三番目に大きな映画産業になっています。私はアフリカで、優秀な科学者、技術者、医師、音楽家、詩人、作家、フィランソロピスト、アクティビスト、教師、そして政治家に出会いました。みな、いっそう大きな善に貢献しようと取り組む人たちです。この地域の人々の知恵に私は身が引き締まる思いがします。彼らは重大な苦しみを経験し、それでも、与えよう、許そうと心に決めているのです」

「ここにはすべてあるのです。問題は、私たちがどの物語の話をするつもりかということです——絶望のにおいしかしない話か、それとも、徹底的に現実的な希望に満ちた話か」

ビジネスマンは口元を緩めて歯をのぞかせた。「まあまあ」と彼は言った。「私はジャーナリストなんですよ。懐疑的になるのが仕事なんです」

「わかってますよ」と私は言った。「ただ、冷笑主義への根本的な答えとして、声を大にして希望を訴える必要があるだけです」

　自分は懐疑的なのであって冷笑的ではないとビジネスマンはなおも言い、みな笑った。おそらく議論が非常にリアルで生々しかったからだろう。キャサリンと私はその晩、熱心な支援者を見つけることができた。彼らの支援によって、現在ナイジェリアのラゴスを拠点にするプログラムが実現し、その希望の物語は今や、アキュメンや多くのフェロー、起業家が語り継ぐものになっている。

　モラル・リーダーの務め――それは私たちみなの務めにほかならない――は、大きな意味のある物語を語るのを学ぶ、ということだ。人々を一つにし、力を与え、個人とグループの可能性を育み、ともに構築して住む未来の姿を描き出す物語だ。意味のある物語とは、名誉を傷つけたり、嘲笑したり、分断したり、ひやかしたり、けなしたり、非難したり、辱めたりする物語ではない。私たちは、醜悪なものと美しいものの両方を真実として語りつつ、可能性に焦点を当て続けるという、いっそう困難な道を選び取らなくてはならない。

　物語が重要な意味を持つのは、影響力があるからだ。どの物語を選ぶかによって、どういう自分になるかがしばしば定義される。それどころか、近年の科学の進歩は、私たちが自分と他者について語るナラティブが健康や寿命にまで影響を及ぼすことを証明しつつある。幸せな人がいるとすれば、それは自分自身のナラティブを持ち、出来事の大半をポジティブに語り、悲劇的な出来事を終点としてではなく転換点として語る人なのだ。

　自分のナラティブを意識的に形づくれば、私たちは最良の自分になる自由を獲得でき、また、他者とともに歩み、インスピレーションを与えるためにますます多くを成し遂げられるようになる。テリーザ・ンジョロゲを例にとってみよう。彼女はエレガントな若いケニア人で、銀行で順調なキャリアを積んでいた。しかし二〇一一年一月、身に覚えのない犯罪で、三カ月の娘とともに、ケニアのナイロビのランガタ・ウィメン・マキシマム・セキュリティ刑務所に、一年の刑期で収監された。テリーザは、被害者になった経験、苦しみや怒り、復讐の物語を語ることもできただろう。そうする代わりに彼女は、自分自身についてもっとポジティブなナラティブを語り、誤審によって払わざるを得なかった大きな代償を踏み台にして、人の役に立つことと可能性への道を切り開いた。犯罪司法制度の欠陥をそのまま見過ごさなかった。

私が二〇一七年にナイロビを訪ねたとき、テリーザは逮捕された経緯を話してくれた。「自分のキャリアとそれについてくるもの、特に地位と特権を大切に思っていました」と彼女は言った。「でも知らないうちに、不正な取引を扱っていた。警察に逮捕されて、詐欺で告発されました。そして、私を逮捕した警官はこう言ったんです――一万ドル払えば不起訴にする、と」

「たとえそのお金があっても」とテリーザは続けた。「何も悪いことをしていないのに、どうして賄賂など払うでしょう。その後二年半、裁判が続いて、無実を証明するために闘いました。自分の顔と名前が新聞やテレビに出るのを見るのは屈辱でした。判決日の直前、裁判所が自由になるチャンスをくれると言いました――五万ドル払えば。でも検察側は、犯罪の証拠となるものを一つも提出していなかった。だから私は有罪になる心配をしていなかったんです。払うのを拒否して、刑務所に入れられました」

ランガタ刑務所の看守は、名前の代わりにテリーザに番号を付けた。ほかの収監者とまったく同じ、白黒の縞模様で綿素材のぶかぶかな制服を着せられた。最初は刑務所での日々に不安でいっぱいだったが、収監者の仲間の多くが社会の亀裂に落ちてしまった人たちであることを、テリーザはすぐに理解するようになった。彼らは、不当な告発を受けたり、貧しい人や社会的な弱者が失敗の矢面に立たされる腐敗したシステムの中で罪を背負わされたりして、収監される羽目に陥っていたのだ。

自分も収監者として暮らしたテリーザは、収監されている人たちについて私たちが思い込んでいる物語を解釈し直すようになった。「貧困が犯罪として罰せられる場合があまりに多い」と彼女は言った。「貧しい女性は道で物を売る許可証がないために逮捕される。厳密に言えば彼女たちは法を犯していますが、生き延びるために持っているわずかなものを売ろうとしているだけです。母親がわずかな食べ物を盗んで子どもに食べさせたり、病気の家族に薬を見つけたりするのも、同じことです。彼女たちは有罪かもしれませんが、この話の根本にあるのは、医療制度の崩壊、教育制度の崩壊、経済システムの崩壊ではないでしょうか。そうした制度の問題に焦点を当てることのほうが、参加する機会がないうちに社会から排除された人々の、一つひとつの違反を責めるよりも重要なのではないでしょうか」

テリーザは、犯罪司法制度の問題に取り組もうと固く心に決めた。「刑務所で過ごした時間は、実は私に与えられた恩恵でした」と彼女は振り返った。

釈放されると、彼女はクリーン・スタートという名のＮＧＯを設立した。目的は、女性収監者が一市民として社会に参加するためのスキルと自信を得られるようにすることだった。この使命は彼女自身の一部となった。「刑務所にいる女性たちや、出所したけれど社会のチャンスから排除されている女性たちのことを、毎日考えています。彼女たちの子どもはどうしているのだろうと、毎日考えます」

テリーザの物語は、彼女にとって最も大きな意味を持つナラティブで始まる――彼女自身についてのナラティブだ。自分の内面や人生の出来事の細かい部分まで正直になればなるほど、それらは普遍性を増す。ときとともにテリーザの物語は、収監されている人たちみなの物語となった。そして、自分の現実を深く掘り下げることによって、彼女は収監者一人ひとりに対する共感を広げた。自分が収監者の中におり、収監者が自分の中にいるという感覚を持つようになったのだ。

モラル・リーダーは、人を引き上げ、贖罪《しょくざい》と意義への道を提供する。テリーザのナラティブは、ただ単に苦労を耐え抜いた話ではない。セカンドチャンスについてであり、また自分自身の人生を引き受けることについてでもある。いま彼女は、熱心に刑務所に通っており、女性収監者たちの中にある生命力が、自分自身の精神をいきいきさせ、意志を確固たるものにしてくれると感じている。

精神分析医でホロコーストを生き延びたヴィクトル・E・フランクルは次のように書いている。「刺激と反応の間には余地がある。その余地に、自分の反応を選ぶ私たちの力がある。私たちの反応の中に、私たちの成長と自由が存在する」。自分と他者にどういうナラティブを聞かせるかを選ぶことは非常に大きな影響力を持つ可能性があり、私たちを絶望の道にも自由の道にも導く。選ぶのは私たちなのだ。

もちろん、フェイスブックの投稿やツイートの一つひとつに感情的で防衛的な反応をする人々にとっては、「刺激と反応の間」に余地などない。ソーシャルメディアは私たちに、素晴らしい物語やイメージを投稿するように促す。私たちは、他者から見える側面について「最善の」部分を選択的に提示して、個人の「ブランド」をつくり上げるのだ。一方、そのブランドと比べると、私たちの内面的現実は嫌気が差すほどばらばらだ。自分が何者でどういう人間になりたいかについて、自分に正直になることは前の世代よりさらに難しくなっている。けれども、意味のある物語を語れるようになるには、自身の物語から始めなければならない。信頼関係をつくり出し、周りの人にも自分を発見する機会を提供したいなら、こうしたナラティブは弱みを隠さない真実のものでなければならず、自己意識に根差すものでなければならない。

自分自身のナラティブを一つの限定的な物語に還元してしまえば、それもまた可能性を狭める原因となる。自分自身の狭い定義に固執して、同じ話をあまりに何度も繰り返すため、自分の言葉が自身から乖離していってしまい、成長の可能性を狭めてしまうのだ。そのような人を私は大勢知っている。ある昔の知人は、いつも自己紹介を自分の子ども時代の話から始めた。黄色い月の下でマットに寝転がり、自分がどれほど空腹を抱えていたか。そのとき母親は焚火で料理するふりをしていたが、実は水をかき回していただけだった、と。彼はこの話で、どんな聴衆をも惹きつけていた――少なくとも、同じ話を何度も聞く羽目になるまでは。

この友人が子ども時代の話をするのは、何かを伝え、明らかにするためというより、今の自分を認められないがゆえの防衛手段なのだと、私は時とともに理解した。かわいそうな少年は常に彼の一部だったが、その後、彼は多くの機会と責任のある、特権を持った大人になった。自分の新しい物語を古い物語と統合できないために、あのおびえた空腹の少年と和解できず、年を重ねてからの成功した複雑な自分をそのまま認めることもできなかったのだ。その結果、みなが欺かれ、現在の彼の本当の姿を理解することができなくなっていた。何よりも彼自身が、自分はどこにいるかわからなくなっていた。

同様に、自分を小さく見せて、自分より強力な人々の共感や哀れみを買うことができれば、短期的には物質的に報われることがあるかもしれない。けれどもこうしたナラティブは、ネガティブな偏見と精神的な消耗を強める恐れがある。私は一度、アフリカ東部で、恵まれない環境で育った優秀な若者のための私立学校を訪れたことがあった――そこで出会った若者たちは本当に素晴らしい資質を持っていた。同時に、一人ひとりが自己紹介するにつれ、そのやり方にだんだん失望を感じ始めた。頭を覆うベールが柔らかなひだをつくっている、美しい一四歳の少女は、名を名乗るやいなや、先ごろ亡くなった父親からぶたれていたかわいそうな村の少女だった話に入った。その何分か後、今度は完璧にアイロンのかかった制服を着て、きちんと髪をとかした一五歳の少年と会った。少年は慣れた手つきで握手した。そして、私が一つも質問しないうちに、両親は貧しくて自分に教育を受けさせる手立てがなかったと言った。三人目、そして四人目の若者も似たような苦労の物語を伝えてきた。

頭がくらくらして、私は若者たちに時間を取ってくれた礼を言って辞去し、校長を探しに行った。長身で髪の薄くなった、ブルーのスーツを着た男性で、音楽室の外にいた。「素晴らしい生徒さんたちですね」と私は切り出した。「一人ひとりが、これからの人生で会社や学校、さらには国さえ運営する姿が想像できます。ですが、生徒さんたちの自己紹介の仕方には違和感を持ちます。際限のない、希望のない貧困を描き出すよりも、きわめて優れた生徒として自分を紹介できるのではないですか。世界のどんな学校にも行けて、成功する権利を持つ、未来志向の若者として」

校長はゆっくりと率直に話した。「訪問者、特に寄付者のほとんどは、私たちがいただいたお金を、その方々がいなければ教育の機会を持たなかったであろう貧しい子どもたちのために使っていると知りたがっているのです。フィランソロピストは、自分の寄付に満足したがっている。私たちはただ、そのお手伝いをしているだけですよ。その方たちの資金がなければ、学校などないはずですから」

「しかし若い人たち自身はどうなのでしょう?」と私は尋ねた。「こういう物乞いのアプローチによって、彼らは、貧しい、感謝する側の者として自分を紹介する態度に閉じ込められてしまわないでしょうか——優秀な、可能性に満ちた者ではなく。それは生徒さんたちに、どういうメッセージを送ることになるでしょう。それに裕福な人たちのメサイアコンプレックス〔自分を満たすために人を救おうとする心理状態〕を強化してしまわないでしょうか」

校長の表情には、理解といら立ちが入り混じっていた。「資金を集めるのは難しいのです」と彼は言い、ため息をついた。

難しいというのは私も同意見だったが、校長のやり方は本当に残念だった。真実のあらゆる面を語らなければ、頑強な組織も、自信のある優秀な人も、育てることはできない。ネガティブなステレオタイプを強化する物語を語る——あるいはそういう物語に注意を向ける——とき、私たちは自分を縮こまらせている。

しかし逆に、誇張と空約束で長々と物語れば、ペテン師になった気がするだろう。私は、途中で止めずに一生懸命やれば、なりたいと思っている何にでもなれるという考えを子どもたちに植え付けてくれた、神話づくりが得意な母に育てられて幸運だった。一方、騒々しい弟妹たちによって、ことあるごとに身の程を知らされた。彼らは今日でも、私の若い頃のちょっとした弱点を思い出させてくれるので、自分を過大評価することなど私にはできようはずがない。物語は、私たち一人ひとりを形成し、そしてまた形成し直す。物語には大きな意味があるのだ。

劣等感や従順さを強化するナラティブの中で育てられた子どもたちが大勢いる。こうした子どもの中には、大人になっても社会の低い期待から逃れられずじまいの人がいる。また自分自身でつくり上げた、苦い寓話に閉じ込められているように見える人もいる。彼らは、物語が石に刻まれているわけではないということを、どこかで忘れてしまっている。私たちは物語を受け継ぐかもしれないが、自分の人生のナラティブをつくり上げるのは自分自身だ――不当に告発された銀行員のテリーザがしたように。

寝る前のお話やことわざ、宗教の本、家族のエピソードなどに出てくる登場人物たちの物語が、私たちを育てる。こうした物語が世界観を形成し、モラル・フレームワークに色付けするのだ。私たちが引き継ぐナラティブはまた、他者の名誉を傷つける場合も多い。アキュメン・フェローのヴィマルのことを思い出してほしい。彼が子どもの頃に繰り返し聞かされたのは、最下層の人間、トイレ清掃や排せつ物除去以外の生計手段を持つ価値のない人間だという、自分のカーストについての神話だった。この物語は、「虚構《フィクション》」――イスラエルの歴史学者ユヴァル・ノア・ハラリがこの言葉に与えた意味でもって――だった。なぜならカーストというのは、あるグループが、他者を貶め、社会に偽の秩序感覚を与えることによって自分たちの特権を守るというやり方で、世界について自分（と他の人々）に説明するために、ずっと昔に書いた物語以外の何ものでもないからだ。

最も優れたリーダーたちが人間の可能性の物語を語るとき、私たちはそのなかに自分の姿を見ることができる。例えば、マハトマ・ガンディー、マーティン・ルーサー・キング・Jr、ネルソン・マンデラの演説を考えてほしい。分断と過小評価を拒む対抗のナラティブを生み出すためには、耳を傾けられてこなかった人々の話と歴史を取り戻し、そこから一人ひとりの人間性に共鳴する、洞察に富んだ真実の物語を引き出す必要がある。ありがたいことに、こうした不屈の精神と忍耐、良識、尊厳の素晴らしいロールモデルは、どの村にもスラムにも、どの町にも人里離れた山の中にもいるものだ。

可能性を語ることはまた、私たちのつくり出す文化にも影響を及ぼす。尊厳ある勇敢な行為を促したいなら、勇気を持って行動する人々を称えることだ。哲学者プラトンが書いたとおり、「尊重されるものは、つねに熱心に実践される」(『国家(下)』(岩波文庫))。

救急車サービス会社ズィキツァがインド全土にそのサービスを拡大し始めたとき(第一〇章参照)、創設者たちは文化を問い直すことが成果を上げるために非常に重要だとわかっていた。民間・公共両セクターのパートナーだけでなく、運転手や救急救命士(EMT)、そして患者に至るまで、彼らの常識を変える必要があった。これによって、ズィキツァは賄賂や腐敗とは無縁のまま、質の高いサービスの提供で評判を獲得することができたのだ。

適切な物語はこうした価値観を強化する。

「人の命にかかわることですから」と、ズィキツァのオリッサ州地域マネジャー、スミット・バスは言った。「このような責務にあたるとき、それ以上に大切なことなどありますか」

スミットは、救急救命士のプラタプ・クマル・セティの話をした。プラタプは、事故で車から投げ出されて意識を失っている男性のそばに、口の開いた財布が落ちていることに気づいた。集めてみると、三五〇〇ドル相当のルピーがあった。彼の給料の数カ月分以上だ。プラタプは財布を病院まで運び、事故に巻き込まれたこの男性が意識を取り戻して受け取れるようになるまで預かっていた。

プラタプの物語はズィキツァで称賛の的となった。会社は彼をヒーローとして扱い、ロールモデルとして地元メディアにニュースを拡散してもらい、会社の価値観を強調した。運転手たちは、「善良な」会社の一員であることをどれほど誇りに思うかを話し、プラタプが社会に称賛されたのを見て、自分も正しいことをしようと思うようになったと語った。ズィキツァの共同創設者シャフィ・メイザーも、より良い文化を築くことで成果を上げることができると言い切った。

モラル・レボリューションを目指す私たちの希望は、人を団結させる物語、ステレオタイプと安易な偏見に挑み、最終的に私たちの尊厳を強化する物語を語ることにある。けれども、こうした物語を効果のある形で語るには、私たちみなの中にある光と闇を認める謙虚さを必要とする。自分の話を包み隠さずすれば、自分の最も弱い部分に共鳴してくれる人たちに必然的に届くだろう。そして、自分の過去のいっそうつらい物語を掘り下げれば、自分がどうなりたいかという物語を形づくるのに役立つヒントが見つかるかもしれない。

アキュメンでは、新しいフェローに「人生の川」と名付けた課題をやってもらう。まずペアになって自分たちの人生の紆余曲折を話し合う。それからフェロー一人ひとりがグループ全体（二〇人ほど）に自分の話をする。彼らのナラティブには、成功と喜びのときがあり、そして必ずや、悲しみや痛み、悲劇や恥のときがあり――ときには、そのすべてがある。難民キャンプで育った。タリバンやナクサライトや民兵、あるいは警察に怯えながら暮らした。裏切られた。見捨てられた。暴力による虐待や性的虐待を受けた人たちもいる。物語は涙を誘うものだ。どのフェローにも、語る価値のある物語があり、そのすべてが、今も展開し続けている私たちの物語に加わっていく。

人が人生の軌跡の中のトラウマや喪失の物語を語るのを聞くと、悲劇は私たちを定義するものでも破壊するものでもないと、あらためて強く思う。トラウマにどう対応するかのほうがはるかに大きな役割を果たしている。そしてそれこそが、私たちにとって最も重要な物語を書くための基盤となるのである――ペンと紙ではなく、人生の生き方を使って書いていくのだ。「人生の川」の課題の間に語られた物語は、闇に立ち向かうために、誰かの役に立つことや親切であることを選ぶ人たちや、公正を求めて闘う人たちがいるのを思い出させてくれる。

シャミーム・アクタルは、パキスタンのシンド州の広大な砂漠の中に位置するミルプール・ハースという小さな町の郊外にある村で、一三歳の父親と一五歳の母親のもとに生まれた。父親は自分もまだ少年のうちに娘が生まれたことに、最初は絶望していた。彼の部族では、女の子は価値のない、お荷物だとされていた。若くして父親と母親になった二人は、自分の子どもにもっと多くのものを与えたいと願っていた。

シャミームの父親には兄がいて、家族で初めて大学に行った。兄は、シャミームを男の子として育ててはどうかと若い夫婦に言った。男の子の服を着せ、男の子として扱い、そして最も重要なのは男の子として教育を受けさせることだった。村では女の子が学校に通ったことは一度もないが、この計画ならシャミームも勉強できる。

こうして男の子としてのシャミームの冒険が始まった。木に登り、自転車に乗り、学校へ行く。従姉妹たちが家の中にいて料理や掃除を習っているとき、シャミームは村の評議会で長老の足元に座り、政治交渉の法則と手法を吸収した。村の女の子と違ってシャミームは新聞を読み、長老の男性に質問し、村から出て行くことを夢見ることができた。

二〇一八年七月、アキュメンのカラチのオフィスでシャミームと長く話し込んだとき、彼女は子ども時代の葛藤について話してくれた。「村の女の子たちに悪いと感じてはいたんですけど、女の子と一緒に時間を過ごすのは好きじゃなかった。服とかお化粧とか、私には退屈な話ばかりしていたから。男の子は、手だって足だって私と同じなのに、あんなに違う扱いを受けていて、わけがわからなかった。クラスで一番になって女の子でもできるのだと証明するために一生懸命勉強しました」

ついに女の子に「なる」とき、怖かったかと私は尋ねた。

「ええ、とても」と彼女は認めた。「一六歳になる頃には、村の人にも私が女であると気づかれて、大勢の男性が父を侮辱しました。たぶん、その人たちの息子より、私のほうが成績が良かったのが気に入らなかったんだと思います」男の子として扱われたことで心身ともに自信がついていたとはいえ、当時通っていた大学でワンピースを着て一人で歩くのはやはり怖かった。

シャミームの物語は彼女だけのものではなかった。シャミームが大学に行くために家を出るとき、父親はまだ三〇歳にもなっていなかったが、娘が困難を一つひとつ潜り抜ける側で、いつも寄り添った。彼女が不安を漏らすと、父親はぽつりと言った。「怖がりに育てたつもりはない」

シャミームの育て方について誤解やあざけりを受け続けても、娘に成功してほしいという父親の強い気持ちは決して揺るがなかった。これは、娘の勇気と努力の物語であると同時に、父の愛の物語でもある。

コンフォートゾーンの限界をあえて押し広げるとき、自分自身に聞かせていたナラティブが世界の形を変え、変貌させることがある。シャミームは大学を出ると、自分の村からバスで五時間かかる地域でNGOの仕事を見つけた。このときも彼女は父の賛同を求め、父は賛同した。けれども、どんな代償があろうと限界を設けない物語を生きようと決めたのはシャミームだった。教育の機会を得たおかげで、シャミームは「自分のような女性」には手の届かない夢を贈られた。それを無駄にするつもりなどなかった。

シャミームは新しい仕事を通じて、祖国パキスタンのさまざまな人と場所、その貧困を知った。「病院があまりに遠いためにお産で亡くなる貧しい女性たちや、貧困のためにどの子に食べ物を食べさせるか選ばざるを得ない母親たちと比べて、自分がどれほどはるかに恵まれていたか、今はわかります」彼女は二〇一五年にアキュメン・フェローとしてパキスタン各地のリーダーと会い、さらに視野を広げた。

二〇一六年、周りの人たちの人生の選択に刺激を受けたシャミームはNGOの仕事を辞め、地元に戻って女の子に教育を受けさせるために働こうと考えた。その頃には、村の親たちもそういう考えを少し受け入れるようになっていた——特にシャミームからの送金を家族が受け取っているのを目の当たりにした人たちは。それでも、ネルソン・マンデラをはじめ歴史をつくった人々の物語を語っている間、見つめ返してくる「ちっちゃなシャミームでいっぱいの教室を目にした」とき、自分がどんな思いを持つことになるかは彼女の想像を超えていた。この明るく輝く顔のためなら、学校に通うために一日二回、二時間バスに乗るだけの価値があった。その後数年で、シャミームは博士号も取得する。

シャミームのナラティブは重層的で、教訓に満ちている——教育の価値、勇気の持つ力、そして誰かが自分の味方でいてくれることから生まれる強さ。彼女の物語はまた、誰かに対して、学び、貢献する自由を否定するとき、どれほど計り知れない可能性が失われるかということも明らかにする。

シャミームは自分のことを誰か他の人に語ってもらう必要はなかった。二〇一七年一一月、私はニュー・オーリンズでTED女性会議のセッションを企画する機会に恵まれ、シャミームがこのセッションに参加してくれた。ハロウィーンの晩に彼女がカラチから着いたとき、ニュー・オーリンズの通りはあらゆる魔物や不気味な人気キャラクターを真似た、風変わりな衣装を着た住民であふれていた。シャミームは平然としていた――もっとも、ハロウィーンのニュー・オーリンズはこの町の一面に過ぎないと私は彼女にしっかり伝えたが。

二日後、シャミームは誇らしげに壇上に立っていた。TED女性会議は、読み書きのできない一〇代の両親のもとに生まれ、その不毛な地で育った彼女が、自分のために自分自身の言葉で語る場を提供した。そのお返しとしてシャミームは、ジェンダー、人種、民族、階級、障害のために目を向けられてこなかったすべての子どもたちの代表として話をした。

私たちみなの物語は、より良い自分を引き出すナラティブ、分断させようとする者に対抗するナラティブ、そして世界が目を向けたがらない隠れた才能や能力を見出すナラティブのモザイクにほかならない。私たちの物語は、永遠に展開し続ける愛の物語なのだ。これ以上に重要な物語はない。

もう一つだけ。私の人生で最も記憶に刻み付けられた思い出の一つは、妹のエイミーの素晴らしい、忘れられない結婚式で、息つくまもなく一緒に踊りまくったことだ。

EMBRACE THE BEAUTIFUL STRUGGLE

第13章　美しい闘いを引き受ける

一九九二年一一月、私は何人かの友人と一緒にボルネオの熱帯雨林をトレッキングした。二人の頼もしいガイド、ムスタファとグンの案内で、自然そのものだけでなく人がそこにどう介入しているのかを含め、森の生態系を探索するためだった。森の中を進むのは大変だった。光を通さない、人を寄せ付けない植生をかき分けて、狭い道を何週間も進んだ。ヒルがひっきりなしに足に飛びついてくるという、きわめて差し迫った問題に気をとられていなかったら、服がびしょぬれになるほどの湿気に参っていたことだろう。夜になると、得体のしれない虫や巨大なカブトムシが寝袋に這いこんできた。新鮮な食糧は数日で底をつき、山盛りのご飯とイワシ缶だけの食事になった。それでも私たちは日々、驚異を経験し、森の織りなす繊細な天蓋から木漏れ日が差し込む、うっそうとしたジャングルの豊饒さに感嘆した。

ムスタファとグンはとても感じのいい人だった。英語は片言だったが、二人が時々立ち止まって、一面の切り株やかつては肥沃な森だったところを暴力的に突っ切る幅の広い道を指さして教えてくれたので、商業伐採がもたらした代償を直接目の当たりにできた。途中、哺乳類の動物を目にすることはまったくなく、ただテナガザルが仲間を呼ぶ声が聞こえただけだった。地元の非定住部族は、「インドネシア化」政策で居留地のような村に住まわせられており、故郷から追い立てられ、文化を否定されていた。

トレッキングをするうちに、人間と環境の共生関係の実態がいっそうはっきりわかるようになった。人間はチークなどの硬材を熱帯雨林から切り出して世界各地に売る。動物たちは生息地を失い、そして人間も世界の肺の一部を失う。先住民はこの厳しい圧迫のもとで生活を維持できず、世界全体が代償を払っている。私たちが分け合うべき生態系の源で、貧困と強欲の暴力が容易に感じ取れた。

人間の欲がもたらした破壊に私が圧倒されかけていることを、ガイドは二人とも感じたようだった。そういうとき二人は、考え込む私の気を紛らわそうと、珍しいランや絡んだツル、夜のそよ風に揺れる細い木の幹で踊る月の影を指さして教えてくれた。私は周囲の驚くべき美しさの中に、なんとしても生き延びようとする命の発信を読み取った。同時に、もし世界を修復しなければ私たちが何を失うかという忠告も聞き取った。

熱帯雨林での日々も最終盤になったある夜、ボルネオ旅行は超越性の瞬間という贈り物をくれた。蒸し暑さに四苦八苦した長い一日の終わりに、私たちは森の中の小さな空き地で休んだ。みな芯から疲れ切り、近くの排水路でべたべたする体を拭いたくらいではリフレッシュできなかった。有り合わせの缶詰でいつもの夕食を済ませ、蚊帳の下でガイドと一緒に黙って座っていた。冒険が終わりに近づいていることがわかっていた私は、二人のガイドへの感謝と称賛の気持ちを何としても伝えたくて必死だった。

私はガイドの話すインドネシア語をまったく知らず、言葉では断片的な考えしか表現できなかった。でも共通の言語がなくても、知っている歌ならあるかもしれない。ガイドたちも聞いたことのある曲に当たることを願って、私は歌い出した。少なくとも十数曲試した後、ようやくお気に入りのクリスマス曲に思い当たった。「聖しこの夜、星は光り……」

聞き覚えのある曲を耳にして、ムスタファとグンは二人ともほほ笑んで歌い出した。他の人たちも加わって私たちの小さなグループは聖歌隊となり、英語、インドネシア語、ドイツ語、フランス語の四言語のハーモニーが響いた。私は、ただ一緒に旅をしてきた仲間だけでなく、周囲の森とそこに住むすべての生き物にまで、自分が広がっていくように感じた。自然にどっぷり浸った長く厳しい日々を経て、私たちの中の小賢しい面が剥がされ、どこかいっそう深い「知」へ至る道が開かれていた。またたく夜の光とひとりでに生まれたシンフォニーが可能性を照らし出し、すべてが癒され得ることを知りたいという私の魂の願いを強めていた。

聖しこの夜。

歌い終えると、私たち六人はしばらく手を取り合い、互いの中に経験した聖なるものに頭を垂れた。

その夜私は、自分たちとすべての生き物を結びつける限りない意識を信じながら、畏怖と安心感に満ちて眠りについた。人間の尊厳といっそう持続可能な地球を目指して働くことをあらためて心に誓った。私がこのとき理解したのは、自分たちの問題を解決するにはスキルやリソースだけでは足りないということだった。私たちのシステムは、驚くべき多様性を維持できるほどの大きさを持つ、スピリチュアルな基盤に根差すものでなくてはならない。その基盤のもとには、すべての生き物が互いに結びついており、私たちは尊厳に値するという超越性の概念がある。

私たちは相互に依存しているという認識の高まりとともに、地球上のあらゆる場所で人々が新しい原則をあらためて想像し、守ろうとしている。社会起業家が――本書で紹介した人たちをはじめとして――あちこちで数を増しつつあるのはその現れだ。人間の可能性を広げるために献身する人々がいる。地球を救い、多くの種が絶滅へと向かっているのを食い止め、テクノロジーの持つ破壊的な側面を和らげるために闘う人々もいる。分野は何であれ、二一世紀の世界のために手を携えて新たなシステムを想像し、構築しているアクティビストから学ぶことはたくさんある。

例えば、環境保護や動物愛護のアクティビストは、「人間以外のものの権利」を定めようと精力的に活動しており、少しずつ成果を上げている。二〇一八年四月コロンビアで、二五人の若者のグループが、「コロンビアのアマゾンを、権利を有し、保護や保全、維持、修復を受けるべき存在として認定する」という判決を勝ち取った。ニュージーランドやアメリカのいくつかの州でも、同じような判決が下されている。

これは、一つのモラル・フレームワークに基づくゲームチェンジャーとなった。企業が法的に「法人格」を与えられ、川や森が権利を持ち得るなら、動物も権利を持つ可能性があるはずだ。チンパンジーや象やシャチのような一部の哺乳類は、生存を守るために一定の権利が認められるべきだという議論が世界中でなされている。こうした新しい枠組みは、私たちが個人的なニーズや欲求を超越して、みなにとって機能的で、すべての生命を維持するためのしくみを構築できるはずであり、またそうしなければならないという信念の現れにほかならない。

ボルネオの熱帯雨林でのあの夜から四半世紀以上が経ち、インクルーシブで持続可能な新しい経済システムを思い描くという点で私たちがどれほど進歩したかを思うと、若かった自分の大望が肯定された気持ちになる。一方で、尊厳を追求する仕事には後退や失敗がつきものなのに、どうしてこの年になっても熱い決意を持っていられるのかと若い人から何度も尋ねられると、不思議な気持ちになる。この先数十年間、もっと多くのことをやらなくてはという危機感は強まるばかりだ。変化を生み出す仕事は困難で時間がかかることを私たちはみな知っている――ときには何十年も、場合によっては一生をかけなければならない。

では私たちはどうやって持ちこたえればよいのだろうか。変化をもたらそうとする人なら誰でも、困難な時期を乗り越えて続ける強さと、なかなか変わらない現状に立ち向かう勇気を、二、三年どころか場合によっては何十年も、自分の中に見出し続けなくてはならない。怒りは大いに役立つが、だんだんと魂を削り取る。外部からの称賛も力を与えてくれるかもしれないが、気分が良くなるとしてもほんの一瞬だ。他者から与えられた名誉は奪われる可能性がある。それ以上の何か――精神を養い、社会変化を目指して泥沼に足をとられながら何年もの間とぼとぼと歩くことに耐えさせる何かがなくてはならない。

私の場合、この旅を始めた頃はあまり注目されていなかったものに、持続する力の源泉を見出した――美である。キング牧師の言葉を言い換えるなら、闘いには美しさがある。私たちの周りには美であふれていて、それらが私たちを可能性へと導いてくれるのだ――特に、それを感じられるまで辛抱強く待つことができれば。美は刺激を与え、やる気を奮い起こしてくれる。くじけないよう励ましてくれる。鍵となるのは、私たち一人ひとりが、美は自分にとって何を意味するかを定義することだ。そして、美は人間であることの意味のうち余分なものとか贅沢なものではなく、不可欠なものであると考えることだ。

人生は困難だ。もしかすると、だからこそ人は、最も暗い時代や劣悪な場所であっても美をつくり出すことにこだわったのかもしれない。私が訪れたどの貧しいコミュニティでも、美は姿を現していた。世界中の部族が食器や農具を美しく装飾したり、毎日使う布製品に創意あふれる図柄を織り込んだりしている。インドとパキスタンの貧しい砂漠の地域では、女性たちがこの上なく明るい色を身にまとって水汲みをする。粘土の甕《かめ》をいくつも頭に乗せ、きらきらしたブレスレットをつけたたくましい腕で支える。戦争地域で幼い女の子たちがかわいい白のパーティードレスを着て、危険な道を歩いていくのを見たことがある。カンパラやラゴスの最貧のスラムでさえ、女性たちは美しく刺繍した透き通ったカーテンを下げて、段ボールとコーヒー缶でつぎはぎしたブリキ板の壁を覆う。美は生きるためのもの、疲弊して乾ききった場所に命をもたらすためのものなのだ。

美は人間の尊厳の表現にほかならない。自ら足を運ぶこと、自分自身をオープンにすること、優しくするなどとうていできないと感じても優しさを失わないこと——そうした姿勢の中に、美は存在する。生き延びるために大きな困難を乗り越えようと苦闘する人たちのナラティブの中に、美は生きている。人間関係の絆や思索する静かな時間の中で、美は輝く。自分自身の決意を固めるためだけでなく、自分が役に立ちたいと思う相手に元気を取り戻させるために、美を強力な手がかりにしてはどうだろう。

思いやりの実践は美の一形態であり、一種の祈りであり、人を引き上げる形で私たちを結びつける。思いやりのスキルを磨くと、他の人の中にあるそのスキルを引き出せるようになる。一九九〇年代、私はニューヨークのアッパーウェストサイドにある麻薬リハビリセンター、フェニックスハウスでボランティアをした。仕事はただ、利用者の女性たちと話すことだった。どうやって話の口火を切り、対話を深めればいいかわからなかった私は、詩をきっかけに会話を始めようと考えて、マヤ・アンジェロウの「とても素晴らしい女性」を選んだ。順番にそれぞれ一行ずつ読んではどうかと私は提案した——そうやって美しい言葉の連鎖で自分たちを結びつけようと。

順番に読み始めると、女性たちの中に機能的非識字の者がいることが明らかになった。一人の女性が詩の最初の言葉「Pretty woman（かわいい女性）……」でつまずくのを聞いて、私は彼女たちがうまくできないことを勝手に始めてしまったのを恥じた。

すると魔法のようなことが起きた。

その女性は「Pret-ty」と口に出し、それから二つ目の言葉を探そうとするかのように、周りを見渡した。

他の女性たちは彼女に向かって身を乗り出し、口を「woman」の「wo」の音の形にした——まるで彼女にキスを贈るかのように唇を丸めて。すぐに声は一つになり、みなが心の中でエールを送り、行の終わりごとに喝采が起こった。最後の節を読む頃には、私たちはコーラス隊になっていた。誇らしげな女性たちの歌声が屋根のほうまで響いた——「だから私は女性／とても素晴らしく／とても素晴らしい女性／それが私」

この美しい詩を読み上げたことが優しい入口となり、女性であることの意味をめぐる深い対話への道筋が開けた。そしてそれによって、少なくともその間、将来への不安をいくらか和らげることができたのだ。

フェニックスハウスのあの部屋にあった美は、一人の女性が目の前で困難に立ち向かっているのを、みなで目の当たりにしたことから生まれた。私たちは弱いとき、最も愛すべき存在となる。しかし、一緒に何かを勝ち取ったという感覚は一時的なものだった。私以外の人はみな、翌朝起きると、再びつらいリハビリをしなくてはならなかった。人が変わろうとする取り組みは、情け容赦ないものとなることがある。だから、自分は善なる存在であり、一人ではないと自分自身や周りの人々に思い出させるだけでも、日々の活動がささやかな勝利となるのを助けてくれる。でなければ、その挑戦はあまりに困難に感じられてしまうかもしれない。

では、自分自身の人生を変えるだけでなく(これだけでも難しいかもしれないのに)、システム全体を改革しようとしている人たちを考えてみよう。この場合、自分の信念に支えられている感覚を持ち合わせると同時に、変化のプロセスを成功させるのに必要なビジネス手法をマスターしなくてはならない。どちらの側面についても、インドで尊敬を集めているアラヴィンド・アイケア・システムの創設者、ゴヴィンダッパ・ヴェンカタスワミ医師ほど良い手本はない。三〇歳で関節リウマチのために体が不自由になったが、病気があろうが他に何があろうが、ヴェンカタスワミ医師は活動を止めなかった。その代わり、まず自分の病気を克服し、それからインドでも指折りのスキルを持つ外科医になるために全力を注いだ。

医師の退職義務年齢である五八歳のとき、ヴェンカタスワミ医師、愛称V先生は公務員を辞め、治療可能なのに失明に至ってしまう人たちを救うために立ち上がった。白内障の手術費用を払えないために、多くの貧しい人たちが失明するのを見てきたのだ。また他の人の役に立つということがどれほどの糧をもたらすかを理解し、自分には世界に提供できる贈り物があることも知っていた。年齢や体の不自由さ、それにかなりの財源不足をものともせず、V先生はとにかく始めた。

一九七六年、インド南部の町マドゥライにある、わずか一一床のベッドしかない小さな家で、V先生はアラヴィンド・アイケア・システムを創設した。支払い能力にかかわらず、すべての人に眼科医療を提供する決意だった。その後、インドの最貧層数百万人に白内障の手術を適正な価格で提供するための、最も簡潔で成果の上がる解決策を探し求めた。しかもそれを財政的に持続可能なビジネスモデルでやろうとした。

私は二〇〇二年にV先生に初めて会った。先生はマドゥライの小さな空港まで自ら車で迎えに来てくれた。木の杖に寄りかかってゲートのところに立っていた先生は、豊かな白髪で、目にはいたずらっぽいきらめきがあった。町まで車で送ってくれる間に、アイデアと可能性にわくわくしている若者のように、自分の愛するアラヴィンド・アイケア・システムの話をし、どのようにして、あらゆるところから知識を得ようとしたかを話してくれた。

「私たちはね、早くて、低コストで、高品質な、そして貧しい人も手が届くシステムをつくらなくてはいけなかった」とV先生は説明した。

彼は効果的なビジネスモデルを探すなかで、どうしてアメリカのファストフード企業マクドナルドに注目したかを話してくれた。マクドナルドは、運用プロセスを明確で再現可能なステップに分解している。アラヴィンド眼科病院も同じようにしようとV先生は決めた。外科医は手術室に立って、自分が一番よくできることをする——白内障の手術の執刀だ。訓練を受けた医療従事者が患者の準備をして手術室へ連れて行き、手術を終えて回復室に戻ると、また別の医療従事者が術後プロセスをサポートする。

マクドナルドの効率と説明責任の価値観だけを取り入れていたら、ヴェンカタスワミ医師はそのビジネスモデルで大金持ちになっていたかもしれない。しかしアラヴィンドの使命は、貧困層の失明を根絶することであり、ヴェンカタスワミ医師は、あらゆる物事が相互に関係すると信じていた。彼のビジネスモデルは、支払い能力にかかわらずすべての人に眼科医療を提供し、最貧層を彼らが受けるべき敬意と尊厳を持って扱う、ということを最優先の目的とした。それを支えていたのは彼の精神面における哲学だった。

貧しい人々を最優先するV先生の哲学は、利益だけを追求するビジネスに必要なスキルや決断をはるかに上回るタフさと規律を必要とした。この哲学こそが、四〇年間自分の使命に取り組み続けることを支えたのだ。ヴェンカタスワミ医師はこうした価値観を、眼科病院のあらゆる運用方法に取り込んだ。

アラヴィンド眼科病院は、私が出会ったなかで最も強力な、貧困層に寄り添うビジネスモデルの一つであり続けている。「失明した人に基本的な眼科医療を無料で提供するだけでは十分ではありません」と、ヴェンカタスワミ医師とともに仕事をしていた天才的ビジネスマン、サルシ・ラヴィラは私に言った。「私たちの出発点は、す、べ、て、の人が眼科医療にアクセスできるようにすることでした。最も貧しい人たちの役に立ちたいなら、彼らが一日の稼ぎを注ぎこむことや病院への行き帰りのバス代を支払うことのコストも考慮し、ビジネスモデルに組み込まなくてはいけません」そうした努力を尽くした結果、アラヴィンドは五五〇〇万人以上の低所得層の患者に世界水準の医療を提供することができた。患者のうち半数は支払いをしていない。

ヴェンカタスワミ医師は、精神面における信念を持っていたからこそ、貧しい人たちを本当に助けられるような、効果の高い運用モデルを生み出すことができたのだ。彼は自分の使命に対する決意と向き合い、新たにする時間を日々とっていた。毎日、日の出のはるか前に起きて、何時間も思索と瞑想をして過ごし、オーロビンド・ゴーシュの叙事詩「サヴィトリ」を詠唱し、そしてすべての物事の相互関係には聖なるものが存在することを自分に思い起こさせていた。

V先生は「今」と「ここ」に常にいる人で、人間の可能性を信じ、失望の跡などまったくうかがえない人だった。近くにいると、彼のスピリットと屈託のない笑い声が部屋を明るくしてしまうので、一緒にほほ笑まないわけにはいかない。彼自身の言葉を借りれば、「知性と能力だけでは足りない。美しいことをする喜びがなければならない」。ヴェンカタスワミ医師は三〇年以上、年配者の知恵と子どものような好奇心とを持って自らのビジョンを維持してきた。二〇〇六年に亡くなったが、その遺産は、彼のおかげで人生が好転した何百万もの人たちの心とビジョンの中に生きている。

ヴェンカタスワミ医師は、この物質世界とその現実を理解したうえで、そこに人間の相互関係や尊厳に対する自身の揺るぎない信念を、確信を持って織り合わせた。貧困を解決するため、地球を修復するため、犯罪司法制度を改革するため、あるいは他のさまざまな目的を追求するために闘っていると、「ビジネスがわかっていない」「甘い」「力が入りすぎている」と世界から馬鹿にされているように感じることがあるだろう。そういうときは、真の愛とは困難なスキルなのだということをあらためて思い出してほしい。また、宗教的なものあるいはそうでなくても、儀式となるような習慣が見つかるといいと思う。それは持ちこたえることを助けてくれる。また私たちがこの脆い惑星にいる時間は短く、頼りになるのはともに生きている者同士だけだということを忘れないようにするためでもある。そして、あなたがありのままで十分だと知るためだ。

若い人たちが古い儀式に新たな息吹を吹き込んでいるのを見ると、心を動かされる。パキスタンにいるパシュトゥーン人のアキュメン・フェロー、ファハド・アフリディは、額を地面につけて祈りを捧げるとき、自分はひとたび立ち止まって、自分たちに与えられているすべてのもの、そして地球への感謝を新たにすることができると話してくれた。この話を聞いて、アキュメン・インドのチームメイト、カルナ・ジャインのことを思い出した。彼女は、家の外にいる鳥への餌やりで毎日を始めるという家族の慣習が、私たちの相互に依存し合う関係性を感じとる時間なのだと話した。ヨガや瞑想をする人たちもいるし、本を読んだり音楽を聞いたりダンスをしたり、自然のなかで走ったり散歩する人たちもいるだろう。大切なのは立ち止まって注意を払い、自分の声に耳を傾け、一日の間に短い休息の時間をとる、ということだ。

「今」と「ここ」に再びつながる方法は数々ある。イエズス会士は、日々の「糾明《きゅうめい》」を実践する。短い時間で自分を振り返る作業で、正午に一度、一日の終わりにもう一度やる。私は四ステップの短縮バージョンを実践している。まず朝に、その日に何をしたいか、どうなりたいかなど、心構えを決める。次に正午と夕方のどちらかあるいは両方に、どのくらいうまくやっているか、成功と失敗の両方から何を学んでいるかを、一歩下がって振り返る。三番目に、失敗について自分を許す。そして四番目に、感謝を表す。この短い習慣を一日の中に取り入れることを心がけると、心が落ち着いて、いっそう集中でき、地に足がついていると感じられる。

こうした習慣は、立ち止まって息をついて、自分が何をするためにここにいるのかを深く考えるよう促してくれる。自分の命が何百万もの人々——私たちの食べる物を苦労して植え、私たちの衣服をつくってくれる人たち——に依存していることに一瞬で思い当たるだろう。そして、私たちはお互いに与え合う関係性を築くことが必要であるということに。私はたいていの日を、詩を読むことで始めるようにしている——よく読むのは、ルーミー、ハーフェズ、メアリー・オリバー、ライナー・マリア・リルケ、シェイマス・ヒーニー、マヤ・アンジェロウ、マリー・ハウなどだ。詩人が教えてくれるのは、普遍性や超越性、そして世界の驚くほどのシンプルさだ。行間の沈黙は、それ自体、ほとんど瞑想である。

一番昔からずっと続けている儀式は、朝のランニングに行くことだ。世界の目覚めとともに、自分の体がいきいきしてくるのを感じる。色づく空の下で思いきり深呼吸し、季節の移り変わりを感じ取り、知らなかった場所を探検し、生きていることの喜びを呼び覚ますのが好きなのだ。事態がどれほど悪くなっても、そして貧困問題に三〇年以上という長い時間をかけてもなお取り組むべきことが残されているとしても、ランニングは私の精神を立て直し、一日に備えさせてくれる。もちろん、こうしたことはただ、私が自分の人生の仕事を続ける役に立つように、そして願わくは少しでもより良いリーダーになれるように採用しているやり方にすぎない。あなたが誰であれ、何をしている人であれ、世界が士気をくじこうとしているときでも、時間を使って自分の精神を養い、自分の全体性を感じられるような、自分なりの方法が見つかることを願っている。行動と内省の時間のバランスがとれるように。

『ブルー・セーター』(英治出版)を出版したとき、読者から役に立ちたいという手紙がたくさん届いたことに驚いた。そのなかでも、ナイロビのスラム、キベラに住むケビン・ジョージ・オティエノから届いた長い手紙ほど、私の心を動かしたものはなかった。ケビンが本のことを知ったのは、アキュメン・フェローのスラジ・スダカルを通してだった。スラジは有料のトイレを——サナジーとは別のモデルで――運用する会社で働いていた。ケビンはこの会社のトイレの近くをぶらついていて、スラジに仕事のことを尋ねた。その後スラジが私の本を一冊ケビンに手渡したのだ――ケビンが感想を書いて私に送るという条件付きで。

数週間後、ケビンから長い手紙が私のもとに届いた。「僕はあなたによく似ているんです」と彼は書いていた。「あなたのように何度も失敗した。小学校三年までしか修了できなかった。HIVに感染して仕事はありません。でも、あなたが人生で失敗してもこんなに多くの変化を生み出しているなら、自分にもできるという希望が湧いてきます。それにあなたと同じように、僕も金持ちと貧乏の間に架け橋を渡すための役に立ちたい」

私は言葉を失った。自分の失敗を記したことが、私とはこれほど違う誰かが不安を克服するのに役立ったことがうれしかった。一日ほど考えた後、ケビンに返事を書いた。「私の本に興味を持って読んでくれそうな友だちがいるなら、何冊か送りましょう。代わりに、友だちの感想を聞けるブッククラブをしてほしいです」

「わかりました」とケビンから返事が来た。「一〇〇冊送ってください」

こうしてブルー・セーター・ブッククラブは始まった。企画したのはケビンと友だちのアレックス・サングティ、その他五人だった。通りで卵を売ったり肉体労働者として働いたりして、一日の仕事の稼ぎは約三〇セント相当という、働きづめの貧しい生活にもかかわらず、彼らはそれぞれスラムに住む仲間に一〇〇冊の本を配る時間をひねり出した。

ブッククラブの当日、キベラの泥道を車で走っているときには、自分が何を目にすることになるのか見当もついていなかった。ブリキ板の箱のような部屋に白のプラスチックの椅子が置かれた、ママ・ハムザのコミュニティセンターには、一〇〇人以上がぎっしり集まっていた。ここのようなスラムに住む貧しい人たちについて書いている自分がどれほど恵まれているかを嫌というほど思い知らされ、私は気後れした。この人たちを失望させたくないと必死の思いだった。

「ファシリテーター」を自認するケビンがミーティングの口火を切り、他のクラブメンバーに、もし長ったらしい話をしたら途中で止めさせると容赦なく言った。「これは僕たちの未来についての話だ」と彼は宣言した。

次にアレックスが登場し、部族主義や縁故主義が人生の目標に対する障害になっているということを自分が学んだ経験を話した。

「夕べ、あなたが食事にありつくことができ、雨露しのぐ屋根の下で眠ることができたとしたら」と彼は言った。「それができない人が大勢いることを忘れないでください」

二人はとても真似できないほど素晴らしかった。スラムの住人たちからたくさんの質問があり――どうやってビジネスを始めるか、どうやって地元のプロジェクトのための資金を見つけるか――私は力の及ぶ限り答えた。すると、ジーンズと暗い色の綿のブラウスを着た、ほっそりしているが筋肉質の小柄な若い女性が後ろの席から甲高い声を上げた。

「私は一〇代でシングルマザーです。お金はないしHIV感染者です。どうやったらリーダーになれるでしょうか。私についてくる人なんかいるでしょうか」

私は口ごもって答えにならない答えを言い、キリストとムハンマドを引用し、それからその場にいる人たちが誰ひとり名前を知らないような人の言葉をいくつか引用した。質問をした女性の住む都市出身の貧しい生まれのリーダーで、大胆で優秀な人たちを大勢知っているはずなのに、誰の名前も出てこず、あたふたした。ところがまさにそのとき、集まった人の中から、輝くような真っ赤なワンピースを着た美しい女性が歩み出た。すぐに誰かわかった――ジェーンだ。私たちは、ナイロビに拠点を置くマイクロファイナンス組織、ジャミイ・ボラを通じて出会った。彼女の物語は血のにじむような苦労の連続だったが、彼女はそれを潜り抜けたサバイバーだった。

ジェーンは疑いを持っているその若い女性に、自分自身の経験を語った。「一〇年前の私を知っていたら、私が今ここにいるなんて信じなかったでしょうね」と彼女は言った。「ジャミイ・ボラに行くまで、七年娼婦をしていました。私もシングルマザーでＨＩＶ感染者でした。ジャミイ・ボラで縫製を教えてもらって、今、仕立ての仕事をしています。子どもたちも幸せになっている。それに診療所で、ＨＩＶ陽性だとわかったばかりの人たちにアドバイスをするボランティアもしていて、そのことを嬉しく思っています」

彼女は続けた。「私の家はとても貧しかった。そういう家に生まれついたから、医者になる夢はかなわなかった。でも私は今の自分を気に入っています。だって医者は薬を渡すでしょう。だけど私が渡すのは希望だから」

ジェーンはぐるりと見回してから動きを止め、さっき声を上げた一〇代のシングルマザーをもう一度見た。「誰でもリーダーになれる」と彼女は言った。「言い訳は止めること」

会場全体での会話が続けられ、私は質問を部屋に立っている他の人たちのほうにもっと回そうとしたが、私への質問は続いた。ケビンが最初に送ってくれた感想で書いたように、「私はあなたによく似ていますが……」と前置きして質問する人が大勢いた。

私は自分がペテン師のような気がしてきた。

「みなさんの寛容さと謙虚さをとてもありがたく思いますが」と私はとうとう言った。「でも本当を言えば、私はみなさんに似ていないのです。私はニューヨークの恵まれた地区に住み、アメリカ有数の大学に行きました。アメリカのパスポートを持っているし、白い肌をしています。世界中を旅して、自分が持つ特権と自由を知っています。それを当たり前だと思ったことはないと言いたいですが、私の人生はみなさんとはまったく違うのです」

コミュニティセンターの責任者で無敵の起業家ママ・ハムザは、にんまりと笑顔を見せた。「わかってますよ」と彼女は言った。「確かにあなたは恵まれている。でもあなたは、私たちが闘っている問題のために闘ってもいる。私たちが生み出そうとしている変化のことを考えている。失敗し、ときには成功もする――私たちと同じように。あなたは自分を私たちの一員だと思っている。だから私たちはあなたによく似ているんです――そしてあなたは私たちによく似ている」

ホテルに帰る車は、その後親しくなった二人の若い仲間たち、キャサリン・ケイシー・ナンダとジョスリン・ワイアットと一緒だった。キベラのぬかるんだ道を車が走るあいだ、私たちは黙ってそれぞれ考えにふけっていた。私は心に掛かっていることがあった。ママ・ハムザのコミュニティセンターでは何かが起こっていると感じた。誰もがありのままの自分でいたから、私たちは学び、交流することができたのだ。

私はもう、自分自身のアイデンティティを十分認められないまま、多様な若いアメリカ人のグループを導こうとして失敗した、あの若い頃の私ではなかった。つけていた仮面を一つ残らず外して、ありのままの自分の姿を見せられるようになるまで、どうしてこんなに長くかかったのだろうと考えた。

ママ・ハムザのところで起きたこの超越性の経験が、私たちは自分より大きな何かの一部なのだということをあらためて思い出させてくれた。私たちは、荘厳な光の灯った大聖堂や見上げるような天井のモスクでひざまずいていたのではなかった。私たちが一緒に立っていたのは、貧しいスラムにある、薄暗い仮設のコミュニティセンターだ。しかし、あの夜のキベラは聖堂やモスクに劣らず神聖な場所だった。あの貴重な瞬間は、その後ずっと私の決意の糧となり続けている。あの晩、私は自分自身の中にある美を認識することができ、それが周りにも影響を与えて、他の人たちも自分の中にある善なるもの、美なるものを認識しやすくなったのだ。神学者ハワード・サーマンは、そうした静かな認識を「真なるものの音」と呼んでいる。ありのままの自分をあらわにするとき、私たちは他の人から同じことを引き出す。そして、自分を超える何かを目指して働くという選択は必然のものとなる。

困難な時期の最後に耐える力を与えてくれるのは――悲劇や悲しみを経験せずに生きることができる人はまずいない――、人の役に立つことや芸術や破壊されたものを再建することの中に立ち現れる美である。一九九四年、私はカンボジアの宮廷舞踊の伝説の踊り手たちに、プノンペンの質素なスタジオで会うという貴重な機会に恵まれた。一九七〇年代の半ばから末にかけて、ポルポト政権のもと、クメール・ルージュは一〇〇万人以上のカンボジア人を殺害した。知識人や芸術家が標的となり、戦争を生き延びた宮廷舞踊の踊り手はわずか三〇人だった。私がロックフェラー財団でつくったプログラム、フィランソロピー・ワークショップの一環として、彼らの活動を学ぶためにカンボジアを訪れたとき、生き残っていたのは三人だけだった。

幅広の黄色のパンツに深紅のジャケットを着た、灰色の髪の小柄な女性が、戦争の後の難民キャンプの記憶について話してくれた。「私はベッドに横になっていました」と彼女は静かに言った。「舞踊の記憶をつなぎ合わせようとしたのですが、断片を思い出すことしかできませんでした」と彼女は振り返った。「私たちの舞踊は一〇〇〇年以上の間、口移しで世代から世代へ受け継いできたものなのです。この国民の遺産を再興することができるのは、私たち踊り手だけです。私は、他の踊り手たちもまだ生きていることを必死で願い、生き残った自分は舞踊を忘れまいとしたのです」この女性たちの記憶によって舞踊は蘇り、受け継がれたのだ。

生き残った踊り手たちは、お互いを見つけ出すと、孫の世代に――娘たちの世代はすでに年を取りすぎていた――伝統舞踊のテクニックを教えようと決意した。彼女の話しぶりはゆっくりと穏やかで、視線はまっすぐ私に向けられていた。涙が彼女の頬を伝ったが、拭うことは一度もなかった。

突然、幼い女の子たちが練習スタジオに意気揚々と飛び込んできた。舞踊スペースの端に座った年配男性が、ほっそりした指で古い音楽の魅惑的なリズムを奏でる。それに合わせて、部屋の中央に立つ年配の女性たちが手をたたく。教室の様子に、私はうっとりした。ちっちゃな妖精たちが女性たちの周りをつま先立ちで旋回する。細くて賢い古木の周りを、光沢のあるシルクがひらひらと舞って、虹の輪を描く。殺風景だった部屋が魔法の庭園に一瞬で変わった。

想像を絶する流血と喪失の末に、舞踊がある。教えるべき新しい世代がいる。そしてこの新しい世代の中に再生のチャンスがある。絶滅の危機にあった年配の踊り手たちは、カンボジア国民の過去の中から最も美しいものを取り出して称え、それを未来に向けて構築し、苦しみと美と信念から、徹底的に現実を見据えた希望を紡ぎだしたのだ。

信念は宗教的なものとは限らず、祈りは一〇〇〇の形をとり得る。「信念」が政党に結びつけられたり、不信心者が探求者ではなく異端と見られたりするときは、足元に危険が迫っている。相互依存する世界のためのモラル・フレームワークには、人を分断するような宗教のしきたりの入る余地はない。その代わりに重要なのは、人類の共存共栄を可能にする、少なくともいくつかの私たちが共有し得る倫理原則に、みなが合意することだ。どのような信念の持ち主であろうとも、持続力を引き出す源泉を見つけられることを願っている。世界の中に存在し、感謝することを思い出させてくれる方法や儀式をどうか見つけられますように。

くじけたり疲れ果てたりしたとき——そういうときはきっとあるだろう——、美と感謝と信念と愛を思い出すこと。闘いの中に、持続する美があることを思い出してほしい。祝福を分かち合うときにも、そしてまた悲劇のときにも、美がそこにあることを思い出してほしい。しかし最も重要なのは、あなたが認めさえすれば、美はあなたの中にあるのだと忘れないことだ。

第14章　マニフェスト

一年に何度か、私はニューヨークのハドソン川沿いを歩くか走るかして、子ども時代からのヒーローに敬意を払いに行く。ロールモデルとしてずっと私とともに歩んでくれた人だ。リバーサイドパークの入り口、見上げるような樫の木々の下に、人権運動家であり、最も尊敬されているアメリカのファーストレディーの一人、エレノア・ルーズベルトの大きなブロンズ像が立っている。シンプルなワンピースにスプリングコートを羽織り、岩に軽く腰かけて手をあごに当て、何ものにもとらわれない思索を重ねる彼女らしい顔。彼女が祖国と世界に果たしてくれた貢献に対して、私は黙って感謝を捧げる。

彼女の果敢な行動が、世界を以前とは違う場所にした。排除された人たちのために彼女が果敢に立ち上がってくれたから、女性である私の人生は、彼女の時代を生きた場合よりはるかに良くなった。人間の歴史上最も暗い時代の一つを最前列で目の当たりにしながら、彼女は揺らぐことなく人の善性を信じたのだ。だから私も、他者に同じ善性を期待する。

ルーズベルト元大統領夫人は、モラル・リーダーシップの原則の体現者であり、不完全な世界をつくり直すという自らの姿勢を折に触れて新たにした。内心に懐疑を抱えていたとしても、不安に立ち向かう意志を示した。他者への献身のためにとても骨の折れる、ときには非常にデリケートな仕事を引き受けた。ルーズベルト夫人がどのような緊張関係のバランスをとらなくてはならなかったか、私には想像することしかできない。第一に、ときには公然と夫の政策に異議を唱える妻・ファーストレディーとして。第二に、祖国のアフリカ系アメリカ人や低賃金労働者や女性の権利を信じ、そのために闘うリーダーとして――同時に、世界大戦を戦うアメリカの責務を支持する者として。彼女の公的な人生は痛みを伴ったものだっただろう。それでも、彼女は人生の終わりまで知見も成果も高め続けた。それが可能だったのは彼女が挑み続けたからだ。

＊＊＊

ルーズベルト元大統領夫人も若い頃は、アメリカの人種問題への意識が特に高いわけではなかった。けれども、人権をめぐるヨーロッパの戦争を体験した大統領の妻として、そして権力に物申すことをいとわない断固としたアフリカ系アメリカ人の人々に背中を押され、理解を深めていった。彼女は耳を傾けた。アフリカ系アメリカ人の権利拡大を求めるという、人々から不人気な立場を果敢に選んだ。その代償として共産主義者や裏切り者呼ばわりされた。もっとひどいことも言われたに違いない。しかし倫理に基づいた勇気ある行動を実践するにつれて、ますます勇敢になっていった。そしてその間ずっと、謙虚さも大胆さも決して失わなかった。

一九四六年、世界は大虐殺と破壊の戦争から復興を始めたばかりだった。三〇〇〇万の命が失われた。その多くは、他の人より価値がないと一部の人間から判断されたために失われたのだ。何に最も価値を置くかについて世界は方向転換を求められており、そのためのマニフェストが必要だった。ルーズベルト元大統領夫人の最大の功績は、国連人権委員会の委員長を務めたことだ。そこで世界人権宣言の起草に重要な役割を果たした。世界人権宣言は一九四八年、人権の国際基準として国連総会で採択された。この宣言の中でルーズベルト夫人と共同起草者たちは、世界が耐え忍んだばかりの暴虐から将来の世代を守ることを願って、人権を基盤とする枠組みを構築した。

世界人権宣言は、私たちが人間として互いに負うべきものを歴史上最も大胆に表現したものの一つであり、守り育てるべき倫理原則として人権を確立した。この宣言が揺るぎない基盤としているのは、すべての人間の平等だ。人間として生まれたからには、誰でも、人間未満の扱いを受けない権利が保証されなければならない。序文の冒頭について考えてほしい。「人類社会のすべての構成員の固有の尊厳と平等で譲ることのできない権利とを承認することは、世界における自由、正義及び平和の基礎である」（外務省仮訳）。この単一の原則の中心に置かれているのは、人間の尊厳という不変の価値である。

七〇年が経った今でも、最も基本的な権利のいくつか――法の下で平等な保護を受ける権利であれ、教育や「公平かつ適切な生活水準」に対する権利であれ――を依然として守れない国が大半であるのは疑いない。世界人権宣言の原則を読めば、何十年も前に刻んだ大胆な決意から世界がいまだにどれほどかけ離れたままか、嘆かないわけにはいかない。読み返せば、さらなる目標が求められるようなギャップも見えてくるかもしれない。

世界人権宣言の核心をなす前提に同意しない人々もいる。冷笑家や力で支配する実力者は、人権宣言などどうしようもなく理想主義的で非現実的だと嘲笑うかもしれない。あるいは、経済的権利を何にもまして守りたいがために、政治的自由（例えば表現の自由やマイノリティの保護など）を引き換えにする人々もいる。不安定な時代には、不足や痛みや喪失に対する不安が生まれる。そのため、他者を排除したり非難したりすることで、特権という偽りの安心に寄りかかる人が大きく数を増すものだ。

世界人権宣言には足りない部分もあるが、すべての時代を通じて最も重要な文書の一つであり続けた。三三〇以上の言語に翻訳され、法的拘束力はなくとも倫理的・政治的な重要性を持つ。いくつもの世代にわたって、抑圧された人たちと彼らのために声を上げる人たちを守るよう促してきた。憲法や条約の基盤となり、真の尊厳を持って生きたいと願うなら私たち一人ひとりは何を負うべきかを敷衍《ふえん》する際の基準となった。

私はエレノア・ルーズベルトの専門家ではまったくないが、それでも二一世紀の最初の二〇年について彼女ならどう考えるだろうと思うことがある。個人の権利と自由が拡大を続けていることを喜び、同時に、私たちがどれほど個人主義的でありながら相互に依存し合うようになったかに驚くのではないだろうか。テクノロジーによって人々がつながる世界で、可能性と危険が隣り合わせにあることに関心を持つだろう。人権についての自らの考えが意味を失っていないことに、間違いなく気づくだろう。彼女曰く、人権が始まるのは「家庭のような小さな場所からです。あまりに近く、あまりに小さいので、どんな世界地図にも載っていません。でもそういう場所こそ、一人ひとりにとっての世界なのです――住んでいる地区、通っている学校や大学、働いている工場や農場やオフィスです」

私たちにとっての最大の脅威は、エレノア・ルーズベルトの世代が直面した脅威とは異なる。とはいえ、世界中の多くの国々で「他者」に対する不安が広がっている現代の状況には、実はあの頃と恐ろしいほどに似通っている側面がある。難民危機は一つの問いを投げかけている——自分の土地でもはや生き延びることができなくなり、何もかも、そして大切な人たちみなを置いて去るしか選択肢がない大勢の人に対して、誰が責任を持つのか。気候変動は人類が共通して直面する重大な現象だが、二〇世紀半ばには誰も考えたことさえなかった。地球は衝撃的なペースで種の絶滅を経験しており、私たちの食糧供給や海、そして自然の均衡と美が危うくなっている。現代のモラル・イマジネーションを取り込んだ新たな宣言がつくられるならば、私たちが地球を維持しなければ人権も種とともに滅びるという認識のもと、私たちの権利だけではなく責任も考慮に入れることになるだろう。

信頼が揺らいでいる時代には、そうしたマニフェスト——私たちの日々の行動を導くマニフェスト——が上から降って来ることなどない。だが、私たちが直面する脅威には、一部の人々だけではなく人類全体にとって、危険な影響と多くのチャンスが内在している。この困難な課題は、私たち一人ひとりが人間の尊厳、基本的人権、品位という価値を一新することを求める。自分自身を変える勇気を持つようになって初めて、ようやく世界を変えられるのだ。

自由は制約なしには存在しない。家族であれ、組織やコミュニティや国であれ、私たちをつなぐこうした価値観をともに口に出すことが、初めの一歩となる。次のステップは、こうした価値観の実現を望むことだ。私たちを救うことになる唯一の革命——モラル・レボリューション——の基礎は、私たち一人ひとりの中に存在している。

二〇一一年、アキュメンは自分たちの仕事について考えを徹底的に深め、それを明文化した。分断された現代の世界が必要とするモラル・レボリューションの一翼を担おうと献身するコミュニティに対し、倫理指針となるような原則の一例として、このアキュメンのマニフェストを提示しようと思う。投資を社会変化のツールとして活用し、社会起業家やアキュメン・フェロー、フィランソロピスト、インパクト投資家、意欲のある学生、変化をもたらそうとする人といった、素晴らしい人たちのコミュニティを構築するのが目標だ。この原則の宣言は、こうありたいという希望であると同時に私たちの倫理指針でもある。私たちは何者になることを目指し、実践しているかを日々思い出させるものなのだ。

貧しい人たちとともに立つことを出発点とする。声なき声に耳を傾け、他の人々が絶望を見るところに可能性を見出すこと。

投資は手段であって目的ではない。市場が失敗し、援助が届かなかったところに、あえて足を踏み入れること。資本を私たちのために機能させるのであって、資本に支配されるのではない。

モラル・イマジネーションに基づけば、力を発揮できる。世界をありのままに見る謙虚さと、世界がどのようになり得るかを想像する大胆さ。危機の中で学ぶ気概と、失敗を認める知恵、そして再スタートする勇気を持つこと。

忍耐と優しさ、粘り強さ、根性が必要だ――徹底的に現実を直視した希望のことだ。独りよがりを排除し、官僚主義と決別し、腐敗に挑むリーダーシップ。容易なことをするのではなく、正しいことをすること。

冷笑的な世界で希望を生み出すという、ラディカルな発想を持つ。世界が貧困に取り組むやり方に変化をもたらし、人々の尊厳に基づく世界を築くこと。

アキュメンのマニフェストは、世界中のアキュメン・コミュニティの役に立っている。「貧しい人たちとともに立つことを出発点とする」という言葉は、低所得層に確実にプラスの影響を及ぼすための仕事に取り組むにあたって、すべての投資ミーティングや経営会議で私たちの目の前に置かれる。「投資は手段であって目的ではない」という考え方によって、金銭的リターンと自分たちの目指す目標とのバランスをとることを求められる。忍耐と緊急性のバランスをとり、自分たち自身の失敗を認め、粘り強さを失わないと同時に、止めどきを知る。こうした価値観を守る断固とした姿勢によって、より良い存在になる基準が設定されるのだ。

このマニフェストは完全なものとは程遠い。ユーモアのセンスや喜び、自分と他者を許す姿勢はマニフェストに含まれていないが、私たちに力を与え、持ちこたえさせてくれる。

私のチームと理事会は、貧しいという言葉についてや言葉がいかに限界を設けてしまう可能性があるかについて、議論を重ねてきた。最終的にアキュメンは、貧しいという言葉を使い続けることにした。この言葉は単に選択と機会の欠如を指すものであり、言葉自体は人の人間性について何も言っていないと考えるからだ。実際、私が今までに出会った中で最も豊かな人生を送っている人が金銭面では恵まれていない場合は多々あったし、一方、王侯貴族のように金銭的には恵まれている人が精神面ではどうしようもなく貧しいこともあった。

マニフェストでは地球について言及していないが、アキュメンのコミュニティでは、貧困に立ち向かうなら気候変動にも取り組まなければならないと考えている。富裕層より弱者のほうが気候変動の悪影響を受けやすいからだ。このような指針とすべき原則は、特に確実な基盤がない時代に、確固とした基礎を提供してくれる。

価値観を具体的に表現すると、それは海や大陸を越えて思いがけない場所にさざ波のように広がっていく。私はそれを驚きとともに何度も目にしてきた。親や教師、同僚、組織の創設者として自分が持ち得るインパクトを過小評価しないでほしい。アキュメンを立ち上げたとき、アキュメンが直接仕事をしていたコミュニティは相対的には小さかったが、私はきっと何百万もの人々の生活に届けられると思い描いていた。

アキュメンが直接交流しているフィランソロピストや起業家やフェローだけを数えるなら、創設から二〇年で私たちの仕事がリーチできたのは数千人にとどまる。社会変化のためのオンライン講座の受講者も含めれば、アキュメンの原則は数十万人に影響を与えている。一方で、「力を合わせれば一人でやるよりも多くを成し遂げられる」という信念を共有するアキュメン・コミュニティのメンバーが、多くの低所得層の生活を確かに変えてきたことを考えるとどうだろう。私たちの取り組みがインパクトを与えてきた数は何億人にもなる。

二一世紀にふさわしいモラル・フレームワークに基づいたマニフェストが有用性を持つには、

民族、文化、宗教、人種、階級を超越した価値観と結びつかなければならない。基本的なものであっても、そうした最小限の価値観を特定することは必ずしも容易ではない。私は時々、ふと我に返って考えることがある――アキュメンのコミュニティの中に、自分とは異なる集団に属する世界の人々を憎むように育てられた人はどれほどいるのだろう、と。フェローであれ起業家であれ、あるいはアキュメンが投資する企業の顧客であれ、一部の隣人について「悪人」とか「悪意がある」と両親から教えられてきた、という人と時々出会う。世界中のアキュメン・コミュニティには、迫害の深刻な脅威のもとにある場所の出身だったり、そうした脅威のもとにある民族やジェンダー、性的アイデンティティの持ち主だったりして深く傷ついた人たちがいる。

けれども、私たちを分断しようとするあらゆる境界線を乗り越えることとは、私たちは共通の人間性と尊厳の探求によって結びついているという認識を深めることにほかならない。私が刺激を受けてきた多くの人たちは、よその伝統を否定するコミュニティの中で育ってきたが、今は普遍的な真実を受け入れることを選択している。普遍的な真実とは、私たち一人ひとりの中に聖なるものがあり、私たちは自分自身より大きな何かに結びついている、ということだ。

尊厳が神から与えられたものなのか、それとも単に私たちが人間として生まれたことに内在しているのか、どちらの考えでも結果的には変わらない。私たちはみな、目に見える、尊重される存在であり、自分自身の人生の意思決定をする権利を持つ。みな、力を発揮する可能性を託されているのだ。

当初から私もパートナーたちも、意図的にアキュメンを多様なコミュニティとして構築した。単に多様性はあったほうがいいからという理由ではない。世界の高まる緊張にどう対処したらいいかを、多様性を活かして互いに学び合うためだった。違いを消し去ることなく認めつつ、共有している価値観を大切にする。それによって、互いに自身の全体性を発揮できるようにしたいと考えたのだ。

そうした姿勢を保つには、耳を傾けることや目を向けること、人間らしい深い結びつきを構築することを阻む障壁にすすんで立ち向かう必要がある。コミュニティを築くには、他の宗教や文化や伝統に心を開き、それぞれの中にある最も本質的なものを称えつつ、一方で、もはや役に立たなくなったものについては声を上げる勇気を持つことが求められる。私たちは、あらゆる民族や宗教、カーストや部族をも超えた、人類という一つの家族の一員であろうと努めている。至難の業であり時間もかかるが、これこそがモラル・レボリューションの取り組みであり、人類が生き延びる未来を築くための唯一の道にほかならない。

アキュメンとは違う原則に基づいて活動する組織やビジネスもあるだろう。重要なのは、組織としてだけでなく個人としても思索を重ね、自分の目的と価値観を言葉にして、自分自身の決定と行動の指針にすることだ。

価値観を言葉にすることで行動を導き、コミュニティの結びつきを強めることができる――ただし、その価値観を守っていればだ。宗教的なコミュニティが聖典からの美しい言葉で恐ろしい行為を覆い隠すのを見てきたし、フィランソロピストが自分の生活のある領域では変化を生み出しながら、他の領域では倫理に反する行動をするのも見た。ある集団を、ましてや世界を、共通の目的で一つにしようとするなら、明確な価値観を示すロールモデルとビジネスモデルが必要だ。

パキスタンのアキュメン・フェロー、ムハンマド・アリは、自分の価値観を徹底的に守るロールモデルの一人だ。私が彼に初めて会ったのは二〇一四年、二〇人のフェローと二日間のセミナーを行ったときだった。このフェローたちと私はこのときも、文学の話をきっかけに各人の価値観について理解を深めていき、この非常に多様な人たちが持つ共通の考え方を見きわめようとした。最初に自己紹介し合ったとき、ムハンマド・アリの気取らない態度が印象に残った。シンプルなワイヤーフレームの眼鏡をかけ、黒い髪を横になでつけ、ひげをきちんと切りそろえ、ボタンダウンのシャツとカーキのパンツには完璧にアイロンがかかっていた。穏やかな声で訛りのある英語を話すため、最初は少し引っ込み思案に見えた。私は彼が会計士事務所で働いているところを想像した。しかし、それはまったくの間違いだった。

ひとたび口を開くと、古典への深い理解に基づいた彼の思索の質の高さと、自分の理想を行動に移す断固とした姿勢に感銘を受けた。彼の価値観は、一人ひとりの子どもの本質的価値と、すべての子どもを守ることは社会の義務だという強い主張を、揺らぐことのない基盤としていた。

私が会ったとき、ムハンマド・アリは人身売買の闇の世界にとらわれた子どもの救出に取り組んで二〇年経っていた。二〇〇四年、よりどころのない人々の行方不明の子どもを発見、救出するために、ロシュニ・ヘルプラインを創設した。ムハンマド・アリが性的虐待や偽装養子、売春、児童労働について怒りを込めて語るのは道理だった。これらは、カラチで毎日子どもが行方不明になる多くの理由のほんの一部だった。

恵まれた子どもが一人行方不明になれば、警察やメディア、地域の人々が結束して探す。しかし国中で毎年何千人もの貧しい子どもたちが姿を消してもほとんどまったく注目されない。この不公正なシステムを、ムハンマド・アリは強く非難した。そういう貧しい子どもたちはひとりぼっちで恐ろしい経験をする。フィランソロピーであれ行政であれ、社会の最底辺で暮らす子どもにはリソースをほとんど向けてこなかった。

人身売買と闘うには、自分自身の最も醜悪な部分、多くの人が目を背けていたい側面と対峙することが求められる。ムハンマド・アリの価値観はどのようにして成果へとつながったのだろうか。二〇一七年、私はアキュメンのパキスタン支部長アイェシャ・カーンとともに、治安の悪さと暴力で知られるカラチのスラム地区に車で向かい、ロシュニ・ヘルプラインの小さな二階のオフィスへ淡いブルーの階段を上った。

　ムハンマド・アリは、弱い立場の子どもを守るという自分の使命が、心の奥底で抱いていた価値観の一つを見出すきっかけになったことを聞かせてくれた。その価値観とは、多様なコミュニティが持つ力だった。「当初、ロシュニ・ヘルプラインには資金もスタッフもほとんどありませんでした」と彼は説明した。「すぐにわかったのは、行方不明の子どもを見つけようとするなら、自分たちが役に立とうとしているコミュニティの全面的な支援がない限り無理だ、ということでした」最終的に彼は警察に呼びかけ、商店主やストリートチルドレン、カラチのトランスジェンダー・コミュニティをはじめとする、何千人もの地元ボランティアからなる入り組んだ情報提供システムを頼りにした。

　トランスジェンダー・コミュニティは、ロシュニ・ヘルプラインにとって欠かせない存在だ。彼らは非常に目立つ存在でありながら、差別を受けている。カラチでは通りで物乞いをしたり結婚式で踊ったりする姿を見ることがあるが、トランスジェンダーの人たちはたいてい社会的に排除されている。仕事や収入へのアクセスがほとんどなく、自分と同じような人々である「選択家族」〔LGBTコミュニティなどで当事者同士が家族制度の役割を果たす〕と一緒に不法住居に住んでいる。他の人々がトランスジェンダーの人をアウトサイダーとして見るなか、ムハンマド・アリは彼らを潜在的なパートナーとみなした。

「人買いは地下ルートを通じて子どもを移動させることが多く、そのなかにはトランスジェンダーの人たちがよく利用するバスターミナルもあるんです。彼らは喜んで手助けをしてくれて、最良のボランティアになっています」

訪問の間に、私はロシュニ・ヘルプラインのトランスジェンダーのボランティア数人と話す機会に恵まれた。グループのリーダー、ヒナ・パサニは、花柄のサルワール・カミーズを着て、黒髪を後ろで一つにまとめ、巻き毛が顔を縁取っていた。自分も他のトランスジェンダーのボランティアもほとんどお金はないが、自分たちの仕事に大変誇りを持っていると彼女は説明してくれた。「祖国を愛していますから」とヒナは言った。「貢献しているのだと、自分が誇りに思えることをしているのだと知ってもらいたい。他の人より劣っていると見られたくありません」

ムハンマド・アリは、コミュニティの人々の潜在的な可能性を解き放ち、その人たちがロシュニ・ヘルプラインの成果を生み出す強力なパワーとなった。ロシュニは今日までに四〇〇〇人近くを救い出し、そのほとんどは子どもだ。隅に追いやられている人たちや弱い立場に置かれている人たちの助けを借りて初めて、ムハンマド・アリは成果を上げることができ、従来の児童保護制度が達成できなかったことを実現した。

四〇〇〇人というのは外から見れば大きな数には思えないかもしれないが、こうした子どもたち一人ひとりに家族がいることをムハンマド・アリは理解しているのだ。そして子どもたち一人ひとりに生きるべき人生がある。ムハンマド・アリの取り組みは、人間の最も邪悪な行為に対抗する、人間の最大の良心を表すものであり、アイルランドの神学者で人権運動家パドレグ・オ・トゥアマの詩「紛争の教訓」の一節を思い起こさせてくれる。

子どもの頃
私は五つまで数えられるようになった
一、二、三、四、五
けれどもこのごろは命を数えている、だからこう数える
一つの命
一つの命
一つの命
一つの命
一つの命

最底辺の子どもたちが使い捨てられてしまうことがあまりに多いこの世界で、ムハンマド・アリは私たちの目に見えていなかった存在が浮かび上がるよう、ろうそくを灯しているのだ。

地元で成果を上げていたにもかかわらず、ムハンマド・アリは活動範囲を広げるための財源・人材へのアクセスを欠いていた。こういう場合こそ、耳を傾けられていない声に社会的資本を届ける私たちの責任を重く受け止めなければならない。アキュメンと連携して以来、一〇人以上のフェローがロシュニ・ヘルプラインと一緒に働き、マーケティング、通信、技術、行政対応の仕事を引き受けた。私の訪問の数カ月後、アキュメンのチームはパキスタンとアメリカのフィランソロピストのパートナーを数人連れて、ムハンマド・アリの取り組みを直接視察した。地元パキスタン人の

うち何人かは、ロシュニ・ヘルプラインが活動する町の一角に一度も行ったことがなく、トランスジェンダーの人と本当の意味で言葉を交わしたことも一度もなかった。

その日の視察が終わる頃には、フィランソロピストたちは、今後三年間ロシュニ・ヘルプラインの全予算を資金提供することに合意した。財力のある人たちが大使となり、ロシュニ・ヘルプラインの活動について広め、トラウマを抱える子どもたちのための安全な家を建てる資金を集める。アキュメンのマニフェストの価値観を実践できるよう、フィランソロピストはムハンマド・アリが自らの計画を大胆に進めることを後押しした。同時に、自分たちの願いを押し付けるのではなく、ロシュニ・ヘルプラインの創設者が何を必要としているかに耳を傾ける謙虚さも失わなかった。

勢いは止まらなかった。カラチ警察は警察官がさらに支援できるよう、ロシュニ・ヘルプラインに研修の実施を求めた。地元の塗料会社は、国内各地を走るトラックに行方不明の子どもたちの肖像を描くアーティストに資金を提供した――すると七年間行方不明だった一人の子どもが数カ月で救い出された。ムハンマド・アリのロシュニ・ヘルプライン設立から一五年後、パキスタン最高裁は一八歳以下の子どもの連れ去りを審理されるべき犯罪とした。つまり、警察が捜査権限を持つようになったのだ。

ムハンマド・アリは、個人だけでなくその人を支えるコミュニティも重視することによって、多くの人々から役に立ちたいという気持ちを引き出した。トランスジェンダーのボランティアをはじめ、フィランソロピスト、デザイナー、マーケティング担当者、アーティスト、広告会社の人たちが見せてくれたもの――それは、多様な個人のグループが集結して引き裂かれた社会を織り直すとき、どんなことが可能になるかだった。そうしたときに私たちは、一人ひとりに世界を癒す力があるということだけでなく、お互いが分かちがたく結びついていることを実感する。この世界で自分たちが共存していること、自分たちにはお互いしかいないこと、詩人のグウェンドリン・ブルックスの言葉を借りれば「私たちは互いの収穫物である」ことを、あらためて思い起こす機会を得るのだ。

ジェームズ・カサガ・アレネトウェは、ウガンダ西部出身のアキュメン・フェローで、一〇歳にならないうちに、両親と四人の兄弟全員をエイズなどの病気で失った。カサガ（本人はこの名前を好んで使う）は祖母に育てられた。祖母は優しい毅然とした女性で、誰も奪うことのできない二つの宝物——自律と教育——を孫に持たせることに厳として取り組んだ。一一歳で地元通学の選択肢が尽きると、祖母はカサガを一人でバスに乗せ、三〇〇キロ離れたウガンダ南西部にある、自分が子どもの頃にいた村に行かせた。村にはウガンダ大統領ムセベニの自宅があった。カサガの祖母は、幼い孫がどうにかして大統領の家族に会えるよう後押ししてくれる人を見つけ、学校に通えるようになればいいと考えた。

祖母の冒したリスクは報われた。持ち前の粘り強さのおかげでカサガは、ウガンダのファーストレディーに会い、ウガンダ国内で学ぶ場所を見つけただけでなく、全額奨学金でフロリダ州立大学に進学した。

カサガはアキュメン・フェローとして、インドのバンガロールでガヤトリ・ヴァスデヴァンのレイバーネットで働いた——第三章で取り上げた、低所得層の労働者に職業訓練・起業研修を提供する会社だ。週末には低所得層の生徒のために学校でボランティアをした。そうして、そもそも彼を救ったもの——教育——に再びかかわるようになった。

点と点がつながったのだ。インドにいる間に、カサガはティーチ・フォー・インディアで働くアキュメン・フェローに会った。ティーチ・フォー・インディアは、ウェンディ・コップが教育格差の解決を目指して創設したティーチ・フォー・オールに加盟している団体だ。彼らはアイデアを出し合い、デザイナーやストラテジストの他のフェローたちを巻き込んでいった。カサガは信頼するインド人パートナーのコミュニティの後押しを受けて、すぐにティーチ・フォー・ウガンダを創設した。

不安と分断が強まる時代には、市民こそが新しいグローバル外交の未来をつくり出す。価値観が原動力となったコミュニティでは、私たちみながグローバルな大使となるのだ。インドのフェローたちは、アキュメンとの経験を共有していること、すべての子どもは質の高い基礎教育を受けるに値するという信念を持っていることを通じてカサガと絆を築いていった。後にカサガは、私に宛てた手紙にこう書いてくれた。「フェローたちは、一度も足を踏み入れたことのない国で活動する私の団体に対して、たゆまず献身してくれました。このことは、彼らが私を大切に考えてくれたという以上の意味を持ちました。そこには人間同士の深い結びつきがあったのです。フェローから見て、私は『他人』ではなかった。私は彼らの同胞になり、彼らは私の同胞になった。これは、アフリカのスピリチュアルな伝統でいう『ウブントゥ』すなわち『人間の優しさ』であり、フェローたちと私を永遠に結びつけてくれました」

カサガは、ウガンダのアキュメン・フェローからもさまざまな形でサポートを受けた。フェローたちは研修やつてを提供し、必要な耳となり、そしてアキュメンで親愛をこめて「片手のハグ」と呼ばれているもの——ともにいることで支えるが、相手のやり方を妨げはしないサポート——を提供した。ローカルとグローバルなコミュニティの支援を受けて、カサガはティーチ・フォー・ウガンダを成功させ、新しい世代のエネルギーを解き放つことができた。他の地域が提供する最良のものを、彼が故郷と呼ぶ国に持ち帰ったのだ。

価値観の革命は、日々行われる無数の計り知れない英雄的行為に必然的に依存している。尊厳を追求するために結束すれば、役に立つための方法は数えきれないほどある。互いを励まし合いたいなら、ロールモデルになる人物について共有することで、他の人の成功を後押しできるだろう。共有する価値観を大切にすることから力を得て、私たちは違いを乗り越え、意味ある生産的な関係を構築できるのだ。

自分自身のマニフェストを書くことを考えてほしい。まず学校で、地元のコミュニティで、あるいは会社で、自分にとって何が一番大切か、どんな世界を生み出したいかを書く。その次に、その目標を達成するために必要な手段を考える。どんな障害に直面しているか。どんな緊張を保つべきか。目的に向かって生きながら、どんな人間になりたいか。地平線が視野に入れば、そこに至る道筋をたどっていくことができる。長く曲がりくねった道になることは避けられないし、時には逆戻りすることもある。けれども、あなたの誓った使命、目的、価値観に惹かれて、他にも多くの人がその道に加わってくれることを願っている。

私たちみながモラル・レボリューションのために必要とされている。どこに住んでいようと、銀行口座の額がどれくらいであろうと、何をして生計を立てていようと関係ない。世界は、あなたが精一杯遠くへ手を伸ばすこと、モラル・イマジネーションを持つこと、いっそう深く耳を傾けること、自分のアイデンティティ意識を正面から見据えること、そして心を開いて、他者の中に幾重にも存在する矛盾や異なる視点を理解することを求めている。私たち一人ひとりがより良いパートナーシップを築き、可能性を引き出す物語を語り、そして美しい闘いを引き受ける必要がある。

最も重要なこととして、モラル・レボリューションには、私たち一人ひとりが成功というものを考え直し、他者の役に立つために十分なことをしているか、他者が自分の力でやり遂げられるようにしているか、人に親切にしているかを自分自身に問う姿勢が求められる。より大きなコミュニティを支え、調和をもたらしたければ、自分自身の光と闇の側面を認め、統合し、受け入れる勇気を持たなくてはならない。そして、自分たちが抱える最大の問題を解決できるという信念を持たなくてはならない。私たちは互いに結びついているのだから、互いに目に見える存在なのだから、そして私たちの共有する運命は私たち一人ひとりの尊厳にかかっているのだから、分断に架け橋をかけられると信じよう。

誰であろうと、何をしていようと、世界はあなたがリーダーになることを求めている。幸せが手からすり抜け、地平線にたどり着けないように感じられるときがあるだろう。それでも毎朝、目を覚ますとき、世界を新しくするチャンスがまた来ているということを忘れないでほしい。自分がやると決めた仕事にあらためて全力を注ぐことを、日々選択できるのだ。徹底的に現実を直視した希望への約束を毎日新たにすることができる。

二〇一五年秋、パリとカリフォルニアで恐ろしいテロ攻撃が起きた。そのとき、サウジアラビア出身のアキュメン・フェロー、バヘイラ・クシェイムはガン治療を受ける父親に付き添ってテキサス州ヒューストンの病院にいて、私にメールをくれた。そこには、サウジアラビア領事館から移動するときは十分注意するようにという電話があったと書いてあった。友人たちは、差別に直面せずに済むように頭のスカーフをとってはどうかと勧めた。ムスリムは報復攻撃を受けるリスクがあるからだ。

しばらく考えた末にバヘイラは決断した。「私が立ち上がって、自分の宗教には別の顔があることを世界に示さなかったら、いったい誰がやるのだろう」彼女がいたガン病棟では、多くの女性患者がスカーフで頭を覆っていたという皮肉にバヘイラは気づいていた。ガン患者への連帯としてスカーフをつけることはまったく問題とされない、と彼女は考えた。だったら自分の宗教を尊重してスカーフをつけて、なぜいけないのだろう。

翌日、バヘイラは頭をスカーフで覆い、近くの食料雑貨店へ出かけた。自分のしていることを意識しながら野菜売り場を歩いていると、見知らぬ男性が駆け寄ってきた。バヘイラはその人の緊張した顔つきを見てパニックになりかけた。それから、その人の手に花束があることに気づいた。「家に持って帰るために買ったのですが」とその人は言った。「でも、この私の町であなたを見て、花はあなたに差し上げようと考えました。この困難なときに、ムスリムとしてのアイデンティティを示す勇気を持ってくださってありがとう」

それから約一年後、私は『ブルー・セーター』（英治出版）のアラビア語訳が刊行される機会にサウジアラビアに招かれた。翻訳は、サウジアラビアの四人のアキュメン・フェローと、アキュメンの使命に親近感を感じている多くの若い人のおかげで実現した。アキュメンのコミュニティも含めて多くの人が、サウジアラビアの人権問題における前歴を鑑みて、私の訪問に難色を示した。けれども私がそこに行くのは、世界の一部でありたいと渇望する若い人たちと交流するためだった。

サウジアラビアのアキュメン・フェローのうち三人、ユスフ・アルグワイフリ、シャハド・アルシェハイル、ルジャイン・アル・ウバイドがリヤドで迎えてくれ、多くの若い人に紹介してくれた。彼らが他の文化をよく知っていることに私は感銘を受けた。自分の国を変えるのに貢献し、それと同時に、家族に対する献身や他に類を見ない客人の歓待など、自分が誇りに思う中東の伝統を守り共有したいという深い願いを持つ若い人が大勢いた。

リヤドでの最終日の朝、空港までタクシーに乗った。それまでは出会った人たち全員から丁寧な歓迎を受けていたのに、タクシーの運転手は私を見下したように扱い、ヒジャブとアバヤ——サウジアラビアで女性が頭と体を覆うために身に着ける黒のスカーフと長衣——を直せとほとんど怒鳴りつけるように言った。私は侮辱されたと感じ、無力な人々は一日に何百回もこのような経験をするのだと束の間、思い出させられた。その後、検問でかばんを置いたとき、不機嫌な職員に嫌がらせをされた。私はこのときも落ち着きを保つことに集中し、職員が無礼だからといって自分の行動が影響されてはならないと自分に言い聞かせた。

それでもこの二つの出来事で私は動揺した。ターミナルでカフェを見つけるや、ラテの安らぎを求めて一直線に向かった。並んでいると一人のサウジアラビア人男性が歩み寄ってきた。腕に新鮮なデーツを何箱か抱えていた。今度は何だろうと私は考えた。

「失礼ですが」と彼は言った。「検問の列で職員があなたを侮辱するのが見えました。あなたは品位を保ち続けていた。そのことに感謝します。でもやり取りを見て、恥ずかしくなりました。歓迎されていないとお思いのまま私の国を離れていただきたくないのです。私たちがあいう振る舞いを認めていると考えていただきたくないのです」

私はほほ笑んで礼を言った。

「どうか」と彼は続けた。「このデーツをお持ち帰りください。甘いですよ。私と同胞のサウジアラビア人からの贈り物として受け取ってください。ご友人やご家族と味わってください」

私は何度も礼を言って、辞退しようとした。笑いながらこう付け加えた。「それに、一〇キロ近くもあるように見えます。全部持って帰るなんて無理ですよ」

彼はどうしても受け取れと言って譲らず、簡単に持てる方法まで考えてくれた。それからこう付け加えた。「あなたがそれを持っていると思うと、私の心が満たされるのです。どれほどの愛が存在しているかを思い出させてくれるものが必要だとお思いになりませんか」

はい、と私は言った。そう、本当にそのとおりだ。

エレノア・ルーズベルトがずっと前に書いたように、地球上のすべての人間が尊厳を持つことを原則とする世界をつくり直す取り組みは、家のすぐ近くの小さな場所から始まる。想像してみてほしい。私たちの知る唯一の住み家である、このちっぽけな青い惑星で生きていくとき、もしこの惑星を私たちみなが参加できる家――各人が平和と公正と全体性の感覚を持って、これから何世代にもわたって力を発揮できる家――にするために、私たち一人ひとりが一歩踏み出したら、どのような変化が起きる可能性があるか。

世界はあなたを待っている。

謝辞

私たちはあなたたちとともに生きている。本書は本当に多くの方に育てていただいた。その方々全員に感謝を捧げます。

優秀な編集者バーバラ・ジョーンズとホルト社の偉大なチームに感謝します。バーバラ、居心地のいい場所に私を安住させることなく、洞察と配慮を持って編集し、何度か崖から落ちるのを救ってくれてありがとう。そのおかげで本書は格段によくなった。原稿に目を通してくれたルビー・ローズ・リーとコピー・エディターのジェナ・ドランにも感謝します。優れたエージェント、エリーズ・チェイニーとチームのみなさん、本書を信じ、そのために闘ってくれてありがとう。そして夢を見ると同時に行動する人であってくれてありがとう。

シンディ・スティーバーズ、あなたは奇跡の人です。ヒマワリが咲いていた最初の日々から最後の編集まで、驚異的な速さと確かさでともに歩んでくれてありがとう。牧師ウィリアム・チャーノック、あなたは常にイエスと言い、私の課題を我がこととし、信じられないほど前向きであり続け、私の正気を保ってくれた。バヴィドラ・モハン、あなたの思慮深いフィードバックが、最初の混沌とした草稿を照らしてくれた。セス・ゴーディン、あなたの創造性と友情が私の翼に風を送り込んでくれたおかげで、私は世界中に行き、戻ってくることができた。とても感謝している。

妹のベスは『ブルー・セーター』のときと同じように、ずっと心の支えになってくれた。ベス、あなたと協働するのが大好きで、その寛容さにはいつも驚かされています。

カーライル・シンガー、アキュメンの恐れを知らない代表は、組織と活動の両方でパートナーとなってくれた。彼女のおかげで、私は仕事を離れずに本書を書き上げることができた。カーライル、シェアド・リーダーシップのロールモデルとなり、また友人でいてくれてありがとう。

人数は少ないが強力なアキュメンのグループ――リンゼイ・カマーチョ、シャーロット・アーブ、ソニア・カタック、モーリーン・クライン――の寛大なサポートがなければ、本書を書き上げることはできなかった。彼らは、語られている物語と語られていない物語の断片や日記を整理し、再点検するのに必要な作業を手伝ってくれた。リン・ローランドは、私たちみなの本になるよう手助けをしてくれた。原稿を読んで、嘘偽りない建設的なフィードバックをしてくれた忍耐強い人たちに感謝します。ソフィア・アフメド、ウェイ・ウェイ・シン、イーシャ・ムフティ、チー・パールマン、そしてもちろん、私の知る限り最も厳しい読者である母。各支部の代表に、執筆までのプロセスを通じてその忍耐さ、考え方、ご教示に感謝します。サニー・ベイツ、キャリー・ブラウン、レスリー・ギンベル、ジャニー・ハニー、オットー・カー、タイラー・ミルサルに、その限りないサポートに感謝します。

最高だと思う仕事を大好きな人たちとともにできる自分は、世界で最も幸運な女性だと感じている。世界中のアキュメンのチームに感謝します。あなた方は本書の原則の見本であり、日々多くのことを教えてくれ、私がより良い自分になれるよう刺激を与えてくれる。あなた方の素晴らしい積極的な取り組みのおかげで、私たちの家族に四つの新しい組織が加わった――アキュメンのオフグリッド・エネルギー・ファンドであるカウィサフィ、農業復元力ファンドであるARAF、ラテン・アメリカ・グロウス・ファンド、そしてリーン・データを再編成した60デシベル。これらのチームも、本書の考えに影響を与えてくれた。みなさん全員に感謝します。

私は、多くのアキュメンの起業家やフェローに現場とリモートの両方でインタビューを行った。一つひとつの訪問、相互交流を大変ありがたく思っている。一人ひとりにどれほどのことを教わったか、とても言い表せないほどだ。資本を人々のために活用するみなさんの物語と教訓をすべて本書で書くことはできなかったが、無駄になったものは一つもない。世界中にいる、アキュメンの一三〇〇人近い起業家と六〇〇人のフェローは、まさに人間の可能性の宝庫であり、みなさん全員が共有に値する教訓を持っている。

そもそも本書を書くように励ましてくれた、アキュメンの素晴らしい理事会に大変感謝します。不屈の理事長シャイザ・リザヴィ、アンドレア・ソロス・コロンベル、クリスティーナ・リュングバーグ、ハンター・ボル、ジュリウス・ガウディオ、キャスリーン・チュー・ウェイ・リン、カーステン・ネヴィル－マニング、マーゴ・アレキサンダー、ネイト・ローレル、パット・ミッチェル、スチュアート・デイヴィッドソン、スラシラジ・ラヴィラ、さらにデイヴ・ヘルター、ウィリアム・マイヤー、ロバート・ニーハウス、マイク・ノヴォグラッツ、そして長く理事を務めた後で先ごろ退任したアリ・シディキ。アドバイザリーのメンバー一人ひとりにも感謝します（他で謝辞を述べていない方々も記します）。ジャワド・アスラム、ダイアナ・バレット、ティム・ブラウン、ピーター・ケイン、ニコ・キャナー、ジェシー・クラーク、ベス・カムストック、レベッカ・イーストモンド、ポール・フレッチャー、キャサリン・フルトン、ピーター・ゴールドマーク、パー・

ヘギンズ、ケイティー・ヒル、アリアナ・ハフィントン、ジル・アイスコル、マリア・アンヘレス・レオン・ロペス、フェデリカ・マルキオンニ、フェリペ・メディナ、スーザン・マイスラス、クレイグ・ネヴィル－マニング、ヌール・パフラヴィ、ポール・ポールマン、ケリー・J・サルコヴィッツ、ヴィッキー・タン、マーク・ターセック、パット・ティアニー、ダニエル・トゥール、ハムディ・ウルカヤ。常に変わらぬサポートに感謝します。そしてもちろん、世界中にいるアキュメンの素晴らしいパートナー、講座受講者、支援者、友人のコミュニティがなければ、本書の学びは何一つ可能ではなかった。

本書には、私などいつになっても及びもつかないほど賢明な人たちの知恵をお借りして載せている。全員のお名前を挙げることはかなわないが、なかでも以下の方々には多くを与えていただいた。チヌア・アチェベ、デイヴィッド・ブルックス、ジョン・ガードナー、アナンド・ギリダラダス、セス・ゴーディン、ジョナサン・ハイト、マリー・ハウ、クリス・ロウニー、マリア・ポポヴァ、ブライアン・スティーヴンソン、パドレグ・オ・トゥアマ、エレーヌ・ペイゲルス、アマルティア・セン、クリスタ・ティペット。またグッド・ソサエティ・リーディングスとアスペン・インスティテュート――ここで評議員を務め、名誉あるヘンリー・クラウン・フェローの一員にしていただいている――の友人たちにも多くを負っている。

ロックフェラー財団のご支援に感謝します。ベラジオ・カンファレンス・センターに一カ月滞在させていただいたおかげでスタートを切ることができ、また心強い友人のコミュニティも紹介していただいた。アキル・グプタにも感謝します。

風変わりな、愛情豊かな大家族は私の基盤であり、彼らのおかげで私の人生はいっそう豊かになり、仕事でも大きな成果を上げることができた。両親のバーバラとボブに一生、感謝を捧げます。弟妹のロバート、マイケル、エリザベス、ジョン、エイミー、マシューにも、義理の弟妹のスーキー、コートニー、ティナ、ナディーン、マイクにも。義理の娘のエリザベス、アンナとその配偶者のジョセフ、サムにも。そして仲間とともに世界を変えるであろう、家族の大勢の次世代にも。私が本書を書いたのは究極的には、あなたたちと世界中のすべての若い人たちのためです。

最後に夫のクリスへ。忍耐強い聞き手であり、常にサポートしてくれたことに。変わることのない愛に、何もかもに。

Popova, Maria. BrainPickings .org blog.

Rohr, Richard. Falling Upward: A Spirituality for the Two Halves of Life. San Francisco: Jossey-Bass, 2011.〔リチャード・ロール『上方への落下――人生後半は〈まことの自己〉へと至る旅』井辻朱美訳、ナチュラルスピリット、2020 年〕

Rousseau, Jean-Jacques. The Social Contract. Translated by Maurice Cranston. New York: Penguin Classics, 1968.〔ジャン゠ジャック・ルソー『社会契約論』作田啓一訳、白水 U ブックス、2010 年〕

Rumi, Jalal ad-Din. The Essential Rumi. New expanded edition. Translated by Coleman Barks. New York: HarperOne, 2004.

Sen, Amartya. Development as Freedom. New York: Anchor, 2000.〔アマルティア・セン『自由と経済開発』石塚雅彦訳、日本経済新聞出版、2000 年〕

Smith, Adam. The Theory of Moral Sentiments. New York: Penguin Classics, 2009.〔アダム・スミス『道徳感情論』高哲男訳、講談社学術文庫、2013 年〕

Solomon, Andrew. Far from the Tree: Parents, Children, and the Search for Identity. New York: Scribner, 2012.

Stevenson, Bryan. Just Mercy: A Story of Justice and Redemption. New York: Spiegel & Grau, 2014.〔ブライアン・スティーヴンソン『黒い司法――黒人死刑大国アメリカの冤罪と闘う』宮﨑真紀訳、亜紀書房、2016 年〕

Tippett, Krista. Becoming Wise: An Inquiry into the Mystery and Art of Living. New York: Penguin, 2016.

Venkataraman, Bina. The Optimist's Telescope: Thinking Ahead in a Reckless Age. New York: Riverhead, 2019.

Whitman, Walt. Song of Myself. N.p.: Dover, 2001.

Yunus, Muhammad. A World of Three Zeros: The New Economics of Zero Poverty, Zero Unemployment, and Zero Net Carbon Emissions. New York: PublicAffairs, 2017.〔ムハマド・ユヌス『3 つのゼロの世界――貧困 0・失業 0・CO2 排出 0 の新たな経済』山田文訳、早川書房、2018 年〕

Harari, Yuval Noah. Sapiens: A Brief History of Humankind. New York: Harper Perennial, 2018.〔ユヴァル・ノア・ハラリ『サピエンス全史――文明の構造と人類の幸福』（上・下）柴田裕之訳、河出書房新社、2016 年〕

Havel, Václav. The Power of the Powerless: Citizens against the State in Central Eastern Europe. New York: Routledge, 1985.〔ヴァーツラフ・ハヴェル『力なき者たちの力』阿部賢一訳、人文書院、2019 年〕

Helminski, Kabir, ed. The Rumi Collection: An Anthology of Translations of Mevlâna Jalâluddin Rumi. Boston: Shambhala, 2005.〔本文に引用されている一節は以下に収録されている。『ルーミー　愛の詩』あらかみさんぞう、重城通子訳、ナチュラルスピリット、2014 年〕

Howe, Marie. Magdalene: Poems. New York: W. W. Norton, 2017.

King, Martin Luther, Jr. "Letter from Birmingham Jail." In I Have a Dream. Logan, IA: Perfection Learning, 2007.〔以下に収録されている。マーチン・ルーサー・キング『黒人はなぜ待てないか』中島和子・古川博巳訳、みすず書房、2000 年〕

Lowney, Chris. Heroic Leadership: Best Practices from a 450-Year-Old Company That Changed the World. Chicago: Loyola Press, 2005.

Lukianoff, Greg and Jonathan Haidt. The Coddling of the American Mind: How Good Intentions and Bad Ideas Are Setting Up a Generation for Failure. New York: Penguin, 2018.

Maalouf, Amin. In the Name of Identity: Violence and the Need to Belong. Translated by Barbara Bray. New York: Arcade, 2001.〔アミン・マアルーフ『アイデンティティが人を殺す』小野正嗣訳、ちくま学芸文庫、2019 年〕

Machiavelli, Niccolò. The Prince. Edited and translated by David Wootton. Indianapolis, IN: Hackett Publishing, 1995.〔マキアヴェリ『君主論』、池田廉訳、中公文庫、2018 年〕

Mandela, Nelson. "I Am Prepared to Die." Testimony, Rivonia Trial, April 20, 1964, Pretoria, South Africa. Nelson Mandela Foundation, http://db.nelsonmandela.org/speeches/pub_view.asp?pg=item&ItemID=NMS010&txtstr =prepared to die.

Oliver, Mary. "Mysteries, Yes." In Evidence: Poems. Boston: Beacon, 2009.

Ó Tuama, Pádraig. "The Pedagogy of Conflict." In In the Shelter: Finding a Home in the World. London: Hodder & Stoughton, 2015.

Ó Tuama, Pádraig. Sorry for Your Troubles. Norwich, UK: Canterbury Press, 2013.

Pagels, Elaine. Why Religion?: A Personal Story. New York: Ecco, 2018.

Plato, The Republic. Translated by Desmond Lee. New York: Penguin Classics, 2007.〔プラトン『国家』（上・下）藤原令夫訳、岩波文庫、1979 年〕

参考文献

Angelou, Maya. "Phenomenal Woman." In Maya Angelou: The Complete Poetry. New York: Random House, 2015.

Arendt, Hannah. Eichmann in Jerusalem: A Report on the Banality of Evil. New York: Penguin Classics, 2006.〔ハンナ・アーレント『エルサレムのアイヒマン――悪の陳腐さについての報告』大久保和郎訳、みすず書房、2017年〕

Brooks, David. The Road to Character. New York: Random House, 2015.

Brooks, David. The Second Mountain: The Quest for a Moral Life. New York: Random House, 2019.

Brooks, Gwendolyn. "Paul Robeson." In The Essential Gwendolyn Brooks. New York: Library of America, 2005.

Collier, Paul. The Future of Capitalism: Facing the New Anxieties. New York: Harper, 2018.

Dalio, Ray. Principles: Life and Work. New York: Simon & Schuster, 2017.

Eliot, T. S. Four Quartets. Boston: Mariner, 1968.〔T・S・エリオット『四つの四重奏』岩崎宗治訳、岩波文庫、2011年〕

Frankl, Viktor E. Man's Search for Meaning. Boston: Beacon, 2006.〔ヴィクトール・E・フランクル『夜と霧　新版』池田香代子訳、みすず書房、2002年〕

Gardner, John W. Self-Renewal: The Individual and the Innovative Society. Brattleboro, VT: Echo Point, 2015.〔ジョン・W・ガードナー『自己革新［新訳］――成長しつづけるための考え方』矢野陽一朗訳、英治出版、2012年〕

Giridharadas, Anand. Winners Take All: The Elite Charade of Changing the World. New York: Knopf, 2018.

Godin, Seth. The Dip: A Little Book That Teaches You When to Quit (and When to Stick). New York: Portfolio, 2007(p.254)〔セス・ゴーディン『ダメなら、さっさとやめなさい！――No.1になるための成功法則』有賀裕子訳、マガジンハウス、2007年〕

Godin, Seth. Linchpin: Are You Indispensable? New York: Portfolio, 2011.〔セス・ゴーディン『「新しい働き方」ができる人の時代』神田昌典訳、三笠書房、2011年〕

Hafiz. The Gift. Translated by Daniel Ladinsky, New York: Penguin, 1999.

Haidt, Jonathan. The Righteous Mind: Why Good People Are Divided by Politics and Religion. New York: Pantheon, 2012.〔ジョナサン・ハイト『社会はなぜ左と右にわかれるのか――対立を超えるための道徳心理学』高橋洋訳、紀伊國屋書店、2014年〕

[著者]

ジャクリーン・ノヴォグラッツ

Jacqueline Novogratz

『ニューヨーク・タイムズ』紙のベストセラーリスト入りした『ブルー・セーター』(英治出版)著者。最も困難な貧困問題を解決しようとする社会起業家に、フィランソロピーの「忍耐強い資本」を投資するという考えに基づいて、2001年にアキュメン・ファンド(現アキュメン)を設立。「インパクト投資」のパイオニアとして、医療、教育、クリーンエネルギーなどの非常に重要なサービスを何億人もの低所得層に届けてきた。数百人の社会起業家を支援したジャクリーンとそのチームは、人間性こそが成功の主要な鍵を握っているという認識のもと活動を行っている。2020年、社会変化を目指す世界的な学びの場として、アキュメン・アカデミーを創設。アキュメンはまた、貧困と気候変動が重なる領域での投資に向けて営利のインパクトファンドをいくつか発足させた。さらに、ステークホルダーの生活向上はシェアホルダーの利益と同じ重要性を持つという考えに基づいて社会的インパクトを測定する会社、60デシベルを立ち上げた。
『フォーリンポリシー』誌の「Top 100 Global Thinkers」、『フォーブス』誌の「world's 100 Greatest Living Business Minds」に選ばれており、『フォーブス』誌からは、「Forbes 400 Lifetime Achievement Award for Social Entrepreneurship」も授与。アキュメンの仕事に加え、世界中から講演依頼を受け、また多くのフィランソロピー団体の理事会メンバーでもある。ニューヨーク在住。

[訳者]

北村陽子

Yoko Kitamura

翻訳業。東京都生まれ。上智大学外国語学部フランス語学科卒。訳書にキャロル・オフ『チョコレートの真実』、カーン・ロス『独立外交官』、シンシア・スミス(編)『世界を変えるデザイン』『世界を変えるデザイン2』、ジャクリーン・ノヴォグラッツ『ブルー・セーター』、ニコラス・D・クリストフ&シェリル・ウーダン『ハーフ・ザ・スカイ』、エレン・ラプトン他『なぜデザインが必要なのか』(以上、英治出版)など。

世界はあなたを待っている

社会に持続的な変化を生み出すモラル・リーダーシップ 13 の原則

発行日	2023 年 1 月 23 日　第 1 版　第 1 刷
著者	ジャクリーン・ノヴォグラッツ
訳者	北村陽子
発行人	原田英治
発行	英治出版株式会社
	〒150-0022 東京都渋谷区恵比寿南 1-9-12 ピトレスクビル 4F
	電話　03-5773-0193　　FAX　03-5773-0194
	http://www.eijipress.co.jp/
プロデューサー	石﨑優木
スタッフ	高野達成　藤竹賢一郎　山下智也　鈴木美穂　下田理　田中三枝
	安村侑希子　平野貴裕　上村悠也　桑江リリー　渡邉吏佐子
	中西さおり　関紀子　齋藤さくら　下村美来
印刷・製本	中央精版印刷株式会社
校正	株式会社ヴェリタ
翻訳協力	株式会社トランネット（www.trannet.co.jp）
装丁	北田雄一郎

ISBN978-4-86276-299-3　C0030　Printed in Japan